两岸冷链物流产业合作报告

2014

商务部流通业发展司
商务部台港澳司
两岸冷链物流产业合作工作组
编著

THE REPORT OF COOPERATION

IN

COLD CHAIN LOGISTICS INDUSTRY BETWEEN

MAINLAND AND TAIWAN

经济管理出版社
ECONOMY & MANAGEMENT PUBLISHING HOUSE

图书在版编目（CIP）数据

两岸冷链物流产业合作报告（2014）/商务部流通业发展司，商务部台港澳司，两岸冷链物流产业合作工作组编著. —北京：经济管理出版社，2015.6
ISBN 978-7-5096-3769-2

Ⅰ.①两… Ⅱ.①商… ②商… ③两… Ⅲ.①冷冻食品—物流—物资—管理—研究报告—中国 Ⅳ.①F252.8

中国版本图书馆 CIP 数据核字（2015）第 096920 号

责任编辑：许 兵 吴 蕾
责任印制：黄章平
责任校对：车立佳

出版发行：经济管理出版社
　　　　　（北京市海淀区北蜂窝 8 号中雅大厦 A 座 11 层　　100038）
网　　址：www. E-mp. com. cn
电　　话：（010）51915602
印　　刷：北京晨旭印刷厂
经　　销：新华书店
开　　本：720mm×1000mm/16
印　　张：18
字　　数：293 千字
版　　次：2015 年 6 月第 1 版　　2015 年 6 月第 1 次印刷
书　　号：ISBN 978-7-5096-3769-2
定　　价：98.00 元

《两岸冷链物流产业合作报告》
（2014）

编委会成员

商务部流通业发展司	王选庆
商务部台港澳司	孙兆麟
北京市商务委	申金升
天津市商务委	赵光通
武汉市商务局	张文波
厦门市商务局	周山华
昆山市商务局	张雪花
中国物流与采购联合会物流规化研究院	崔忠付
两岸冷链物流产业合作工作组	李锦莹

整体策划

郑厚斌　朱　骏

编写组人员

朱忠文	卓海静	徐凤成	高　峰	赖仁根	苏才华
潘洪祥	吴　昊	王　辉	常朝晖	张鹏飞	王晓娜
李曙光	张　燕	张　浩	王　振	韩功华	曹连营
金　谡	王　琦	高晶晶	赵　辉	孙格格	

序　言

随着国民经济稳步发展和消费结构升级，我国冷链物流业进入高速发展期，冷链设施不断改进，服务水平不断提高，为保障食品安全和商品品质、扩大居民消费提供了有力保障。然而，从总体来看，冷链物流设施落后、管理水平低下的状况没有从根本上得到改善，低温食品、果蔬的损耗率还比较高，与世界上一些发达国家和地区相比尚有一定的差距，严重制约我国的消费结构升级和消费水平提升。

加强两岸冷链物流产业合作、引进和借鉴台湾地区先进冷链物流技术装备、管理模式和运营经验是提高大陆冷链物流发展水平的途径之一，同时也是密切两岸经贸关系、深化两岸产业合作的一项重要工作。2009 年，两岸启动了产业搭桥行动，将冷链物流产业合作列为两岸先期启动的三个合作领域之一。2011 年 7 月，中华人民共和国商务部、国务院台湾事务办公室决定将天津市、厦门市列为两岸冷链物流产业合作首批试点城市，通过试点探索两岸冷链物流产业合作的新模式、新路径。

自两岸冷链物流产业合作工作开展以来，在相关部门和各试点城市的推动和大力支持下，两岸业界交往日益增加，论坛活动不断，为务实合作创造了良好的氛围，呈现出良好的发展势头，合作内容不断丰富，合作领域不断拓展，合作形式丰富多样。各试点城市出台了相关的用地、财税等方面的支持政策，鼓励开展项目合作。经过不断探索，试点工作已取得初步成效。截至目前，两岸业界已签订 45 个冷链物流产业合作项目（含合作意向），合作领域涉及新型冷库建设改造、多温层共配系统建设、冷链车队云端管理系统引进、冷链商品贸易通道打造、低温商品通关便利化推进、冷链标准改进等方面，合作方式包括合资合作、技术装备引进、规划指引、专家聘请、人才培训等。目前，已有 10 个项目投入运营。为扩大试点成果，2014 年 8 月，中华人民共和国商务部、国务院台湾事务办公室将北京市、武汉市、昆山市列为第二批试点城市，以推动两岸冷链物流合作进入新阶段。

通过城市试点、重点项目推进，促进了两岸业界的沟通和了解，引进了冷链技术、装备和先进的经营管理理念，对提高大陆冷链物流管理水平起到了良好的示范带动作用。同时，两岸冷链物流产业合作对构建台湾地区食品、农产品进口通道，实现通关便利化等方面进行了有益的探索，为扩大台湾地区农产品、低温食品进口发挥了积极作用，实现了两岸优势互补、资源共享、互利双赢，给两岸业者带来了实实在在的利益，意义非常重大。

编者

2015 年 9 月 20 日

目　录

第一部分　合作篇

第二部分　大陆篇

第三部分 台湾篇

第四部分　全球篇

附　件

第一部分　合作篇

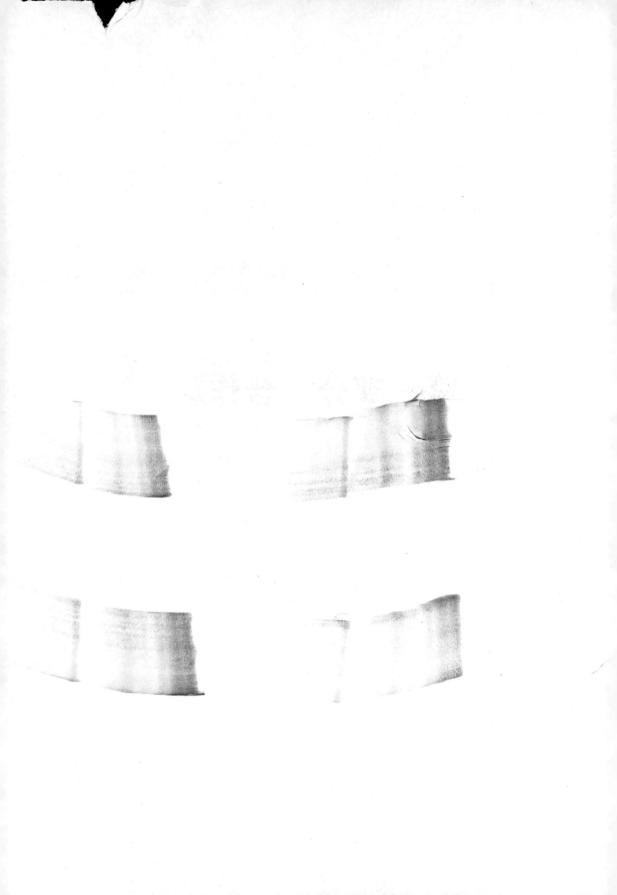

第一章 两岸冷链物流合作概述

一、合作概述

2008 年，两岸实现"通邮、通商、通航"后，在经贸、文化等领域的交流合作进入了一个新的里程碑。2009 年初，为发挥两岸优势，促进两岸产业合作，进一步密切两岸经贸关系，在国务院台湾事务办公室（以下简称国台办）和相关部门的指导下，两岸产业合作咨询小组和两岸产业合作协调小组成立。在合作初期，两岸产业合作咨询小组提出将"无线城市"、"LED 城市照明"、"食品与城市物流"（后又改为"冷链物流"）确定为先期启动的三个产业合作项目。其中，两岸食品与城市物流合作项目由商务部牵头组织实施。2010 年，《海峡两岸经济合作框架协议》（以下简称 ECFA）的签署，标志着两岸经济关系进入了合作深化、互利共赢的新阶段。在 ECFA 框架下，2011 年 2 月，在两岸经济合作委员会第一次例会上，在产业合作工作小组中正式成立两岸冷链物流合作分组，进一步强化了合作的组织原则，明确了合作的方向。

为推进两岸冷链物流产业合作项目的组织和实施，2010 年 7 月 9 日，商务部在北京组织召开大陆工作小组成立会议，宣布成立两岸食品物流合作大陆工作小组（以下简称工作小组），具体承担两岸冷链物流产业合作的组织和推动工作。2011 年 7 月，商务部、国台办共同发文将天津市、厦门市确定为第一批试点城市。2014 年 8 月，新增北京市、武汉市、昆山市为第二批试点城市，从而使两岸冷链物流产业合作试点城市增加到 5 个。

作为海峡两岸产业合作的先期合作项目之一，冷链物流合作已经成为进一步促进两岸经贸往来的一个重要平台和窗口，为两岸冷链物流产业带来了新的发展机遇，同时也为扩大包括鲜活农产品以及其他低温食品在内的两岸经贸往来奠定了坚实的基础。

二、合作历程

两岸冷链物流产业合作自 2009 年启动以来，经历了三个阶段：2009~2010 年的起步阶段、2011~2012 年的稳步推进阶段以及 2013 年至今的持续突破阶段。

（一）起步阶段（2009~2010 年）

1. 工作背景

2009 年，在有关机构组织的两岸产业"搭桥"活动基础上，在国台办牵头下，商务部、工信部、发改委及各研究机构共同努力，构建了产学研共同参与的两岸产业合作新机制。

2009 年 3 月 18~23 日，两岸产业合作咨询小组召开预备会，提议先期在大陆开展包括物流合作和食品深加工、农产品物流等在内的 5 个合作项目。

2009 年 8 月 3 日，两岸确定了 LED 照明（发改委牵头）、无线城市（工信部牵头）、冷链物流（商务部牵头）作为先期启动的 3 个合作试点项目。

在此背景下，两岸经过多次沟通，初步确定合作的工作思路：第一阶段，组建工作组，确定工作原则、目标和工作内容；第二阶段，双方交流互访，达成一定共识；第三阶段，选择试点城市，并指导试点城市的工作方案；第四阶段，以试点城市为主体，落实试点方案，并就取得的成效进行总结。

2. 主要工作

在国台办的指导下，2009 年 8 月，原商务部商贸服务司（现为流通业发展司，下同）与台港澳司共同组织召开两岸食品物流合作项目协调小组会议，就合作项目的可行性和地域选择进行了研究和探讨。2009 年 9 月，商务部组织相关部门负责人和专家赴厦门、天津等地调研。2010 年 7 月 9 日，商务部商贸服务司组织召开了"两岸食品物流合作项目工作小组"第一次会议。会议宣布两岸食品物流合作项目工作小组正式成立，具体承担两岸食品物流合作的组织和推动工作。工作组由相关部门和研究机构的专家组成。

2010 年 7 月 13 日，两岸食品物流合作项目工作组召开第二次会议，大陆两岸食品物流合作工作小组（筹建）成员及应邀来大陆考察的台湾地区两岸食品与精准物流访问团全体成员参加了会议，就食品物流合作进行了交流。在以下方面取得一致意见：①明确了合作方向，即两岸食品物流合作。②确定了工作原则，即合作方向由专家提出、主管部门推动，合作的具体内容要"落实到地方，落实到企业。"③理顺了合作思路，即以城市食品物流为主线，通过交流、探讨寻找最佳的合作模式。

2010 年 9 月 5 日，两岸工作组成员在天津举行了小范围的磋商洽谈。双方提出了将食品品质标准、食品安全认证、城市物流配送、ICT 技术的应用和推广四个领域作为合作方向，并达成如下共识：①工作小组成员，按照各自的专长，分别牵头开展"四个领域"的工作；②进一步沟通 2010 年 12 月在台湾地区举行的两岸食品与物流工作小组会议的工作内容，以进一步展开试点计划落实工作。

2010 年 9 月 8 日，两岸工作组部分成员在北京举行会议，就建立两岸商业服务产业交流合作平台、ECFA 签约的背景以及在此框架下两岸商贸服务业发展情况进行了交流。

2010 年 10 月 10~11 日，两岸工作组在江苏太仓召开"两岸产业合作专家第四次会议"。两岸食品与物流工作组对工作组成立以来的工作及取得的成果、合作原则和机制，目前工作中需要解决的问题等进行了沟通。此次会议取得如下成果：①对工作组成立以来的工作及取得的成果进行了全面总结；②确定了沟通合作机制；③就下次工作小组会议需要讨论的内容进行了初步沟通，交流了两岸物流产业合作的愿景。

2010 年 12 月 20 日，应台方邀请，大陆工作小组赴台参加了在台北举办的两岸食品物流合作工作小组会议。在此基础上，结合天津、厦门两地实际情况，两岸专家经过讨论，工作组进一步细化合作内容，提出了合作的初步构想。会议结论：两岸食品与物流试点工作定位为低温冷链物流，并聚焦城市物流，以台湾地区既有的管理、技术、经验与优势，协助大陆整合既有资源，实现互利双赢。

3. 初步成果

经过各方面共同的努力，通过对天津、厦门等地的实地考察和工作会议，工作小组较为深入地了解了两岸食品物流情况。从而取得了以下工作成果：①基本建立了两岸不定期交流机制，交流项目进展情况，提出工作推进措施。②明确了在食品品质标准、食品安全认证、城市物流配送、ICT技术的应用和推广四个领域为合作方向。③初步确定了试点城市。推选天津、厦门作为两岸食品与物流合作试点城市，分别以城市物流配送和农产品物流作为切入点进行试点。④成立两岸食品物流合作试点项目工作小组，提出了工作方案。

根据工作推进的需要，商务部流通业发展司和成立的两岸食品物流合作试点项目工作小组，具体负责项目的组织实施工作。工作小组建立了两岸定期交流机制，每年分别在大陆和台湾地区举行一次工作小组会议，交流项目进展情况，提出推进措施。

（二）稳步推进阶段（2011~2012年）

1. 工作开展情况

经过前一阶段各方的共同努力，在建立了工作机制、明确了合作方向、确立了试点城市之后，从2011年下半年开始，两岸冷链物流产业合作进入稳步推进阶段。

2011年8月26日，台湾地区冷链物流产业工作小组与大陆冷链工作组相关人员就两岸冷链物流产业合作进行了商谈。双方达成以下几项共识：①确定将两岸食品物流产业合作的名称改为"两岸冷链物流产业合作"；②理顺了合作思路，尽快制定、出台工作方案；③界定了合作的范围，即两岸冷链物流产业合作；④明确了阶段性合作内容，即把两岸冷链物流合作落到实处，见到实效，尽快确定合作的项目、企业、模式等。

2011年9月28日，第一届两岸产业合作论坛在江苏昆山举行，论坛以"落实共识、展望未来、开创两岸合作新局面"为主题，深入讨论和分析了两岸产业合作前景和机遇，与会专家达成了如下共识：①加快工作进度，尽快使一些项目落地，合作的具体内容要"落实到地方，落实到企业"；②强化合作机制，即加强沟通协调，加大政府的推动作用，提高效率；③加强模式研究，探讨和深化多种方式和多元化的合作渠道；④适时扩大产业合作范围和领域，进一步丰富两岸产业合作内涵。此次会议为冷链产业合作指明了方向。

与此同时，2011年10月，台湾地区成立了两岸冷链物流技术与服务联盟，从市场面、营运面及技术面切入。

为推进两岸冷链物流产业合作，2011年11月23日，商务部流通业发展司在青岛市组织召开了"海峡两岸冷链物流产业合作研讨会"。国台办经济局、商务部市场建设司、流通业发展司、台港澳司，天津市商委、山东省商务厅、青岛市商务局、厦门市商务局、中国物流与采购联合会物流规划研究院、海峡两岸经贸交流会、中国国际货代协会、厦门市物流协会等单位相关负责人参加了研讨。台湾两岸冷链物流产业合作工作小组负责人及三家台湾企业代表应邀参加会议。会议认为，经过前期的交流和沟通，两岸冷链物流产业合作明确了工作思路，确定了合作的方向，项目推进已取得阶段性进展。天津、厦门已分别拟定了工作方案，并明确了几个具体的项目和企业。厦门提出了"三阶段"走的总体思路，具体以厦门保税区航空港物流园建设有限公司为载体，发展航空站为主的冷链物流网络，辐射东南亚。

在此阶段，两岸冷链物流产业合作虽然取得了初步成果，但在推进过程中也存在一些困难和不足。部分物流企业提出，冷链设施设备占用资金大，投入高，回报慢，希望得到商务部或者地方政府的资金支持；同时，大陆企业不仅需要引进台湾地区先进的技术装备，更重要的是要学习组织管理、运营模式，进行系统整合，从而降低运营成本，提高效益，但两岸业界如何实现双赢还有待进一步的探讨。

自两岸冷链物流产业合作试点工作启动以来，两岸交流、研讨活动不断，借助会议平台，增加了交流和互信，促进了企业供需对接。2012年6月，"两岸冷链物流产业合作会议"在台湾顺利召开。两岸冷链物流工作和试点企业100多名负责人进行了有效的沟通，签订了多项合作协议。2012年11月，在两岸产业合作论坛共同召集人张晓强带领下，"第二次两岸产业合作论坛"召开。会议围绕新形势下两岸产业合作模式、创新，遇到的机遇与挑战等方面进行了阐述和论证。

2. 取得的进展

（1）确立了试点城市。根据经济发展水平和物流业发展基础条件，同时考虑到地方工作积极性，经专家论证，商务部、国台办于2011年7月联合发义《关于将天津市和厦门市列为两岸食品物流产业合作试点城市的函》，将天津市、厦门市列为两岸食品物流产业合作试点城市，并请天津市、厦门市高度重视两岸食品物流合作项目，建立相关工作机制，出台相关政策，明确目标和分析预期效果，制订项目实施方案，为试点工作的顺利开展创造条件。其中，天津市、厦门市牵头的单位分别是天津市商务委员会、厦门市商务局。

（2）调整了两岸冷链物流产业合作工作小组成员。根据前一阶段工作情况，台方对两岸冷链物流产业合作工作小组负责人及小组成员做出了调整。2011 年 8 月 26 日，台湾财团法人工业技术研究院冷链物流产业工作组与大陆冷链工作组进行了接洽商谈，双方统一将两岸物流产业合作的名称改为"两岸冷链物流产业合作"，并理顺了合作思路、界定了合作范围。

（3）提出了初步工作方案。双方工作小组共同赴天津、厦门两个城市进行了调研，了解两市的物流发展状况和合作需求，探讨合作方式和合作内容。在此基础上，结合天津市、厦门市合作意愿，两岸工作小组专家经过讨论，进一步细化合作内容，协助天津市、厦门市提出了合作的初步设想和工作方案。

（4）提出了两岸冷链物流试点运作模式。2011 年 9 月 19 日，大陆冷链物流工作组组长应邀赴台参加两岸流通产业交流及合作会。双方工作组经过协商，确定"城市冷链物流示范区"与"两岸冷链示范网络"为冷链物流试点的两大主轴，依序逐步展开。下一步，将共同搭建公共服务平台，提供产业信息与咨询服务，协助冷链物流的发展。

（5）初步确定了合作的企业和项目。2011 年 11 月两岸工作组在天津市、厦门市调研后，协助天津市、厦门市提出了一批试点的具体企业和项目。如天津傲绿集团和台湾环球栈板公司进行了 RFID 应用项目合作，同时探讨了建立冷链物流信息追溯系统的可行性；厦门市以厦门保税区航空港物流园建设有限公司为载体，发展航空站为主的冷链物流网络，辐射东南亚。

3. 提出了下一步工作计划

（1）推动天津市、厦门市实施方案的尽快完成。在两岸冷链物流合作的框架下，形成两城市冷链物流合作的工作机制，明确工作任务及相关政策支持措施。

（2）提出具体的合作企业、项目及模式，加强与台企业对接，保证尽快落实，取得实质性进展。

（三）持续突破阶段（2013 年至今）

在确立了天津市、厦门市为两岸冷链物流产业合作试点城市后，两岸冷链物流产业合作工作组重点围绕试点城市和试点企业展开工作。

1. 工作思路进一步拓展，合作机制不断完善

在商务部及相关部门和两岸冷链物流产业合作工作组的共同推动下，两岸冷链物流产业合作从无到有，试点合作稳步推进。在双方原有工作机制基础上，逐步形成了政府、联盟、城市、行业、企业等多层次工作机制与交流合作机制。目前，天津、厦门两个试点城市均由与本市相关企业参加的两岸冷链物流产业合作联盟，分头与台湾冷链物流合作工作组牵头成立的合作联盟对接，形成了联盟对联盟的新型业界推进工作机制。即由台湾冷链物流产业联盟对大陆的有关协会联盟等组成的团体推动，形成新的交流合作机制。

在前期工作基础上，两岸冷链物流工作组提出了两岸产业合作模式。对于试点企业，继续引导其朝"规划—建置—营运"三阶段推进；对于试点工作，不断总结经验，形成"试点—总结—模式—标准"完整的循环发展体系。

两岸冷链物流产业合作经过近两年的探索，双方工作组协商每年末制定下一年工作计划，在互助互信的基础上，通过协商明确次年的工作思路、工作目标，形成了大陆、台湾工作组共同制定工作计划的工作机制。

2. 企业对接出现成效，试点项目不断增加

自试点工作启动以来，相关部门通过举办研讨会、考察等方式搭建平台，为企业合作牵线搭桥，促进项目对接。天津傲绿集团和台湾环球控管进行了 RFID 的合作，同时探讨了建立冷链物流信息追溯系统的可行性；天津康农公司探索建立康妈妈厨房食品储存管理和运输管理软件，建立冷链食品可追溯系统。厦门厦商农产品集团有限公司拟与台湾合作，通过整合批发市场、仓储冷库，开展城市配送项目。厦门源香冷储物流有限公司拟与台湾开展农产品交易展示合作。厦门旺墩冷库项目计划实现厦门—台湾口岸的一票式冷链物流服务。截止到 2014 年底，两岸业界合作项目达到 39 项。其中，5 个项目已经建成并投入运行。

3. 合作模式丰富多样，合作领域不断拓展

在已经达成的合作项目中，合作内容涉及冷库项目改造与升级、冷链车队管理系统开发、多温层共同配送系统建设，初步形成技术设备引进、管理咨询、人

才引进、投资与贸易合作等多元化合作模式。随着合作不断深入，两岸合作领域从最初的两岸食品贸易、设备引进扩展到园区建设、通关便利化、托盘共用等领域。更多的大陆城市纷纷提出要求加入两岸冷链物流产业合作中。

4. 试点范围不断扩大，合作内容不断丰富

为推广和扩大试点成果，2014 年 8 月，在经过广泛调研和专家认证的基础上，商务部、国台办联合发文将北京市、武汉市、昆山市列为第二批两岸冷链物流产业合作试点城市。至此，两岸冷链物流产业合作试点城市增加至 5 个。与此同时，合作内容也由最初的项目合作拓展到冷链物流标准方面的制定，规划方面的整体优化，通关便利化等。

5. 出台支持政策，改善合作环境

为鼓励业界合作，商务部结合在部分城市开展的现代服务业综合试点和物流共同配送综合试点工作，对两岸冷链物流产业合作试点项目给予相应的政策支持。2013 年 5 月，商务部会同海关总署、质量监督检验标准总局、国台办等相关部委召开专题会议，商讨合作过程中遇到的商品检验检疫和通关便利化问题。

为促进两岸冷链物流产业合作，国家财政部、商务部，试点城市主管单位相继出台了相关政策措施，保障了试点项目和试点企业的有效开展。2011 年，商务部利用"现代服务业综合试点"专项资金对试点城市天津提供了资金支持。同时，天津市商务委出台了促进两岸冷链物流产业合作的指导意见，促进津台两地的合作。2012 年 5 月底，厦门市以政府文件名义出台了《关于推进两岸冷链物流产业合作试点工作的实施意见》，提出了两岸冷链物流产业合作的主要目标、重点任务、保障措施，在经费保障、财税扶持和用地优惠等方面提出了具体的支持措施，为两岸冷链物流产业合作提供了有力的政策支持。

第二章 两岸冷链产业合作试点城市工作方案

一、天津市试点工作方案

2011 年，天津市被确定为两岸冷链物流产业合作试点城市后，天津市商务委、天津市台办等部门与台方多次协调沟通，确定了津台冷链物流产业合作试点工作思路和实施方案，启动并深化了与台方的实质性合作。

（一）确立津台冷链物流工作思路

全面提升天津市冷链物流产业整体竞争力和发展水平，通过"先行先试"，为冷链物流产业的整体发展提供经验、政策和示范。经与台湾方面研究，确定了以"两岸企业联盟、三条线推进、三方面工作互动"的工作思路。

1. 成立"两岸冷链物流企业联盟"

台湾方面成立了"两岸冷链物流台湾企业联盟"，有 137 家相关企业参加，与大陆相关企业进行项目合作。天津市水产集团、康农集团、傲绿集团、天纺集团、荣德公司、中心渔港功能区等单位组建了"两岸冷链物流天津企业联盟"。两地联盟成立后，已进行相关项目对接。

2. "三条线推进"

三条线分别确定了天津市和台湾地区合作的试点企业和科研服务机构。第一条线是中心渔港水产品冷链物流建设。台湾方面同意协助招商引资建设水产品加工和冷链物流项目，引入台湾地区特色农渔产品进港销售。第二条线是改造提升现有冷库技术和社区商业食品配送系统。以水产集团为试点企业，改造其冷库的预冷处理、车辆装载、保鲜运输等设备技术；以康农公司为试点企业，支持康妈妈厨房发展食品储存管理和运输管理软件，建立冷链食品可追溯系统。第三条线是引进冷链作业技术与管理系统，以傲绿公司为试点企业，设计农产品冷链物流管理系统，摸索两岸冷链管理、物流运作与控管技术的标准化。

3. 进行"三方面工作互动"

在商务部、国台办领导下积极开展工作，争取国家有关部委政策支持；保持与厦门市的工作沟通交流。争取中国物流采购联合会物流规划研究院与台湾工研院的专业技术指导，加强试点企业在冷链物流技术、标准、信息方面的研究应用。推进两地冷链物流企业联盟开展工作，推进改造建设项目的对接。

（二）主要工作

一是落实了工作推动机制。两岸有关部门已共同成立两岸冷链物流项目工作小组。天津市商务委和天津市台办负责本市具体工作的落实。台湾方面，由工业技术研究院承担与天津市具体工作的对接。

二是津台双方开展了密集的调研沟通交流。天津市有关部门及企业多次到台湾访问。台湾工研院也 10 余次到天津市水产集团、中心渔港、康农、傲绿、鑫汇洋等冷库、超市、社区商业中心调研项目。津台双方多次共同召开相关企业参加的座谈会，专题研究合作内容、项目、方式，确定了试点任务：在城市食品物流配送、冷链物流及信息化建设方面加强合作。

三是进行了初步试点的合作。经过多次协调，2012 年 6 月，天津市冷链物流企业与台方有关企业签署了四项合作协议，分别是"冷库项目优化"、"打造惠民便利生活圈"、"打造农产品低温物流追溯系统建设"、合作举办"2012 年亚洲冷链物流高峰论坛暨冷链食品采购洽谈会"。根据协议，2012 年 7 月成功举办了"2012 年亚洲冷链物流高峰论坛暨冷链食品采购洽谈会"、"台湾名品博览会"等会展活动。为进一步推动试点工作，台湾工研院与宁河县政府签订了综合试点合作项目，宁河县天津陆运集散基地进行总体规划设计。

（三）当前重点推动的工作

根据津台冷链工作方案及有关合作协议，重点抓好以下几个项目的落实工作：

一是农特产商贸物流与仓储冷库优化（已于 2012 年 6 月 12 日签订合作意向书）。

二是打造天津惠民便利生活圈（已于 2012 年 6 月 12 日签订合作意向书、2012 年 8 月 15 日正式签订合约）。

三是借助 RFID[①] 技术，打造农产品低温物流体系（已于 2012 年 6 月 12 日签订合作意向书）。

四是台湾商品物流整合布局计划。该项目由天津纺织控股集团、荣德公司、荣叶达公司与台湾两岸冷链物流技术与服务联盟合作（已于 2012 年 9 月 11 日签订合作意向书）。

五是推动落实宁河县天津陆运集散基地总体规划项目（已于 2012 年 9 月 10 日签订合作意向书）。该项目由天津市宁河县政府与台湾两岸冷链物流技术与服务联盟合作。

六是推进冷链园区建设。利用天津中心渔港经济区作为天津北部地域开展海洋经济和港口物流的重要载体，打造"北方冷链物流及水产品加工集散中心"；利用东疆保税港区实施进口商品保税展示交易、采购分拨和配送、贸易便利化、融资服务四大平台的创新建设，推动"进口贸易促进创新示范区"的建设。

七是建立冷链销售终端网络。该项目由一洲鼎鲜与台湾冷链联盟合作，打造 20 家冷链水产品社区精品超市。进口台湾冷鲜产品，通过进口、分拣、加工、配送及信息化服务送达销售终端。

---

① RFID 射频识别是一种非接触式的自动识别技术，它通过射频信号自动识别目标对象并获取相关数据，识别工作无须人工干预，可工作于各种恶劣环境。RFID 技术可识别高速运动物体，并可同时识别多个标签，可以透过外部材料读取数据，操作快捷方便。

二、厦门市试点工作方案

为加快推进两岸冷链物流产业合作，提升厦门市冷链物流水平，根据商务部、国台办和两岸冷链物流产业合作工作小组对推进两岸冷链物流产业合作的工作要求，结合厦门市冷链物流产业发展实际，提出两岸冷链物流产业合作实施意见。

（一）指导思想、基本原则和主要目标

1. 指导思想

在商务部、国台办的指导下，发挥厦门城市经济较为发达，物流基础较完善，对台交流平台基础较好、经贸合作成效显著的区位优势条件，紧紧围绕对台冷链物流产业合作，根据市场需求推动两岸产业交流与合作；完善冷链物流基础设施，加快构建先进的冷链物流体系建设，降低冷链产品产后损失和流通成本，扩大对台贸易。

2. 基本原则

（1）政府牵头，工作组推动。在市政府的领导下，部门合作，以项目为抓手、市场需求为导向，企业为主体、政府扶持引导为手段，组织开展优势互补的产业合作。

（2）试点先行、扩大领域。筛选有实力、有冷链物流条件基础、有强烈提升发展先进冷链物流产业意愿的企业参与试点，高标准、高起点建设专业冷链物流项目，成为冷链物流示范项目，能通过试点项目解决冷链物流产业发展存在的"瓶颈"问题，并存在逐步扩大试点的空间。

（3）重点突破，扶优扶强。借鉴台湾冷链物流产业发展经验，突破厦门市在冷链物流规划设计、基础设施建设、规范标准、运营管理等方面的"瓶颈"，选择对消费安全影响大以及价值量高、生产规模相对集中的冷链需求产品及延伸产业作为冷链物流项目试点。优先发展肉类产品、水产品、加工食品冷链物流，鼓励果蔬产品根据市场消费变化和出口要求逐步发展。集中资金重点支持经营规模大、带动作用强的大型冷链物流产业企业，鼓励冷链物流产业企业做强做大。

3. 主要目标

引进台湾冷链物流产业先进技术和运营管理模式，在冷链物流体系建设上取得突破，提升厦门市冷链物流产业的整体竞争力和发展水平。根据厦门市在海、陆、空物流方面的优势和厦门、漳州、泉州产业优势，规划一批重大冷链项目，构建区域性先进的城市、城际冷链物流配送中心和航空冷链物流中转中心，形成行业标准，成为可推广的示范性项目；举办两岸冷链物流企业项目对接、学术交流、专业培训、专业会展等活动，促进双方冷链物流产业深度交流与合作；发挥对台"先行先试"的作用，进一步优化便捷通道和两岸冷链物流融合，成为对台进出口商品集散中心之一。

（二）重点任务

从企业需求和成熟项目入手，分阶段由点到面，逐步深入扩大产业合作空间。

1. 第一阶段（2012 年 3~6 月）

以综合性的冷链物流试点项目为主。先启动厦门航空港航空冷链物流中转中心项目，加强与台方的合作关系，加快予以实施；同时，完善新兴海峡食品物流园城市城际冷链物流配送项目实施方案，适时启动项目开工建设。

2. 第二阶段（2012 年 7~12 月）

启动第二批试点企业和项目，以主题性冷链物流试点项目为主。选择专业性第三方冷链物流企业、农水产品集散市场、冷链食品加工等 1~2 家企业作为试点，应用先进的冷链技术和运营管理水平，新建、提升改造冷链物流设施和信息化系统，成为示范性项目，形成行业标准予以推广。

3. 第三阶段（2012 年 12 月起）

结合国务院批准的《厦门市深化两岸交流合作综合配套改革实验总体方案》，将两岸冷链物流产业合作纳入"两岸新兴产业和现代服务业合作示范区"（简称"示范区"），深度开展两岸冷链物流产业合作。在"示范区"内规划设立两岸业界综合运营的冷链物流产业合作示范园区；引进台资企业在厦门设立冷链物流中心，推广台湾冷链物流技术、管理与运作模式；推动台湾冷链物流服务机构和企业来厦门开展冷链物流人才、技术和管理培训与交流。

（1）构建先进冷链物流设备及制造技术基地。引进检验检测、低温冷链冷藏、冷链运输及信息监控技术设备，确保食品物流安全。开展冷链运输设备制造的合作，开拓冷链物流设备市场。

（2）设立两岸冷链物流产业合作园区和产业研发中心。引进台湾冷链物流企业来厦门投资经营，在厦门建立冷链物流中心，提供先进的第三方冷链物流服务；支持两岸冷链物流企业和研究机构在厦门设立两岸冷链物流综合园区，开展第三方冷链物流，建立冷链物流研究与孵化中心、食品安全工程研究中心、食品物流标准实验室等研究平台，实现产学研有机结合和产业推广，提升厦门市冷链物流产业水平，增强核心竞争力，推动冷链物流产业不断向前发展。

（3）构建更加便捷的通关机制。发挥保税港区、示范区的政策、条件优势，探讨建立两岸相关标准衔接和产品及企业的信用机制，做个性化通关设计，达成"绿色通道"的建立。

（4）开展两岸冷链物流产业合作交流。在商务部、国台办、两岸冷链物流产业合作小组的支持下，在厦门市举办两岸冷链物流产业合作交流、产业对接、学术交流、专业培训等活动。探讨冷链物流产业先进技术、发展趋势，分享冷链物流成功运营经验，增进企业合作与行业技术交流。

（三）保障措施

1. 设置推进工作的领导小组

成立由市政府分管，副市长为组长，市政府办公厅分管副秘书长，市商务局局长、市台办主任为副组长，市商务局、市台办、市发改委、市财政局、市国土房产局、市交通运输局、市信息化局、市质监局、厦门国税、厦门地税、厦门海关、厦门出入境检验检疫局、象屿保税区委会、海沧保税区管委会、市物流办等为成员单位的厦门市两岸冷链物流产业合作工作领导小组，作为政府层面的工作机构，指导和推进产业合作试点工作，确定工作目标和重点，确认试点项目和内容，探索合作模式；协调、解决存在的问题和困难，出台相关的政策和扶持措施；发挥行业协会组织的作用，把厦门市物流协会作为主要工作助手和民间交流机构，开展两岸冷链物流产业合作。

在厦门市两岸冷链物流产业合作工作领导小组下设办公室，作为具体执行机构。办公室的人员由上述相关部门的业务处室、厦门市物流协会、冷链物流试点企业、高等院校、技术研究机构等组成，在领导小组的指导下，与"台湾两岸冷链物流技术与服务联盟"进行对接，为两岸冷链物流企业搭建合作平台，促进两岸冷链物流产业的深度合作，办公室设在厦门市商务局。

2. 建立高效的工作机制与制度

（1）建立工作机制。厦门市两岸冷链物流产业合作工作领导小组办公室作为厦门市与两岸冷链物流产业合作工作小组的联系单位，开展两岸冷链物流产业合作研究，负责制定工作方案，提出工作意见与建议；参与试点企业、试点项目的调研，推荐试点企业、试点项目，以及协调推动企业试点进度。

（2）开展信息通报制度。由厦门市两岸冷链物流产业合作工作领导小组办公室向商务部有关司局、两岸冷链物流产业合作工作小组每月通报一次厦门市试点工作开展情况。

（3）实行工作例会制度。每年在厦门市或台湾地区举办两次两岸冷链物流产业合作会议、展会，研究协调解决工作中出现的问题，组织企业展览、交流、对接，推动两岸冷链物流产业合作工作的健康和快速发展。

3. 设立工作经费

增设厦门市两岸冷链物流产业合作试点工作经费，纳入部门预算，用于两岸冷链物流产业合作工作协作、课题调研、共同培训、产业合作对接展会及交流活动等费用保障。

4. 制定扶持政策

冷链物流产业具有科技含量高、固定资产投入大、市场竞争激烈、回报周期长等特点，为促进冷链物流产业合作与发展，鼓励发展先进的冷链物流技术，重点培养一批发展潜力大、经营模式先进、辐射能力强、带动作用明显的冷链物流试点企业。

（1）财税扶持政策。支持冷链物流产业发展，重点扶持有发展潜力、带动作用明显的项目，对纳入试点项目的规划设计、储运基础设施建设及升级改造、标准应用、专用技术设备采购、新技术研究开发、产品质量认证及追溯系统、信息化平台建设、运营管理合作、新产品应用服务费、营业税等予以财政资金扶持。

（2）用地优惠政策。对冷库建设新增用地，在提高土地集约利用的基础上，优先合理安排用地，并参照相关行业给予最优惠土地价格支持。

三、北京市试点工作方案

冷链物流作为现代物流业中重要的业态形式，对于促进农民持续增收、保障消费安全具有十分重要的意义。近年来，为促进农产品流通，满足广大居民对生鲜农产品的品质和安全的要求，促进农民增收，北京市高度重视以生鲜农产品冷藏、低温仓储和运输为主的冷链物流建设，冷链物流设施建设成为新的投资热点，冷链物流规模不断扩大，全市冷链物流行业迎来一个全新的发展时期。为加强与台湾地区冷链物流产业合作，2014年初，在两岸工作组专家指导下，经反复研讨论证，北京市商务委提出《北京市两岸冷链物流产业合作试点初步工作方案》，主要内容如下：

（一）北京开展两岸冷链物流产业合作试点的条件和基础

1. 消费市场基础

北京市是特大型的消费城市，2013年，北京市常住人口达2114.8万人；全市社会消费品零售额达8375.1亿元，每天实现零售额22.9亿元，连续六年位居全国城市之首；全市农副产品交易量平均每天近7万吨，其中果蔬类交易量每天达到5.9万吨。2013年，北京市人均可支配收入超过6400美元，对农产品物流、冷链物流、电子商务物流、居民消费提出巨大的需求。居民收入增长和消费习惯的改变对生鲜农产品的品质和安全提出了更高要求。

北京市农产品交易市场与冷链相关的商品成交量超过2500万吨，其中果蔬、猪牛羊肉、水产品的成交量分别超过2340万吨、60万吨和100万吨。北京市果蔬、肉类、水产品冷链流通率分别为10%、30%、50%左右，冷藏运输率分别为21%、61%、58%。北京市人口密集、交通压力大、对物流服务时效性和便捷性要求高，要求企业采用先进的物流技术和创新物流经营模式，为冷链物流发展提供了良好的发展空间。加快发展农产品冷链物流对提高农产品质量，提高流通效率具有十分重要的意义。

2. 政策基础

在《北京市"十二五"时期物流业发展规划》、《北京市物流业调整和振兴实施方案》中，均将冷链物流作为发展重点，并将加快建立冷链物流配送体系、组织实施食品冷链技术应用示范工程列为重点任务。北京市将生鲜农产品冷链物流作为发展现代物流业的重点领域。

政府加大冷链物流财政资金支持力度。2011~2013 年，北京市从商业发展大额专项资金中支持冷链体系建设项目 16 个，投入专项资金 7214.5 万元，重点对冷链物流体系建设及冷储设施改造等项目给予了资金支持。

随着京津冀协同发展上升为国家战略，环渤海及京津冀地区经济协作也将更加紧密，而交通运输和物流服务一体化成为先导。京津冀协同发展中新型城镇化建设将促进城市配送和农产品供应链管理重新布局及优化配置，不仅涉及农产品城市配送网络布局、冷链基础设施建设、鲜活农产品绿色运输通道设计等，还涉及农产品生产基地或物流园区的规划布局。台湾地区冷链物流产业起步早、经验丰富、有较强的物流管理能力，在京津冀一体化的合作背景下，京台进行冷链产业合作具有完善和提升首都冷链产业体系的现实意义。

3. 国际物流基础

目前，北京市已形成了以首都机场空港口岸为核心，铁路口岸、公路口岸为重要补充的布局合理、功能齐全的口岸体系，以及北有天竺、南有亦庄、东有马坊，空陆海直通，综合保税区、保税物流中心、保税仓库等多元配套的保税物流体系，国际物流设施空间格局已逐步形成，为发展国际物流提供了巨大需求和基础条件。平谷国际陆港、密云公共保税库冷链等基础设施已经建成，具备开展面向口岸和保税商品的国际冷链物流合作的条件。

4. 产业基础

经过努力，北京市已基本形成了以物流基地、物流中心为载体，专业物流为特色的多层次节点布局，以及与交通线网有效衔接的物流网络。"三环、五带、多中心"的物流设施空间格局，有效承载了城市物流服务于产业发展和居民生活的功能。

据初步统计，2013 年，北京市社会物流总额为 7.2 万亿元，同比增长 9.8%，占大陆社会物流总额的比重为 3.7%；物流业务收入 2267.6 亿元，同比增长 7.8%；全市社会物流总费用与 GDP 的比率为 15.1%，低于大陆平均水平 2.9%，比 2010 年下降 0.4%。从总体上来看，北京市社会物流总额、物流业务收入持续增长，全市社会物流总费用与 GDP 的比率有所下降，呈现良好的发展态势。

近年来，北京市在冷链物流基础设施、技术应用、农产品冷链物流服务体系和能力建设方面取得长足进步。北京市冷链物流设施设备在大陆处于领先水平；果蔬、肉类、水产品冷链流通率分别比大陆平均水平高 5%、15% 和 27%；冷藏运输率分别比大陆平均水平高 6%、31% 和 18%。冷链物流技术水平居大陆领先地位。

冷链物流市场主体的整体竞争力增强，全市规模以上冷链物流相关企业达到 80 家，其中第三方冷链物流企业 28 家，形成了以东方友谊、快行线等为代表的典型第三方冷链物流企业。规模以上物流企业冷链物流业务收入超过 4.7 亿元，冷链物流企业运行保障能力显著增强。冷链物流行业发展水平不断提升，为开展两岸冷链产业试点的实施提供了有力保障。

（二）试点总体设想

1. 工作思路

借鉴首批试点城市经验，发挥自身条件和基础，在北京市开展两岸冷链产业合作，先行先试，探索创新两岸冷链物流产业合作模式。

2. 试点目标

通过两岸冷链产业交流合作平台，借鉴台湾冷链物流产业的先进理念、技术与经验，推动冷链物流服务模式创新，密切两岸贸易和投资往来，加快冷链物流基础设施建设，建立和完善布局合理、功能完备、产业集聚的北京冷链物流服务体系，为和谐宜居之都和居民生活品质提升提供保障。

3. 试点内容

（1）提升冷链物流服务水平。以试点为契机，引进台湾先进的冷链物流技术和管理技术，改造和提升冷库等冷链物流基础设施，促进冷链物流产业发展。

（2）促进两岸贸易往来。依托北京的市场，通过两岸冷链物流领域的交流合作，畅通两岸农产品的经贸渠道，推动台湾商品特别是生鲜农产品进入北京市场，在北京展示交易。同时，推动京津冀特色农产品开拓台湾市场，实现两岸经贸共赢发展。

（3）引进台湾资金。开放北京冷链市场，通过独资、合资等多层次多方面的合作，吸引台湾企业投资北京冷链产业，共同开拓市场，共同参与竞争。

（4）创新冷链物流服务模式。借鉴台湾冷链运作经验，结合北京实际，推动冷链物流标准化，实现冷链物流服务模式的创新。

（5）探索两岸产业深度合作的经验。以两岸冷链物流产业合作为切入点，积极探索两岸产业合作模式和经验，发挥试点城市作用，扩大对台经贸合作的领域、深度和广度。

（三）保障措施

1. 组织保障

成立推进两岸冷链产业合作工作领导小组，指导和推进产业合作试点工作，确定工作目标和重点，确认试点项目和内容，协调试点中的重大问题，探索合作模式。

2. 政策保障

鼓励农产品冷链物流发展，对两岸农产品通关提供便利。对符合土地利用总体规划的冷链物流用地给予保障。将两岸冷链物流产业合作项目纳入中关村现代服务业综合试点项目和北京市商业发展大额专项资金中，给予资金支持。

3. 工作机制保障

建立政府、联盟、企业三层工作保障机制。领导小组作为政府层面的工作机构，指导、协调和推进产业合作试点工作；引导冷链物流等冷链相关企业、行业协会，成立两岸冷链物流北京合作联盟，对接台湾方面的"两岸冷链物流技术与服务联盟"，为两岸冷链物流企业搭建合作平台，促进两岸冷链物流产业的深度合作；基于联盟合作的框架下，两岸企业和行业组织进行项目对接与合作，具体实施两岸冷链产业合作项目。

综上所述，北京市具有开展两岸冷链物流产业合作试点的良好基础和条件，下一步将在商务部等有关部门的支持和指导下，建立工作推进机制，制定相关政策措施，积极推动两岸冷链物流产业合作，密切两岸经贸关系。

四、武汉市试点工作方案

为借鉴台湾地区经验，提高武汉市冷链物流合作发展水平，在两岸冷链物流产业合作工作小组专家指导下，根据武汉市冷链物流发展现状及消费需求状况，经多次论证，2014年5月，武汉市商业局提出了《武汉市申报两岸冷链物流产业合作试点城市初步工作方案》，主要内容如下：

（一）武汉市冷链物流发展的整体情况

武汉市是华中地区最大城市，也是唯一的副省级市和区域中心城市，具备得天独厚的商品集散和辐射功能，冷链物流市场需求巨大。近年来，武汉市农产品冷链物流快速发展，部分农产品冷链物流企业形成规模，物流基础设施进一步强化，现代冷链物流技术深入应用，冷链物流发展环境不断改善。

1. 农产品冷链物流基础设施建设不断加强

目前，武汉市冷储规模处于华中地区领先地位，全市拥有较大的冷藏库15座，冷库总容量35万吨左右，在建冷库10万吨。其中，武汉肉联、白沙洲市场、农业集团、供销社4家企业拥有5万吨以上冷库。

2. 专业化的冷链物流企业辐射范围逐步扩大

全市拥有冷链业务的食品加工与流通企业109家，白沙洲、四季丰华等一批超大型农副产品市场，发挥中心城市农产品大市场、大流通的集散功能，生鲜冻品交易辐射大陆。

现有的冷链物流企业按照业务特点大致可以分为四类：①为生产服务的冷链企业，以农业集团为代表；②为第三方服务的以租赁冷库为主的冷链企业，以山绿集团为代表；③依托冷库办市场的冷链企业，其主要为市场贸易服务，以批发功能为主，以白沙洲市场、四季美市场为代表；④为销售终端服务的冷链企业，以中百冷链为代表。

武汉白沙洲冷链物流有限责任公司是大陆大型冷链物流企业，创建于2008年6月。白沙洲冻品市场占地461亩，总投资10亿元，建筑面积30万平方米，拟建设 20 万吨冷库，将白沙洲冻品市场打造成为集批发、加工、冷藏配送、仓储、物流、检疫、进出口贸易平台和电子商务平台为一体的综合性市场。已投产使用的一期工程和二期工程建筑面积超过 10 万平方米，建有低温冷库 60000 吨、可调节库 30000 吨，配套建设交易门面 800 多间，入驻商户 800 余家，是华中地区最大的农副产品一级批发市场，也是湖北省最大的冷链物流企业。

四季美农贸城冷链物流规划建设 30 万吨冷库，总投资 10 亿元，包括果蔬批发市场 3000 吨高温冷库（包括 2 个大冷库及果蔬精品区小型仓库）、水产批发市场 3000 吨低温冷库（包括 1 个日产 24 吨的制冰车间及两个冷库）、冻品市场一期 9 万吨低温冷库及二期 20 万吨低温冷库以及配套 20 台冷藏运输车辆。果蔬 3000 吨高温冷库已经投入运营，情况良好；水产 3000 吨低温冷库已基本完工，水产市场开业进入试运营；冻品市场一期 9 万吨冷库规划占地面积 20 万平方米，包括 A、B、C、D、E 共 5 个冷库，二期 20 万吨冷库处于规划阶段。

中百集团生鲜物流园的冷链事业部总面积达 12000 平方米，总库容量约 8000 吨，存储区库高 8.5 米，收发货月台 35 个。温度包含 –25℃~5℃、–18℃~5℃、–10℃~5℃、0℃~5℃、5℃~15℃、20℃~22℃共 6 个温度层。其中，冷冻库 8 个，库容量约 3000 吨，主要存储水饺、汤圆、冰淇淋等速冻类商品；反季节存储库 4 个，库容量约 2000 吨，主要存储反季节蔬果类商品；蔬果存储库 3 个，库容量约 1000 吨；冷藏库 2 个，库容量约 1000 吨，主要存储酸奶、火腿肠等商品；香蕉催熟库 4 个，库容量约 1000 吨。并含低温分拣区、低温收发货区，合计面积约 3000 平方米。

武汉梁子湖水产品加工有限公司是由武汉农业集团有限公司、武汉市梁子湖水产集团有限公司（江夏区水产局）和部分民营资本于 2009 年 6 月共同投资成立的国有资本控股公司，注册资金 5000 万元。据初步统计，该企业投资建设的"5 万吨淡水水产品综合深加工"和"5 万吨冷链仓储物流"项目，采用的高新技术在大陆处于领先地位，投资规模在同类型淡水鱼加工领域位居前列。

3. 现代化冷链物流技术深入推广应用

武汉市加大引导力度，促导现代化冷链技术在物流企业中深入应用。总体来看，武汉市冷库建设模式由传统冷库向现代化的钢结构单体拼装库转变，以满足综合冷链物流需要制冷工艺从高温、低温向预冷、气调、超低温、速冻、恒温、制冰方向转变；运输车辆从单一制冷向高温、低温、常温"三温层"冷藏车转变。部分冷链物流企业建立与企业相适应的信息管理系统，山绿农产品冷链物流公司建立了高架立体数字化冷库，搬运实现了机械化，建立并推行使用了 S-ID 定位集成系统和 WMS 仓储管理系统。物流技术设施与先进的管理技术手段包括高层货架、叉车、出货升降台、软门封、S-ID 超声波定位技术、RFID 无线射频识别技术、GPS 全球定位系统、WMS 仓储管理系统、HACCP（危害分析和临界控制点）认证、GMP（良好操作规范）、ISO 质量保证体系认证等。一批生鲜农产品出口企业，率先引进国际先进的管理技术，实现了全程低温控制。肉类屠宰企业从屠宰、分割、冷却等环节低温处理起步，逐渐向储藏、运输、批发和零售环节延伸，向着全程低温控制的方向快速发展。专业冷链公司综合应用多项技术，实现了搬运机械化和精确的冷链配送。蔬菜基地企业采用真空预冷技术，探索保鲜营销新模式，发展反季节蔬菜，推动高附加值农产品冷链快速发展。

武汉市农产品冷链物流取得一定发展，但与冷链物流发展先进的城市相比，仍存在不小的差距。武汉市农产品冷链物流发展尚未形成完备的体系，"有冷无链"现象比较突出，难以满足发展现代农业、居民消费和扩大农产品出口的需求。

（二）武汉市建设两岸冷链物流产业合作试点城市的比较优势

武汉市区位和交通优势明显，产业门类齐全，商贸物流发达，农产品、医药、电子商务等相关产业发展较好，冷链物流基础较好，且具有产业间融合发展的迫切性需求。武汉是台商的重要集聚地，具有很好的合作基础。同时武汉的智力资源等优势为两岸冷链产业合作提供了技术、人才支撑。

1. 武汉市委、市政府高度重视现代物流业发展

武汉市委市政府将现代物流作为"十二五"新一轮经济发展的 4 个千亿元产业和 15 个新型产业之一。2011 年 12 月召开的武汉市十二次党代会，将武汉建设成为国家"商贸物流中心"作为武汉市未来 5~10 年的发展战略目标，明确以商贸带动物流产业发展，以物流促进商贸业繁荣，做强做大商贸流通业，形成覆盖大陆、对接全球的货物集散中心。按照市委、市政府战略部署，武汉市规划建设五大综合型物流园区、九大物流中心，提出推进现代物流业发展的五大主要工作任务，将发展商贸物流摆在突出位置。出台支持政策，设立武汉市现代物流业

发展专项扶持资金，重点支持冷链物流发展。

2. 作为综合交通枢纽，武汉市交通优势在中部地区乃至（大陆）难以复制

武汉市是中国内陆最大的水铁公空综合交通枢纽，是 8 个全国性综合交通枢纽试点城市之一。铁路方面：京广、京九、武九、汉丹、武麻等线路呈"米"字形结构，武昌、汉口、武汉 3 个高速车站，全球最大的武汉北货运编组站，东西湖国家级铁路集装箱枢纽均建成投入运行。水运方面：长江与汉江在武汉汇合，水运通江达海。不断扩建的武汉新港是长江中游最大港口，承担着中部地区集装箱等货物的国际转运和内河运输。公路方面：京珠、沪蓉等多条主干高速和区域高速在武汉交汇，以武汉为中心八条出城高速公路，可以快速抵达周边城市。航空方面：武汉天河机场是中部地区最大的国际空港，160 多条国内、国际航线通向全国各地及世界城市。

根据 2013 年 9 月发布湖北省《"建设祖国立交桥"综合交通战略规划》，武汉市将重点建设 82 个交通项目，总投资 3131.49 亿元，加快打造全国性铁路路网中心、公路路网重要枢纽、国家重要门户机场、长江中游航运中心，奋力实现由"九省通衢"向"九州通衢"的跨越。武汉市计划对江夏山坡机场进行改造，打造以货运为主的第二机场。

3. 武汉市在农产品物流、医药物流、电子商务等相关领域发展基础良好，迫切需要依靠冷链支持行业升级发展

在农产品物流方面，白沙洲、汉口北四季丰华等一批超大型农副产品市场，发挥中心城市农产品大市场、大流通的集散功能。依托家事易、良中行、方信恒丰、绿泉农业等农产品生鲜蔬菜供应链企业，建成面向居民的"农户+公司+配送中心+电子商务+智能配送柜"中心城区生鲜蔬菜宅配体系、面向酒店餐饮企业以及面向零售网点、大陆首家综合性餐桌食品物流园区等，探索农产品供应链模式创新。

医药物流方面，依托九州通、湖北国药、马应龙等大型医药物流企业，完善一批医药冷库建设，提档升级专业设施设备，促进无线射频识别（简称 RFID）、地理信息系统（简称 GIS）、智能决策系统在医药流通企业的深入应用，构建中部医药产业集群。2012 年，全市医药物流企业销售总规模达到 500 亿元。

在电子商务方面，2013 年，武汉市拥有电子商务企业 600 多家，其中规模较大的电子商务企业 130 家，电子商务交易规模达 1720 亿元（含企业间供应链

电子商务）。菜鸟、京东、1号店等10多家电商巨头相继落户武汉，建设总部、区域运营中心或物流配送基地。

在相关领域项目推进过程中，冷链对于提高服务水平和产品附加值的作用越来越大，而冷链技术应用和相应的精细化管理也成为相关流通企业业务升级的核心竞争力。

4. 汉台合作20年，武汉市是华中台商投资聚集区

1993年，台资企业统一集团在武汉市率先设厂，拉开了汉台合作的序幕。目前，台湾百强企业中已有52家大企业、大财团来汉投资，包括唯冠电子、瀚宇彩晶、中芯国际、富士康、旺宏、华瑞、芯动科技、统一、康师傅、亚东水泥、斯米克集团等知名企业，台资已成为武汉市境外投资第三大来源。全市共有台资企业900家，投资总额33亿美元，实际利用台资18亿美元，位居中西部前列。根据2013年数据，仅东西湖区就引进台资企业89家，实际投资8.6亿元；台资企业产值98亿元，创税3.5亿元，成为继江苏昆山、广东东莞之后大陆地区第三大台资聚集区。

此外，武汉台商服务网（全国首例）、武汉台商投诉协调中心、武汉台资企业协会、台盟、台联等机构组织，为汉台经济交流提供了高效协同的服务平台。

5. 武汉东湖国家自主创新示范区和多个服务业试点城市的建设以及科技人才优势为冷链物流技术发展提供了技术、装备、人才支持

2009年12月，国务院正式下发《关于同意支持武汉东湖新技术产业开发区建设国家自主创新示范区的批复》，武汉市拥有了东湖国家自主创新示范区著名品牌。2010年3月，武汉市被商务部确定为大陆流通领域现代物流示范城市。2011年4月，国家发改委明确武汉市江汉区为"国家服务业综合改革试点区域"。2011年8月，财政部、科技部批准东湖国家自主创新示范区为继北京中关村之后的第二批国家现代服务业试点，也是中西部地区唯一的试点区域。2011年11月，国家发改委、商务部等五部委批准武汉市为全国电子商务示范城市。探索和推动商贸服务业发展是服务业综合改革试点和现代服务业试点区域的重要任务之一，对于以先进技术和先进装备为支撑的现代物流技术发展，自主创新与现代服务业试点将为武汉市两岸冷链合作提供更为坚实的技术、装备、人才支持。

（三）工作目标

武汉市冷链建设总体目标是搭建中部两岸冷链合作互动平台，以冷链带动武汉相关产业链升级，促进汉台经贸合作。围绕两岸冷链物流产业合作试点，通过3~5年的努力，达到以下目标：

通过两岸冷链产业合作，武汉市冷链物流发展水平达到大陆先进水平，到2015年，武汉市果蔬、肉类、水产品冷链流通率分别达到30%、40%、46%以上，冷藏运输率分别提高到40%、60%、75%左右，流通环节产品腐损率分别降至15%、8%、10%以下。

形成两岸流通领域长效互动合作机制，通过冷链物流产业合作平台拉动相关产业合作，未来五年每年至少召开一次两岸冷链合作交流会议。

加快冷链物流基础设施体系建设，形成一批现代化的冷库、冷链配送中心和社区冷链配送设施，步入大陆冷链物流发展先进行列，2018年人均冷库容量超过0.1平方米。

通过合作，加强冷藏车的研发及普及，到2018年新增冷藏车1000台。

通过试点工作，培育和引进一批市场运作能力和开拓能力强、管理和服务水平高的冷链物流龙头企业，推进一批优秀项目，三年内以冷链物流服务为主的A级以上物流企业达到20家。

以冷链合作为引领，加快推进物流智能化、标准化，推动物联网技术应用与共同配送，冷链物流环节信息化率达到75%以上。

重点加强在农产品物流、医药物流、电子商务领域的冷链技术合作研发、应用和标准制定，力争达到大陆领先水平。

（四）主要任务

1. 通过冷链全过程体系的项目试点，提高冷链相关产业全产业链的竞争力

以两岸冷链物流为突破点，向产业链上下游延伸，在"生产—加工—运输—仓储—批发—配送—零售（电商）"的冷链全过程体系和"信息服务、设备服务、咨询服务"等第四方服务支撑层全面开展合作，根据每个环节特点对接相关项目，保证冷链不"断链"，拉动农产品流通业、餐饮服务业、医药流通业等产业发展，见图1-2-1。

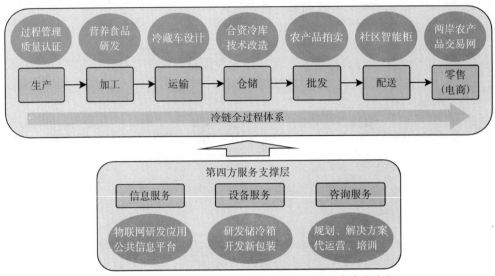

图 1-2-1　两岸冷链产业合作全过程体系及重点合作方向

2. 通过资本、项目、人才合作方式，促进台湾冷链物流技术和管理经验输入，健全冷链设施体系，培育冷链物流龙头企业

鼓励汉台企业合资成立冷链物流公司，鼓励汉台冷链物流企业交叉持股，开展资本合资；鼓励武汉市冷链物流企业与台湾设备服务商、研究咨询机构开展项目合作；鼓励武汉市冷链物流企业聘请台湾高级技术管理人才作为顾问。通过以上方式，提高冷链设施的现代化水平和效率，培育一批先进的第三方冷链物流企业，见表 1-2-1。

表 1-2-1　武汉两岸冷链产业合作重点联系企业及冷库规模

重点联系的冷链企业	已有规模（万吨）	新建规模（万吨）
汉口北四季丰华	0.6	10
山绿集团	4	
武汉肉联	8	10
联想·白沙洲冷链物流		6.5

3. 基于两岸冷链合作，加快推进冷链物流智能化、标准化，进行冷链低碳化探索

在信息化方面，通过两岸冷链技术合作，推广物联网、云计算、无线射频识别、智能标签、智能分拣、条码技术在冷链物流领域的应用，建立冷链可追溯体系。支持物流公共信息共享平台，开发冷链物流需求，嵌入冷链管理模块，推进

信息共享，提高冷链全程透明度，见表 1-2-2。

表 1-2-2　冷链物流智能化重点推进项目

企业名称	企业物流管理智能化项目	主要现代物流技术
湖北九州通集团	基于 RFID 技术的全程冷链节能技术改造项目	RFID 等
武汉良中行供应链管理有限公司	冷冻冷藏供应链全程服务平台	SCM、条码技术

在标准化方面，积极参考台湾先进物流标准，结合武汉市实际，采取"政府主导、重点企业参与、科研机构支持"的方式，制定医药、农产品等行业及城市配送等领域冷链物流技术标准和管理标准，支持龙头企业制定标准，并上升为地方标准进行推广。

在低碳化方面，加快节能环保的各种新型冷链物流技术的合作研发，重点加强各种高性能冷却、冷冻设备，自动化分拣、清洗和加工包装设备，冷链物流监控追溯系统、温控设施以及经济适用的农产品预冷设施、移动式冷却装置、节能环保的冷链运输工具、先进的陈列销售设备等冷链物流装备的研发与推广；探索低碳化的冷链物流管理手段；探索冷链物流的碳交易模式。

4. 重点促进农产品物流、医药物流、电子商务领域产业链上下游合作，推进共同配送体系建设

在农产品物流领域，以两岸冷链合作为先导，加强农产品深加工（包括营养食品研发）、农业品牌化连锁经营等方面的合作。开展面向超市便利店、餐饮行业的包括肉类、生鲜、水产品、奶制品、加工食品的分拣以及包装、配载流程创新，打造快速安全的低温供应链体系。

在医药物流方面，通过对台技术引进，支持国药、九州通等龙头企业建立医药低温冷库和应用保温车，加强区域辐射能力，打造大陆医药冷链物流领域的标杆工程。

在电子商务领域，鼓励电子商务企业、第三方物流企业学习台湾企业，开展生鲜品宅配共同配送，实现供应链精细化管理；鼓励两岸生鲜产品通过电子商务渠道"引进来"，"走出去"。

5. 以两岸冷链合作为突破，推动两岸经贸绿色通道建设，形成中部地区两岸商品集散地

通过两岸合作平台，建设两岸经贸绿色通道，针对两岸航空冷链中转业务需求，建设大型检货理货区和中转配送平台，与机场货站实现无缝隙对接；联合海

关、联检等单位建立绿色通道，实现航空冷链产品的快速中转；配备专用的冷链配送车辆，实施全过程温度监控，保证航空冷链产品的品质及快捷服务。在绿色通道基础上，探索公铁空多式联运，增强辐射半径，形成两岸产品在华中的商品集散中心。

6. 建立两岸冷链产学研合作基地，让武汉市成为大陆冷链物流人才培训基地和冷链技术研发基地

利用东湖国家自主创新示范区等相关政策优势和武汉市的高校智力资源优势，选定积极性高、研究实力强的高校作为两岸冷链产学研合作基地，鼓励开展两岸高校合作办学培训、两岸研究机构合作研发等，引进"师徒制"和"双元制"，通过与企业合作社会实践，培养中高级物流管理人才，使武汉市成为大陆冷链物流人才和技术的输出地。

7. 成立两岸冷链产业合作联盟华中办事处，形成汉台冷链产业合作长效交流机制

调动政产学研及相关协会组织的积极性，成立两岸冷链产业合作联盟华中办事处，由有积极性、有威望的协会和高校联合设秘书处，由冷链物流企业、高校等组织参与，与两岸冷链产业合作工作组及台方相关协会组织对接，搭建招商引资、战略合作、技术合作、人才培训的平台。在未来五年，计划每年组织两次沙龙、讲座、联谊会等各种组织的交流活动，将交流活动形成惯例、形成长效交流机制。

（五）创建国家现代物流点城市的实施保障

1. 形成"政府—联盟—企业"共同推动的工作机制

形成"政府—联盟—企业"共同推动的三层工作机制，由政府牵头、联盟组织、企业参与，发挥两岸冷链物流产业联盟的中介作用，成为政府与企业、大陆与台方沟通对接的纽带。

2. 加强组织领导和统筹协调

围绕武汉市十二次党代会确定的"未来 5~10 年，倾全市之力将武汉建设成为国家商贸物流中心"的战略部署，进一步理顺管理体制，建立由分管副市长任组长，市商务局、发改委、交委（物流局）、农业局、质监局、国台办等单位局长或主任担任副组长，办公室设在市商务局的两岸冷链合作工作领导小组，充分发挥工作领导小组的作用，统筹协调好相关管理部门职能，见图 1-2-2。

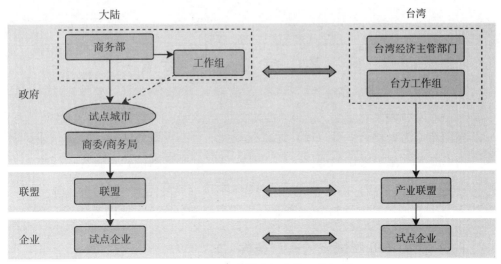

图1-2-2　两岸冷链产业合作工作机制

3. 建立加快两岸冷链物流产业合作政策推进机制

建立两岸合作冷链物流项目用地优惠和专项工作机制。在两岸冷链产业合作背景下对冷链物流园区重大招商引资项目用地可参照工业用地价格进行调节优惠。对于投资5亿元以上的重点冷链物流项目，涉及的各类事项实行一事一议的协调工作机制。完善航线补贴机制，开通汉台直飞的客货运航线和全货运航线，按其完成的货物运量给予适当补贴。

4. 加大两岸冷链物流产业合作试点项目经费倾斜力度

2014年，武汉市安排现代物流业发展扶持资金5000万元，在其使用上优先向两岸冷链产业合作试点项目倾斜。同时，在现代服务业、电子商务等专项扶持资金的安排上，从不同的侧重点积极支持两岸冷链产业合作的试点项目。

5. 调动一切积极因素全力推进创建工作

重视行业协会的作用，加强与中国物流与采购联合会等协会合作，积极支持武汉市物流行业协会成立冷链行业分会，与台湾物流协会进行积极合作，发挥协会的桥梁中介作用。

建立和完善冷链物流企业分类统计、监测、分析制度，加强统计分析工作和重点监测工作，及时、准确地把握冷链物流企业发展新情况和新问题。深化治庸问责，加大舆论监督力度，促进政府部门转变作风，为冷链物流企业营造良好的发展软环境。

五、昆山市试点工作方案

昆山市作为大陆百强县（市）之首以及大陆台商投资最活跃、台资企业最密集、两岸经贸交流最密切的地区之一，具有良好的经济基础和对台合作优势。为进一步加强对台合作，提高昆山市冷链物流产业合作水平，昆山市商务局于2014年5月提出了两岸冷链物流产业合作初步工作方案，主要内容如下：

（一）昆山市开展试点的有利条件

1. 经济优势

昆山市是大陆经济实力最强的县级市，连续六年排名福布斯中国最佳县级城市第一，连续十年位列大陆中小城市综合实力百强县市榜首，实现台湾电子电机同业公会"大陆综合实力极力推荐城市"六连冠。2014年完成地区生产总值3001亿元，同比增长7.7%；公共财政预算收入263.7亿元，同比增长8.3%。

台资经济是昆山开放型经济的最大特色，更是昆山经济的根基所在。一是台商投资规模大。截至2014年底，全市累计引进台资企业超4400家，总投资超550亿美元。全市税收贡献的50%、利用外资的60%、工业产值的70%、出口总额的80%来自于台商投资企业。台湾地区前100强企业中有一半以上在昆投资落户，涉及项目180多个。2014年全市实现对台贸易额155亿美元，同比增长13%以上。二是产业合作基础好。经过多年的发展，昆台产业合作由单体项目向产业链延伸发展，形成了以电子信息、高端装备制造为支柱，以新型显示、新能源、机器人、生物技术、软件等特色产业为补充的产业结构。三是昆台交流领域宽。昆台合作由第二产业向第一产业、第三产业不断延伸，由经济、金融领域向教育、文化、体育、旅游等全方位拓展。目前，昆山已建有台商子女学校、台资职业技术学院、台资医院等，成功举办了两岸产业合作论坛、海峡两岸中秋灯会等重大交流活动。两地人员往来交流密切，常住昆山的台商及眷属近10万人。

2. 政策优势

一是深化两岸产业合作试验区。2013年2月3日，国务院正式批复同意设立昆山深化两岸产业合作试验区，包括昆山现有国家级和省级开发区，以及规划建设的海峡两岸（昆山）商贸试验区，在两岸产业技术交流、商品检验检测、产品认证、技术标准等领域交流合作都将享受政策支持。昆山试验区的建设目标是打造两岸产业合作转型升级的先行先试区、两岸中小企业深度合作的重要载体、两岸交流合作模式创新的示范平台。主要任务是在推进两岸产业深度对接、两岸服务业合作、两岸金融业创新合作等方面实现新突破，形成新亮点，构建新机制。国务院批复赋予昆山试验区在产业、金融、贸易便利化、财税等 7 项政策措施，同时要求结合 ECFA 后续商谈，积极研究在昆山试验区先行先试对台合作政策措施。

二是现代服务业综合试点。2013 年 1 月 31 日，昆山花桥国际商务城获财政部、商务部联合批准启动现代服务业综合试点，是大陆唯一的县级现代服务业综合试点，将促进昆山产业结构调整，打造现代服务业高地，同时探索有利于服务业发展的体制政策环境，为大陆现代服务业发展积累经验。主要支持领域是科技研发支撑服务业、现代物流服务业和电子商务服务业等。2013 年，成功入选了20 个试点项目，项目总投资 38.33 亿元，获得首批现代服务业综合试点（区域试点）中央财政补助资金 1.2 亿元；2014 年，成功入选了 17 个试点项目，项目总投资 21.70 亿元，获得第二批现代服务业综合试点（区域试点）中央财政补助资金 8000 万元。昆山成功被列为两岸冷链物流产业合作试点城市，将参考首批试点城市天津的成功经验，从现代服务业综合试点补助资金中拿出专项资金，用于扶持两岸冷链物流产业合作试点项目。

3. 交通优势

昆山地处长三角的中心地带，区位优势显著，交通十分便捷。在空港方面，距离上海虹桥机场 42 公里，距离上海浦东机场 92 公里；在海港方面，距离中国最大港口上海港 60 公里，距离太仓港 35 公里。尤其是太仓港可为昆山与台湾之间的物流往来提供极大的便利，有望打造台湾生鲜农产品 24 小时快速通关进入昆山的通道。

2008 年 12 月，太仓港成为大陆首批对台直航港口。海运直航，为太仓港与台湾港口的进一步合作提供了条件，2010 年 9 月，太仓港和高雄港缔结合作港签约仪式在太仓港集装箱码头举行。合作双方表示，将在航线、货物中转、口岸创新等方面深化合作，加快构建两岸之间的物流走廊，为两岸产业界提供更大的物流比较优势。目前太仓港的台湾航线已经发展为周一、周四的周双班开船，挂靠基隆、高雄、台中三港，在太仓港年完成集装箱吞吐量超过5万标箱。

"昆太联动"是省委、省政府和苏州市委、市政府在整合区域资源，实现优势互补，推动区域经济快速协调发展的一大重要战略决策。昆山市与太仓港的快速干道已开始建设，建成后30分钟内可到太仓港。昆山开发区和太仓港管委会签署了"区港联动"合作协议，建立区港双边会议制度，快速通关、信息共享、保税物流功能联动和联席活动等机制，实现功能对接，推动保税物流等业务的联动发展。在南京海关的大力支持下，昆山花桥国际商务城储运服务有限公司公共型保税仓库正式成立。同时，两市海关、国检等部门顺利签订合作备忘录，将"苏太联动"、"区域通关"等通关模式延伸至海峡两岸商贸合作区，两地间的运输视作港口内的"场内运输"，真正实现了"一次申报、一次查验、一次放行"。

4. 产业优势

一是在冷链物流产业基础方面，昆山坚持高起点、高标准，近年来陆续引进了一批实力雄厚的冷链物流企业，将打造国际国内冷链物流衔接的重要基地和枢纽，促进苏南地区乃至长三角地区现代农产品流通业的发展。并且，昆山在冷链物流方面具备与台湾合作的基础。

二是在现代农业产业基础方面，在昆山市的产业框架中，农业并没有因为份额少而"失重"；相反，分量和质量还在不断增强，走出一条依靠科技提高土地产出率和产品质量的现代农业发展之路。

（二）试点工作总体设想

1. 工作思路

借鉴首批试点城市的经验，发挥自身优势，探索创新两岸冷链物流产业合作模式。

2. 试点目标

（1）提升冷链物流产业水平。以试点为契机，引进台湾先进的冷链物流技术，加快冷链物流基础设施建设，促进冷链产业转型升级。

（2）促进两岸生鲜贸易往来。通过两岸冷链物流领域的交流合作，畅通两岸生鲜农产品的经贸渠道，推动台湾特色农产品进入长三角甚至整个大陆市场，以及大陆农产品开拓台湾市场。

（3）探索两岸冷链物流合作经验。对两岸冷链物流合作中的技术交流、人才引进、运营模式等方面进行可行性探索和实践，为将来两岸在冷链物流领域更深入、更全面的合作积累经验。

3. 保障措施

（1）组织保障。成立"昆山市两岸冷链物流产业合作领导小组"，由分管副市长出任组长，商务局、台办等相关部门领导为成员，明确责任分工，落实目标任务，协调试点中的重大问题，强化对试点工作的指导、推动。

（2）政策保障。将两岸冷链物流产业合作纳入到昆山深化两岸产业合作试验区的重点任务中，在税收、土地、服务、管理费用等方面给予支持。另外，在资金方面，在国家出台专门扶持政策前利用现代服务业综合试点的政策，将两岸冷链产业合作项目重点纳入到现代服务业综合试点项目中，予以资金支持。

（3）机制保障。发动农业基地、食品制造、冷链物流、冷链商超等行业的企业，成立"两岸冷链物流昆山合作联盟"，对接台湾方面的"两岸冷链物流企业联盟"加强与台湾方面冷链物流工作的合作。

第三章　两岸冷链物流产业合作试点城市工作成效及试点项目介绍

一、天津市试点工作取得的主要成效

自 2011 年商务部、国台办确定天津市和厦门市为"对台冷链物流产业合作试点城市"以来，天津市商务委积极主动与台湾牵头单位"台湾工研院"配合，结合天津实际，确立了"启动规划、项目先行"的原则，全面开展了试点工作，取得显著成效。建立了津台冷链物流产业合作试点城市工作机制，制订了前期工作实施计划，成立了两岸冷链物流企业联盟，举办了亚洲冷链产业高峰论坛，签署了 10 个津台企业合作项目，得到了商务部、国台办的高度肯定。主要成果有以下六个方面：

一是建设中国北方冷链物流集散基地。依托东疆港保税区、中心渔港经济区优势，以北方集团、泰达行、大洋冻品、嘉里大通物流公司等第三方物流企业为主体，构建从冷藏船舶入港到消费终端一体化物流供应链，形成大陆北方最大的现代化海产品集散、加工与配送基地。目前，东疆港已建立保税冷链物流区，规划建设 30 万吨保税冷库，实现出口监管、保税仓储、报关报检、港区托运、货物装卸及增值服务，以及生鲜食品的进出口贸易、转口贸易、过境贸易、保税贸易等功能。中心渔港规划建设 10 万吨冷库，引进有实力的冷链物流企业入驻，努力打造"北方水产加工集散中心"、"生鲜食品国际采购和分拨中心"和"跨区域冷链物流配送中心"。

二是提升冷链物流信息服务功能。由傲绿公司与台湾环球物流管控公司合作，在冷链物流信息化方面开展试点，推广应用卫星定位系统、射频识别技术、电子订货系统等先进技术，实现食品订单、装柜、存货控管、运输全程监控。

三是试行两岸商品快速流通。由北方集团、天津荣德公司等企业筛选试点产品，建立两岸商品快速流通通道。主要包括：建立两岸产品流通程序，扩大台湾产品在大陆的销售渠道；建立两岸商品流通信息与服务平台；建立流通产品港区保鲜存储与转运操作系统的管理平台。

四是建设台湾商品展销中心。在中物联物流规划院和台湾工研院服科中心的指导下，康农公司、水产集团、天津禧兆公司开展建设冷链商品营销网络工作。目前，禧兆公司台湾冷链产品销售中心、北方佳诺台湾产品交易中心已正式营业。

五是建设免税冷链物流食品市场。以 ECFA 框架协议相关内容为主营方向，东疆港区和中心渔港经济区与台湾冷链物流产业联盟对接，以优惠的条件吸引台湾相关项目落户，组建台湾冷链物流食品展示交易平台，建设免税冷链物流食品市场。

六是编制《津台食品冷链物流产业合作发展规划》（以下简称《规划》）。为推动天津与台湾冷链物流产业深入合作，2014 年 2 月，天津市政府副秘书长率团参观访问台湾工研院期间，双方正式签署《规划》正式合约。2014 年 6 月，《规划》编制完成。《规划》提出，到 2015 年，在天津市建成一批效率高、规模大、技术新的跨区域冷链物流配送中心，冷链物流核心技术得到广泛推广，形成一批具有较强资源整合能力和国际竞争力的核心冷链物流企业，初步建成布局合理、设施先进、上下游衔接、功能完善、管理规范、标准健全的津台两岸食品冷链物流服务体系。

二、天津市两岸冷链物流产业合作重点项目介绍

（一）试点项目 1——借助 RFID 技术，打造农产品低温物流体系

1. 试点内容

由傲绿公司与台湾环球物流控管公司合作，推广运用卫星定位系统（GPS）、射频识别技术（RFID）、电子订货系统（EOS）等先进技术，实现订单、装柜、存货控管、运输全程监控温度、时间、地点，达到从产地到消费者全程质量可追溯，从而全面提升农产品冷链物流配送水平，保证农产品安全流通。由傲绿公司出资购买台湾 RFID 软硬件设备，环球物流管控公司提供技术支撑，探索建立适宜的农产品冷链物流配送技术标准，成熟后在大陆范围内加以推广。

2. 试点单位简介

（1）天津市傲绿农副产品集团股份有限公司（以下简称"傲绿集团"），是一家集农副产品种植、加工、研发、贮运、销售为一体的农业产业化大陆重点龙头企业。公司成立于 2000 年 6 月，坐落于东丽区津北公路 3499 号，注册资金 5642 万元。傲绿集团是天津市首家获得无公害认证的农产品生产加工销售企业，主要经营产品为杂粮、蔬菜、水果等产品。傲绿集团共有认证基地 8.9 万余亩，产品达 200 余个品种，并通过了国内外无公害和有机农产品认证。傲绿集团成立 13 年来，始终坚持以市场链为纽带，坚持科技创新，以自主研发为主，以高校科研院所为依托，树立"傲绿"品牌经营理念，不断开发新产品，依靠过硬的技术、可靠的质量和信誉，使产业链不断延伸，并形成了一批自主的知识产权技术和产品，现已拥有专利 26 项。傲绿集团凭借多年的技术创新和深入发展，先后被认定为"高新技术企业"、"农业产业化国家重点龙头企业"、"天津市食品安全优秀企业"。2012 年 11 月 24 日与中国工程院院士刘旭共同建立"傲绿集团院士专家工作站"，于 2012 年 12 月 26 日在天津股权交易所"新三板"正式挂牌上市。

（2）台湾环球物流控管有限公司。台湾环球物流控管有限公司是一家高科技

无线传感监控的公司，以物流云端作业为主要的业务。公司业务分布世界各地，更在北京、天津、上海等地建立分公司。现天津分公司除为天津傲绿集团农产品安全生产量身打造全程质量安全控制可追溯系统外，更进一步在集装箱、温室大棚内做草莓等农作物种植开发，期望将来农作物的种植能够不受气候、土壤等外在环境影响，可不分季节、地区，全年生产无毒（农药）、绿色环保的农产品，并通过云端追踪产品销售确保食品安全。该公司所发展的科技可用于：农业科技推广；生产资料供应；农产品营销；标准化生产等；在服务方面发挥指标性的作用。另外还发展农业信息化服务，重点开发信息采集，精准作业，农村远程数字化和可视化，病虫害预警，采收期预测等技术。

3. 合作进展

2012 年 6 月，傲绿集团与台湾环球物流控管有限公司在台北签订《冷链物流全程温控 RFID 农业云》销售合同，引进相关 RFID 硬件设备（FMR-6000 固定式读码器、TMT-8500 温度记录器、MC9090C3 手持式读码器、车载温度监控等）和食品安全农业云平台软件。台湾环球物流控管有限公司为傲绿农产品安全生产量身打造全程质量安全控制可追溯系统，建立傲绿农产品物流配送标准体系，力争为两岸农产品物流产业合作提供示范。

傲绿集团"津台冷链物流配送中心"总建筑面积 10107.69 平方米，建设内容主要包括现代化冷库建设和食品冷链物流信息化建设两个方面。项目规划新建年配送蔬菜 10000 吨的蔬菜冷库，同时采用美国先进的 RFID 技术对农产品冷链物流配送体系进行信息化管控，实现农产品质量安全全程可追溯。项目完成后，预计年增加销售收入 5000 万元，年利润总额增加为 800 万元。同时带动蔬菜种植农户约 5000 户，农民户均增收 4000 元。

项目建设起止时间为 2012 年 6 月至 2014 年 6 月，2014 年 7 月试运营，2014 年 12 月正式投入生产运营。该项目前期各种手续已全部办理完成，桩基建设工作已完成，正在进行冷库主体建设，预计 2013 年 6 月冷库主体建设完成，2013 年 7 月至 2013 年 12 月完成冷库配套设备安装、调试及附属设备购置，2014 年 1 月至 2014 年 6 月购买并安装 RFID 系统，进行技术培训。

项目总投资 7100 万元，其中土建工程投资 3537.5 万元，设备购置及安装投资 2602.5 万元（食品冷链物流信息化建设 2064.5 万元），工程建设其他费用 960 万元（前期工作费 100 万元、土地征用费 860 万元）。截至 2013 年 2 月底项目已投入 2600 万元。

在双方合作过程中，台湾环球物流控管有限公司特派 3 名技术人员长期进驻傲绿集团，前期在集团内部进行技术的先试先行，对冷链物流全程温控 RFID 农业云建设的硬件安装、软件设备调试进行长期技术指导，之后将成熟完善的 RFID 冷链技术运用到"津台冷链物流配送中心"。

由台湾环球物流控管有限公司为傲绿集团量身定制的农产品运输全程温控网上操作系统，通过对安装车载装置的运输车运输货物 GPS 定位，由数据发送装置每隔一定时间发送一次电子标签中的运输蔬菜温度数据；在配送完毕之后登录 http：//www.gts-portal.co：1080/maps.php，电脑终端读取配送农产品车辆车次、配送路线、温度，对农产品的全程配送实现监控，以便做出及时调整，保证农产品质量安全，为消费者提供安全、放心的食品。

（二）试点项目2——合办两岸冷链食品暨设备展

1. 试点内容

天津市滨海新区人民政府中心渔港经济区管理委员会、展昭国际企业股份有限公司及两岸冷链物流技术与服务联盟（台湾）基于资源整合、平等互惠、互利共荣的原则，合作办理"2012 年亚洲冷链物流高峰论坛暨冷链食品采购洽谈会"，合作引入台湾特色品及调度两岸物流业者负责展售品运送，协助台湾供货业者与物流业者评估天津环境与需求，进一步谋合商品与服务之供需，促进两岸冷链物流发展及交流合作。

2. 试点单位简介

（1）天津市滨海新区中心渔港经济区管理委员会。天津市滨海新区中心渔港经济区管理委员会是天津市中心渔港经济区的管理机构。天津市中心渔港经济区规划面积 18 平方公里，其中陆域 10 平方公里，围合海域 8 平方公里。功能分区包括产业园区、综合商务服务区、临海宜居新城、作业港区、休闲港区、城市综合体及市政岛。目前陆域主干道路路网已经基本形成，实现"九通一平"，已完成投资 120 亿元，预计至 2015 年累计投资将达到 500 亿元。天津市中心渔港经济区产业定位为北方冷链物流与水产品加工集散中心、北方游艇产业中心。

天津市中心渔港经济区已成功吸引澳大利亚成功集团、新加坡第一家企业集团、福州名成水产品市场有限公司、天津永丰投资集团有限公司、北京鑫辉源发农业发展有限公司等企业落户。同时，与福建、广东、浙江及京津地区的多家远洋捕捞、冷链物流、水产加工及贸易等企业和机构建立联系，努力拓展招商渠道，储备了一批大项目、好项目。

（2）展昭国际企业股份有限公司。展昭国际企业群成立于1985年10月，是台湾第一家大型专业展览公司，主要是从事筹办大型国际展览，出版展览专刊杂志、光盘，代理世界各国著名展会之征展业务及建构网络数字在线展览。

展昭企业创立26年来，除在台湾地区主办逾330场各类大型展览以外，自1990年起开始跨步海外，与马来西亚马讯展览公司、新加坡CEMS展览公司、越南VINEXAD公司等单位密切结盟，共同于亚洲15个城市，合作主办了逾120场专业展览会，更逐年与全球45个国家70个城市之展览主办单位，建立互为代理征展业务之策略合作关系，迄今共代理过1350场次各类海外展览。

（3）两岸冷链物流技术与服务联盟（台湾）。两岸冷链物流技术与服务联盟（台湾）系由工研院发动筹组之策略性组织（非正式团体），并定名为"两岸冷链物流技术与服务联盟"，简称"冷链联盟"。成立宗旨是促进两岸冷链商品流通与物流产业发展。

整合两岸资源优势，发展产业群聚合作模式，协助企业争取实质获利。优化冷链物流营运模式与流程，制定冷链物流运作标准，建立认证机制。建置信息服务与交流平台，掌握商品与服务之供需，协助财务融通。研发冷链物流技术，培育冷链物流专才，布局冷链物流智财。协助争取两岸冷链物流平等互惠之产业发展环境。配合两岸冷链物流试点计划之推动。

（三）试点项目3——打造天津市惠民便利生活圈

1. 试点内容

在中物联物流规划院和台湾工研院服科中心的指导下，康农公司、水产集团、天津禧兆公司将开展建设台湾冷链商品营销网络工作。包括：①当地商品→城市储配→小区展售、商场展销；②台湾商品营销代理→台湾集运→跨岸保鲜→城市储配→小区展售、商场展销两方面。通过规划设计小区复合式便利店发展模式、台湾商品展销中心营销模式及台湾冷链商品销售方案，建立小区民生商品便捷服务体系，涵盖零售商贸、康农生鲜农产品、鲜来巧小区餐饮以及建立以天津展销中心为据点辐射三北的配送体系。取得试点经验后，建立台湾产品集散中心与冷链城市、城际配送体系，以平价、优质、快速方式配销小区便利店。

2. 试点单位简介

天津康农食品有限公司始建于1997年，总资产1亿元，公司年均经销生鲜农产品约3万吨，公司自成立以来确立以农为本、服务社区的经营方针，制定以农业生产为平台，以社区服务为终端市场，以社会大物流带动社区保鲜配送，以社区小物流促进社会大物流发展的经营途径，构建从农田到社区的直接市场通路，实现农产品产销一体化经营、农工贸一条龙服务的体系目标。

公司实施康妈妈、鲜来巧品牌经营策略，以贴近社区居民身边的切实需求，采取与居民为邻的互信、互动方式，开展生鲜农产品零售、半成品加工、社区厨房好帮手和社区餐饮网点的经营。公司在不断强化供应物流环节和建立6000平方米中央厨房的基础上，开办区域康妈妈生活馆作为生鲜农产品及生活用品的商品展示和区域配送中心，开办复合型康妈妈便利店、便利站、鲜来巧社区餐厅和放心的早餐网点，通过店面服务、订单服务、送货上门、视频网络服务便捷居民一日三餐。公司还通过天津市各类农产品展销会的参展扩大辐射面。

为丰富农产品供应链，公司实施环保、高效、节能的现代植物工厂化有机设施种植，分别在天津西青区、滨海新区建立了共计360亩有机园区。建立数字化康妈妈农产品产销履历管控系统与农户联结，使农产品在种植生产环节可控、可追溯，推进食品安全。

公司经过数十年拼搏成为农业产业化经营市级重点龙头企业、天津市商业网点进社区龙头企业、大陆社区服务先进企业、早餐工程全国试点企业和天津市两岸冷链物流产业合作试点企业。

（四）试点项目4——台湾水果商贸物流与仓储冷库优化

1. 试点内容

北方国际集团天津物流中心、台湾农特产品整合营销推广协会及两岸冷链物流技术与服务联盟（台湾）为建立台湾制造商品于大陆布局之最佳储存与运销基盘，将合作建设现代化冷库设施，强化货物保鲜能力与周转效能，以物流协助并促进商流，保障台湾优质商品能够安全无虞地营销大陆市场。合作内容包括优化冷库设施与管理、合作推进台湾水果跨岸流通与通路营销等。

2. 试点单位简介

（1）北方国际集团天津物流中心。北方国际集团成立于 1998 年 3 月 8 日，是市政府重点支持和授权经营的国有资产大型企业集团，大陆进出口 500 强企业、出口 200 强企业、服务业 500 强企业。集团主营业务以进出口贸易、对外承包工程为主，同时经营国内贸易、物流及资产、资本运作、生产研发等。主要产品涉及纺织服装，轻工文体，船舶、机电及成套设备，化工及五金矿产，粮油食品，医药保健品等 6 个板块，80 个大类，近 2000 个品种，销往世界 160 多个国家、地区。拥有直属企业 26 家，海外企业、办事机构 41 家，在册职工 2011 人。

2011 年底，集团资产总额 52 亿元，营业总收入 80.44 亿元，进出口总额首次突破 10 亿美元。人均创汇 60 多万美元，人均创利 23.6 万元，人均收入 7.08 万元。近两年营业总收入及利润总额复合增长率分别达 37% 和 54%。2012 年，集团发展目标为经营规模突破百亿元，进出口额突破 12 亿美元，争当天津市"走出去"的龙头企业。

（2）台湾农特产品整合营销推广协会。台湾农特产品整合营销推广协会（Taiwan Agricultural Producer & Promoter Association），前身为台湾农特产品整合营销推广中心，创会理事长林靖焜先生因历任农业大县云林县之基层民意代表十余年，有感于台湾地区"入世"之后，农特产品营销愈见困难，务必寻求创新营销通路，方能提升农产业之竞争力，遂于 2003 年 4 月积极筹备本会，2004 年 8 月 10 日核准成立。

该会为一以非盈利为目的之社会团体，成立之目的在于以协助农产品、特产品及休闲农场产业之推广、销售、整合及创造农产品、特产品及休闲农场营销通路，协助农民、农场提升竞争力及建立品牌。

（五）试点项目 5——试行两岸商品快速流通

天津荣德国际贸易有限公司牵头天津纺织控股集团、荣叶达股份有限公司、两岸冷链物流技术与服务联盟，由天津荣德国际贸易有限公司筛选试点产品，建立两岸商品快速流通通道。主要内容：建立两岸产品流通程序，扩大台湾产品在大陆销售渠道；建立两岸商品流通（通关、检验、检疫等）信息与服务平台；建立流通产品港区保鲜存储与转运操作系统的管理平台。

三、厦门市试点工作取得的主要成效

自 2011 年 7 月，商务部、国台办将厦门市列入两岸冷链物流产业合作试点城市以来，在商务部、国台办的指导和支持下，在两岸冷链物流产业工作组台湾工研院、北京中物联规划院的帮助下，厦门市积极开展两岸冷链试点合作，以试点项目建设为抓手，与台湾在冷链物流园区规划、高效节能冷库设计、先进冷链设备应用、信息化系统建置、运营模式创新、标准规范制定等方面达成合作，先后签署合作项目 11 个，达成落地项目 9 个，完成建设投入运营 6 个，项目投资近 6 亿元，引入台湾资金约 1.3 亿元。企业运营效益较好，为厦门市构建区域性先进冷链物流中心和台湾地区商品集散区奠定良好的基础。

（一）形成区域性先进冷链物流中心

厦门市以两岸合作为契机，大力推进冷链物流硬件基础设施，经过三年来的试点，新建冷库在试点的带动下，节能高效技术和信息化系统广泛应用，已经建成冷库达 10 万吨，在建冷库 6 万吨，新库容量超过 1978~2010 年总和的 1.81 倍。建成后厦门市可提供冷链物流配送冷库达 25 万吨，构建起了较为完善的港口保税冷链、食品加工冷链、城市配送冷链的冷链物流体系，成为闽南地区最具规模、最具现代化的冷链物流中心。

（二）实现了冷链物流转型升级

试点工作重点以应用台湾在园区规划、仓储设计、成套设备、建设工法、信息系统、运营管理等方面的成功经验和先进技术，建置安全、环保、节能、高效冷链物流载体，配置冷链管控信息系统，规范和完善储、运、销等冷链物流活动，并成功导入到试点项目中使用，突破厦门市在冷链物流基础设施、运营模式的瓶颈，使冷链物流先进水平大幅提高。

（三）形成台湾冷链商品集散中心

厦门市冷链物流的发展，也为扩大与台湾商品贸易奠定基础，台湾水产冻品分拨中心投入使用。2013 年全年对台进出口 80.9 亿美元，占全省比重达 64%，其中进口额 66.71 亿美元，台湾水果、休闲食品、酒类等特色商品进口保持大陆口岸第一的位置，台湾水果进口首次突破万吨，达 1.34 万吨，货值 1574 亿美元，分别同比增长 67.95% 和 102.23%；水产品进口 2388 万美元，同比增长 16 倍，进口量超过历年总和；大嶝台湾商品小额贸易交易市场，年交易额达到 10 亿元人民币。

（四）促进了冷链物流标准和操作规范的制定和应用

自试点工作启动以来，厦门市冷链物流从基础设施建设到运营管理模式得到了快速发展和提高。2014 年 3 月，厦门市商务局邀请台湾工业研究院编制《厦门市冷链物流配送建设标准和操作规范》，借由台湾工业研究院参考服务管理部门、企业的经验，参考台湾与先进国家和地区的冷链标准，合作制定适合厦门冷链物流的软硬件标准和操作规范。本计划旨在以促进两岸冷链合作具体成效为目标，制定可共同遵循的冷链物流标准，建立可共同落实的行动方案，以优质物流服务与机制保障食品安全、促进试点推广和深入发展。

（五）推动建立了六大交流窗口平台

试点工作开展以来，两岸交流建立了成熟的机制，两岸冷链物流工作小组在厦门设立服务窗口。

1. 成立厦门冷链联盟

2012 年 8 月，在厦门市商务局牵头下，以物流协会、冷链物流分会为基础，成立厦门冷链物流产业联盟，搭建对接台湾冷链联盟交流平台，开展服务试点工作。建立联盟组织架构，成员包括政府相关管理部门、行业相关企业、学术研究机构，会员企业达 48 多家。2012 年 11 月，厦门市商务局、厦门冷链物流联盟共同完成了《厦门市冷链物流市场调研报告》，为政府决策提供依据；冷链联盟开展了组团对台交流、举办冷链物流专题论坛、冷链物流产业高端系列培训等活动。

2. 创立宣传刊物

2012 年创立《厦门冷链物流产业资讯》期刊，刊登两岸合作动态、项目进度、冷链知识、冷链技术及行业发展趋势，宣传两岸冷链物流产业合作成果，扩大社会影响力。

3. 台湾冷链联盟成功入驻两岸贸易中心

2014 年 4 月，（台湾）两岸冷链物流技术与服务联盟挂牌入驻厦门两岸贸易中心，设立专门办公室，以搭建两岸冷链品流通平台、效率化台湾农特产品行销两岸市场为目标，双方共同促进两岸协会或贸易组织合作，搭建两岸贸易平台，并争取两岸企业互惠互利之政策方向，以深化合作、延伸两岸多元化通路与丰富多样化消费产品。

4. 中物联设立厦门分院

2014 年 7 月，中物联规划研究院在厦门设立中物联厦门分院，将推进以厦门为中心，涵盖福建省的物流业（含冷链物流）发展，对接厦门冷链物流合作。

5. 冷链委在厦门设立标准化工作组

2014 年 8 月，大陆物流标准委员会冷链物流分会在厦门设立两岸食品冷链物流标准化工作组，为开展两岸共同标准做好准备，以利于推进两岸贸易、冷链物流合作。

6. 每年举办两岸交流活动

三年来，完成了每年举办一次两岸冷链物流交流活动的任务，成功举办了"2012 两岸冷链物流产业合作会议"和 2013 年、2014 年两届的"两岸冷链物流产业合作峰会"。

（六）创新台厦通关便利化模式

厦门市在对台商品快速通关方面，一直在不断探索，深化通关作业改革，先行先试，最先创造了台湾水果"绿色通道"24 小时通关的模式，目前无纸化报关已占六成以上，海关处理每票报关时间从 1~2 小时缩短到 5 分钟。2014 年 2 月，海关总署同意厦门市成为大陆首个获准经营厦门市与台湾地区海运快件业务的城市，7 月 31 日，厦门市率先开通了两岸首单海运快件货物，按照"海运快件模式"，实现 4 小时内完成货物下船至清关验放全过程。未来两岸海运快件全面运行后，厦门可实现 72 小时内从台湾地区客户揽货到大陆县级用户手上的

"门对门"服务，海运快件成本较空运快件节省约40%，更为冷链物流发展打开了一条高效、便捷、低成本的快速新通道。目前，厦门市正在总结将首创的"社会认证、官方采信"（金门高粱酒在厦门的通关模式）模式，推动更多商品、更多领域实现两岸监管机制对接和两岸执法结果互认，推广台湾输往大陆食品快验快放模式。

（七）形成多种合作方式的模式

三年来的试点，我们探索出了符合两岸业者双赢的多样合作模式。

1. 聘请顾问、购买服务的合作形式

万翔物流中心、中马、中盛物流园聘请台湾专家作为企业顾问，解决项目在顶层设计、技术应用、设备选型、运营管理方面的问题。厦门市商务局委托台湾工研院编制《厦门市冷链物流配送建设标准和操作规范》。

2. 购买技术、设备的合作形式

两岸业界在规划设计、设备采购、运营管理方面的开展合作。如中马食品工业园开展园区规划、设备采购合作，源香食品物流园与台湾锐俤科技合作开发"冷链车队管理与追踪云端服务"项目。正旸物流购买工研院蓄冷片、储运箱、信息系统。试点以来总计购买台湾冷链设施、设备、软件、技术服务约5000万元。

3. 双方投资合作的形式

厦门万翔物流管理有限公司和台湾工程公司合资合作建设万翔冷链物流中心，合作金额达2.5亿元。

4. 引入服务机构模式

两岸冷链物流技术与服务联盟、台湾全球运筹发展协会入驻两岸贸易中心，为两岸冷链物流产业合作、贸易活动提供专项服务平台。

（八）应用试点成果拓展市场

厦门市试点企业积极探索应用试点成果推广市场，万翔物流管理有限公司利用管理机场站点多的优势，计划在外地建置冷链物流节点，与厦门万翔冷链中心联网，布局航空冷链中转网络；源香与台湾锐俤科技合作改进"冷链车队管理与追踪云端服务"系统，推广在大陆市场的应用，共同拓展大陆市场；正旸将低碳节能多温共配模式从城市配送推广到华南、华东地区的城际干线配送，拓展异地市场。企业来厦门市参观后，纷纷邀请厦门企业到内地拓展市场。

四、厦门市两岸冷链物流产业合作重点项目介绍

（一）试点项目1——高起点建设航空冷链物流中转中心

1. 试点内容

厦门翔业集团和中华工程公司（台湾）为落实《海峡两岸经济合作框架协议（ECFA）》及两岸"搭桥计划"，合资成立厦门万翔物流管理有限公司，共同投资2.5亿元建设、运营和管理厦门万翔冷链物流中心。发挥各自产业优势，积极联系、组织并落实试点合作项目，致力于将厦门万翔冷链物流中心打造成为福建省乃至大陆地区第三方冷链物流标杆，为两岸冷链物流产业合作做出突出贡献。中心位于航空港工业与物流园内，是福建省首个集冷冻、冷藏、恒温、常温为一体的多温层国际标准化冷链物流中心，占地面积2.758万平方米，建设面积约18000平方米。内设多温层分区，其中-20℃±2℃冷冻库面积约6000平方米；0℃~7℃冷藏库面积约4000平方米；18℃±2℃恒温库面积约2000平方米；常温库占地面积约2000平方米。单层钢结构，层高12米和24米相结合，全自动、半自动货架和机械化作业相结合。拥有33组专业标准配备封闭式作业码头，2组分别约2000平方米专业标准封闭式温控（0℃~5℃）装卸作业区，冷藏车与冷库对接，实现车、库无缝衔接，确保在装卸过程中一直保持相对低温状态。并通过信息技术手段，将各个环节的物流信息快速、准确、无缝地集成，为客户提供可视化平台。此外，万翔冷链物流中心还建立起一套完整的食品质量安全可追溯体系，与厦门市生鲜食品安全监管网络信息系统、终端卖场的供货系统实现对接。全程配合政府监管部门实现无缝把控食品进仓、出仓管理执行标准，管控食品安全，实现"全程冷链"、作业全程可视可追溯。具有福建省内最先进的全自动货架以及全程可视化平台，是大陆唯——家航空冷链业务中转库，同时也是大陆首个投入运营的两岸冷链物流产业合作试点单位及示范项目。

2. 试点单位简介

（1）厦门万翔物流管理有限公司。由厦门国际航空港集团有限公司与台湾中华工程股份有限公司下属的 BESM Holding 有限公司及 BES Logistics International 有限公司于 2006 年 6 月合资组建，公司注册资金为 2 亿元，其中大陆方比例为 51%、台方比例为 49%。经营范围：保税仓储（不含危险化学品）；仓储、装卸、包装（前置审批项目除外）；承办海运、空运、陆运进出口货物、国际展品、私人物品及过境货物的国际运输代理业务，国内货运代理（不含水路货运代理）；专用运输（冷藏保鲜、集装箱运输）、普通运输；物业服务。空港集团具有强大的投融资能力和管理优势，是大陆盈利能力最强、管理最好的机场企业集团之一，在航空业务和非航空相关产业链发展方面拥有领先优势，台湾投资方作为台湾著名企业，则有先进的园区规划经验和丰富的台湾企业合作关系。

公司具有国际视野，涉足多个领域。建设、经营、管理厦门航空港工业与物流园区和万翔冷链物流中心；开发、运营万翔国际商务中心；提供第三方冷链物流服务，集仓储、配送、增值业务于一体。

（2）中华工程公司。创立于 1950 年 9 月 1 日，原属台湾经济主管部门公营事业单位，民营化后成为威京总部集团之一员，专门承办各项重大公共工程，代办攻府工业区开发及污水处理、焚化炉等公害防治工程，发展海外工程、加工出口区与海外房地产业务。现有资本 120 亿新台币，员工约 1000 人，主要业务为承揽、营建工程施工，分布全省共约 30 个工地，设有曼谷分公司、马来西亚分公司、越南分公司等分支机构及美国子公司、哥斯达黎加子公司。

（二）试点项目 2——合作推广冷链车队管理与追踪云端服务

1. 试点内容

厦门源香物流园管理有限公司及台湾锐俤科技股份有限公司为促进两岸冷链物流发展及交流合作，以提升华南地区运输质量与扩大物流服务能量为目标，共同合作"冷链车队管理与追踪云端服务"。本项目以总体提升华南地区运输质量，实现运输途程不断链为目标，双方合作布局与推广"冷链车队管理与追踪平台"，以云端整合管理模式，扩散货况管理、车辆管理、温度管理等服务机制，掌握误点、失温、超速、怠速等异常状况，完整控管车辆动态与送货进度，确保送货质量；逐步强化华南地区冷链运输，保证食品运送安全，降低耗损。

2. 试点单位简介

（1）厦门源香物流园管理有限公司是源香冷储物流中心的投资建设主体和营运管理主体，源香冷储物流中心坐落于厦门市集美区，是福建省厦门市重点仓储物流项目，占地面积 17 万平方米，总建筑面积 22 万平方米，总投资 5.5 亿元。其中，一期工程占地 10.2 万平方米，建筑面积 13.8 万平方米，2012 年 8 月正式投入使用。中心内建有 6 万吨冻库及商品交易市场，是集展示中心、交易中心、结算中心、信息中心、配送中心于一体的现代化、规范化、专业化、信息化的食品物流园区，承接台湾农产品、水产品的中转集散地和进出口周转点，辐射闽、粤、赣区域，年交易量超百亿元。源香冷储物流中心建立了科学合理的货架体系，进口的机械设备以及先进的信息系统，充分实现了货物的先进先出，提高作业效率，有效地保证了食品安全。

（2）台湾锐俤科技股份有限公司。锐俤科技股份有限公司成立于 1992 年，资本额 1.5 亿新台币，员工近百人，是一个以提供技术服务、软件工程、网络应用服务、通信系统服务平台、语音加密系统及数字数据（电子地图、卫星影像）为主轴的专业公司。公司多年来始终秉持"运用资通科技、提供精致服务"精神，致力于地理信息系统、行动定位服务、指管通勤系统、车辆定位系统服务、遥感探测等空间信息应用领域并整合通讯系统，提供动态空间信息服务。

（三）试点项目 3——合作建置多温层城市共同配送中心

1. 试点内容

厦门正旸物流有限公司与台湾工业技术研究院合作引进蓄冷设备及技术，以成本为考虑核心，以保鲜蓄冷设备为应用工具，建立 -25℃~-18℃ 冷冻、0℃~8℃ 冷藏、18℃±2℃ 恒温以及常温等多温层仓储服务、专业库存管理、冷链运输配送系统，确保进、销、存数据实时对接，提供少量多样冷链货物一个有效的节能解决方案。

2. 试点单位简介

（1）厦门正旸物流有限公司是首批进驻翔安火炬高科技园区的专业台资保税物流公司，原致力于服务光电科技产业供应链整合与成品配送，陆续开发福建省内线路、华南、华东、华中等干线运输线路。2009 年，进一步投入内陆道路整车运输、零担运输、快件派送整合之服务。2011 年，随着两岸服务业的往来需要，成立冷链服务部门。2013年，与台湾工业研究院、台湾冷链集成公司合作，引进台湾冷链先进设备及技术，建置多温共配模式，成为首批"海峡两岸冷链物流产业合作试点单位"。

（2）台湾工业技术研究院（以下简称工研院）成立于1973年，是国际级的应用科技研发机构，以创新技术带领产业从台湾制造迈向价值创造，培育超过70位CEO、累积超过1.9万件专利，并新创及育成225家公司，包括台湾积体电路制造股份有限公司（TSMC）、联华电子公司（UMC）、台湾光罩、晶元光电、盟立自动化、旺能、钰邦等新创事业。近年来因应台湾产业逐渐走向以服务业为主轴的发展趋势，工研院于2006年成立服务创新相关领域的中心，并以服务设计、系统整合及相关跨领域专业等核心技术，目前应用于冷链物流、健康照护与智慧生活三大主轴，以期能创造产业效益加速开创智慧服务产业。

工研院为台湾地区最大的产业技术研发机构，更是引导台湾地区产业发展的先锋。两岸冷链物流产业合作由工研院担任前台执行者的角色，在其带领下于2011年11月4日成立了"两岸冷链物流技术与服务联盟"，目前已集聚237家冷链物流相关会员，共同推动两岸冷链物流发展。

（四）试点项目4——合作建置西式餐饮冷链物流园

1. 试点内容

厦门中马进出口有限公司与台湾台鼎仓储设备工程股份有限合作建造中马西式餐饮现代化冷链物流园，台湾台鼎仓储设备工程股份有限公司负责项目规划设计、提供部分设备并担任项目总顾问，负责整合在大陆、台湾地区及欧美之设备资源，为物流园建设和营运提供既节能、高效又具备较高性能之冷链设备。项目总投资5.08亿元，占地面积85亩，建设规模为15万平方米。其中一期总建筑面积为3.7万平方米。建设内容包括一座储量达2万吨的单层自动化钢构冷库和一座储量约2万吨的三层干货仓库。二期总建筑面积12万平方米，建设内容包括一座综合仓库和一栋综合管理大楼。将引进的台湾中高端预包装食品通过厦门中马提供的供应链服务进入大陆市场。

2. 试点单位简介

厦门中马进出口有限公司专业从事西式餐饮原辅料供应链服务18年，在供应链物流服务（如采购、仓储、配送、信息及各项增值服务等）方面具有丰富的运营和管理经验，系大陆西式餐饮食品原料和设备供应链管理行业主要服务商。公司注册资本 4000 万元，年自营进口额超 8000 万美元、年营业额近 10 亿元。公司系百胜中国餐饮集团的主要进口产品供应链服务商，同时为众多世界级西式快餐连锁企业、食品生产商、电影院线提供供应链服务，拥有数十家业内高端品牌代理权。

厦门中马进出口有限公司系海关 A 类企业、两岸冷链合作试点企业、两岸食品冷链物流标准化工作小组成员单位，曾获得"美中国际合作交流促进会中国重点合作企业"、"百胜餐饮集团'造桥人奖'、'索斯比奖'"等荣誉称号。

（五）试点项目 5——合作建置（保税）冷链物流园

1. 试点内容

中盛统一粮油工业（厦门）有限公司与台湾台鼎仓储设备工程股份公司合作建造中盛统一（保税）冷链物流园，由台鼎公司负责冷库规划设计与引入节能高效之冷链设备，参与中期的冷库建设与施工及后期的自动化业务培训以及团队建设等，引用台湾工研院的先进理念，充分利用保税港区免进口关税的优惠政策，引进以德国厂商为主的冷库设备，打造两岸（保税）冷链食品进出口物流园工程。项目总投资约 4000 万美元，用地面积 6 万平方米，总建筑面积约 6.6 万平方米，其中冷库约 1.2 万平方米，冷藏集装箱堆场约 5000 平方米，恒温库、普库约 4.2 万平方米。

2. 试点单位简介

中盛统一粮油工业（厦门）有限公司成立于 2003 年，注册于厦门市海沧区，公司项目用地位于海沧保税港区范围内，着眼于当前东南航运中心的宏伟规划，公司业务范围以冷链仓储、城际配送、冷藏集装箱综合服务等冷链物流为主，提供包括冷冻库、冷藏库、保税库、冷藏集装箱堆存及维修等多个以冷链为主的物流仓储服务。

（六）试点项目 6——合作建置连锁便利店冷链物流中心

1. 试点内容

厦门见福连锁管理有限公司与台湾工研院合作，建设先进的连锁便利店冷链配送中心及操作管理规范，以促进连锁店高效管理，实现储运服务现代化为目标，双方合作打造连锁通路物流服务体系，以优质、环保、高效为要求，规划导入低碳节能之先进冷库设施与设备，发展城市物流整合管理方案，完善从商品供应、仓储、运输、销售等活动，确保冷链品末端零售的安全与效益，并且成为具示范性与代表性的冷链连锁物流体系标杆。

2. 试点单位简介

厦门见福连锁管理有限公司成立于2009年，全面负责见福连锁便利店的投资、开发、运营、培训、采购、配送、加盟等管理职能，公司下辖厦门鑫福客商贸有限公司、厦门物必达物流配送有限公司、厦门新见福电子商务有限公司3个全资子公司，分别从事连锁门店经营、物流配送、电子商务业务板块。通过数年的发展，见福在连锁经营、品牌推广、市场定位、商铺选址、品类管理、陈列布局、物流配送、智能管控、电子商务、互联网培训方面积累了丰富的经营管理经验，现有公司管理人员及员工100人，门店销售人员2000人。并已在龙岩、泉州、福州、漳州地区开放了区域加盟，福建省门店总数达400多家，在建的全省最先进的2万平方米配送中心是福建省最大连锁便利店企业，未来3~5年公司发展连锁将门店达到1000家。

（七）试点项目7——台湾冷链物流技术与服务联盟入驻厦门两岸贸易中心总部

1. 试点内容

2013年8月，厦门市商务局与台湾两岸冷链物流技术与服务联盟合作，台湾两岸冷链物流技术与服务联盟在厦门两岸贸易中心总部挂牌入驻。本项目以构建两岸冷链品流通平台、提高台湾农特产品行销两岸市场为目标，双方共同促进两岸协会或贸易组织合作，搭建两岸贸易平台，并争取两岸企业互惠互利政策方向以深化合作，延伸两岸多元化通路与丰富多样化消费产品，同步创造台湾与厦门两地商机与税收。进一步结合国际物流网络，协助两岸业者解决通关报检问题，以提高食品流通的安全水平，打造海峡两岸贸易公共平台。

2. 试点单位简介

厦门两岸贸易中心总部是依托厦门优越的海陆空区位条件和便利的配套功能优势，打造集商品、服务、技术、信息及金融支付于一身，融贸易经济、电子交易、会展经济、综合物流为一体的综合性平台，将携手两岸行业协会、企业和其他重要伙伴，整合两岸资源和服务优势，助推两岸经贸共赢，拓展全球市场。厦门两岸贸易中心总部总建筑面积约 30 万平方米，包括已建成的项目一期和新建项目二期。其中，厦门两岸贸易中心总部一期选址国际航运中心大厦（位于东渡），为入驻的台湾商协会、企业提供展示、推介、洽谈、会议、企业挂牌注册、商务服务等一站式公共服务及商务配套。

（八）试点项目8——合作编制厦门市冷链物流配送建设标准与操作规范

2014 年 3 月，厦门市商务局委托台湾工业研究院编制《厦门市冷链物流配送建设标准与操作规范》，借由台湾工业研究院在参考冷链物流配送行业研究成果和积累丰富的产学研相结合实践经验，参考台湾地区与先进国家的冷链标准，合作制定的适合厦门冷链物流配送的软硬件建设标准和操作规范。

厦门市自被列为首批两岸冷链物流产业合作试点城市以来，冷链物流从基础设施建设到运营管理模式得到了快速发展和提高，但目前在行业管理、物流运作过程绩效评估、企业竞争力提升等方面缺乏操作性强、储运销全程、高效节能的冷链关键软硬件建设标准和操作规范，影响试点推广和深入发展；两岸冷链物流运作标准与流程尚未一致，供应链规范存在差异，影响两岸流通商品的供货效率与消费质量，造成评价不一、认知不一等问题，厦门市发挥对台"先行先试"作用，让两岸试点项目能够真正达成产业高质量提升的目标，为下一步推动两岸共通标准制定打下良好基础。

第二部分　大陆篇

第一章 大陆冷链物流发展的环境分析

冷链物流是一个特殊的行业，它不仅影响工农业生产的有效运行，而且还直接影响普通民众的生活习惯和质量，随着世界经济的快速发展和现代科学技术的进步，冷链物流作为国民经济中一个新兴产业已然崛起并正在迅速发展。冷链的崛起标志着地方、行业及消费者的觉醒，认识到冷链对于保障食品与药品等安全的重要意义，更能有效减少食品从生产到消费环节中出现的巨大浪费。

一、大陆冷链物流发展的经济环境分析

"十一五"期间，经过五年的努力，大陆经济保持了平稳较快发展的良好态势，社会生产力快速发展，综合国力大幅提升，人民生活明显改善，国际地位和影响力显著提高，物流需求保持平稳增长。"十二五"时期，大陆坚持扩大内需特别是消费需求的战略，充分挖掘内需的巨大潜力，继续保持经济平稳较快发展，刺激产生了更为广阔的物流需求空间。近年来，大陆 GDP、工业生产值、社会品零售总额、进出口贸易额保持着平稳较快的增长率。

（一）总体经济增长情况分析

步入 21 世纪以来，大陆经济总体呈平稳增长趋势，2008~2009 年面临全球经济危机的冲击，经济增长有所下降，但生产总值仍然保持高于 8% 的增长率，图 2-1-1 显示了大陆 2006~2013 年生产总值及其增长情况。其中，2013 年增长率低于 8%，为 7.7%，说明经济增速较以前有所放缓，主要原因是经济结构已经达到了一定程度的改善，经济发展从高速飞跃到稳步提升转变，这是符合预期的。

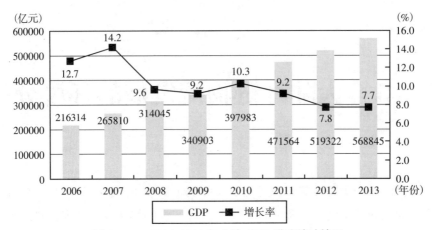

图 2-1-1　2006~2013 年大陆 GDP 增速统计情况

资料来源：《2013 年国民经济和社会发展统计公报》。

（二）固定资产投资情况分析

据国家统计局发布的最新数据，2013 年全社会固定资产投资为 447074 亿元，比 2012 年增长 19.3%，扣除价格因素，实际增长 18.9%。其中，固定资产投资（不含农户）为 436528 亿元，增长 19.6%；农户投资为 10547 亿元，增长 7.2%。东部地区投资为 179092 亿元，比 2012 年增长 17.9%；中部地区投资为 105894 亿元，增长 22.2%；西部地区投资为 109228 亿元，增长 22.8%；东北地区投资为 47367 亿元，增长 18.4%，[①] 见图 2-1-2。

（三）工业发展规模情况分析

2013 年，全部工业增加值为 210689 亿元，比 2012 年增长 7.6%。规模以上工业增加值增长 9.7%，其中，农副食品加工业增加值比 2012 年增长 9.4%。见图 2-1-3。

（四）社会消费规模情况分析

2013 年，社会消费品零售总额 237810 亿元，比 2012 年增长 13.1%，扣除价格因素，实际增长 11.5%。按经营地统计，城镇消费品零售额为 205858 亿元，增长 12.9%；乡村消费品零售额为 31952 亿元，增长 14.6%。按消费形态统计，

---

① 《2013 年国民经济和社会发展统计公报》。

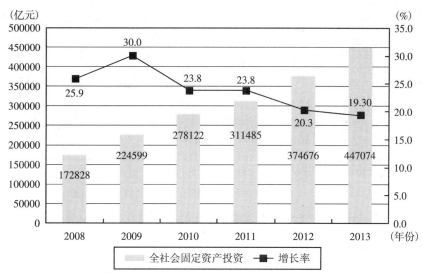

图 2-1-2　2008~2013 年大陆固定资产投资增速统计情况

资料来源：《2013 年国民经济和社会发展统计公报》。

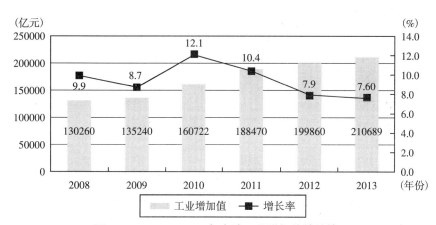

图 2-1-3　2008~2013 年大陆工业增加值统计情况

资料来源：《2013 年国民经济和社会发展统计公报》。

商品零售额为 212241 亿元，增长 13.6%；餐饮收入额为 25569 亿元，增长 9.0%。见图 2-1-4。

（五）对外贸易情况分析

2013 年，货物进出口总额为 41600 亿美元，比 2012 年增长 7.6%。其中，出口为 22096 亿美元，增长 7.9%；进口为 19504 亿美元，增长 7.3%。进出口差额（出口额减进口额）为 2592 亿美元，比 2012 年增加 289 亿美元。见图 2-1-5。

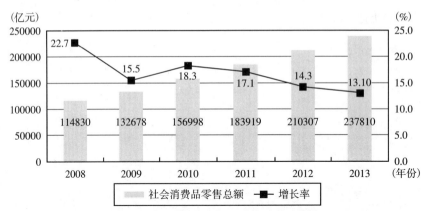

图 2-1-4 2008~2013 年大陆社会消费品零售总额增速统计情况

资料来源：《2013 年国民经济和社会发展统计公报》。

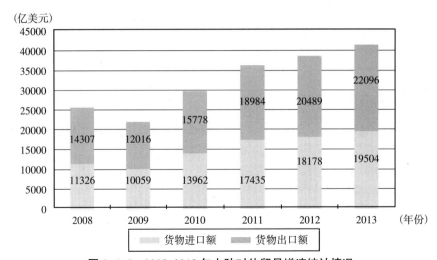

图 2-1-5 2008~2013 年大陆对外贸易增速统计情况

资料来源：《2013 年国民经济和社会发展统计公报》。

大陆总体经济呈现稳步增长的趋势，第三产业的发展已成为大陆经济增长的重点，冷链物流拥有良好的经济环境和发展机遇。

二、大陆冷链物流发展的产业环境分析

目前，冷链物流所涉及的农产品及食品行业较多，主要可分为果蔬、肉类、水产品、奶类制品、医药等行业。

（一）果蔬产业

1. 水果产量情况

大陆幅员辽阔，地跨寒温热三带，果树资源丰富，品种繁多，是世界最大的果树起源地之一。改革开放以来，在国家农业优惠扶持等相关政策的大力支持、农业科学技术不断进步以及市场经济高速发展的背景下，水果产品迅速发展，20世纪80~90年代果品总产量平均增长速度为10%、13%。近年来，果品生产仍然保持年增长6%的发展速度，在品种、质量和种植区域优化等方面保持着良好的发展势头。2013年，大陆地区水果产量为25452万吨，同比增长5.8%，产量继续领跑全球。见图2-1-6。

图 2-1-6　2002~2013 年大陆水果产量统计情况

资料来源：《2014 年中国冷链物流发展报告》。

大陆的水果品类繁多，其中苹果、柑橘、香蕉、梨、葡萄的产量要高于其他种类的产量。2013年大陆这五类产品的产量，分别是苹果3968万吨，柑橘3321万吨，梨1730万吨，葡萄1155万吨，香蕉1207.5万吨，占比情况如图2-1-7所示。

由于各类水果适合种植条件和适应环境不同，大陆各区域内水果产品各有不同，主要水果种类分布如表2-1-1所示。

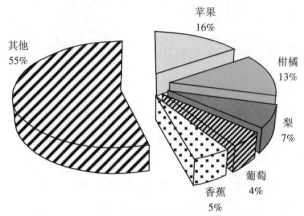

图 2-1-7　2013 年大陆各类水果产量占比情况

资料来源：《大陆统计年鉴》（2014）。

表 2-1-1　2013 年大陆主要水果品类产地情况

水果种类	主要产地
苹果	山东、辽宁、河北等地区
梨	河北、辽宁、山东等地区
柑橘	广东、四川、广西、福建、浙江、湖北、湖南等地区
葡萄	新疆、山东、河北、河南、辽宁、山西、安徽、江苏等地区
香蕉	广东、广西、福建、云南、四川等地区

资料来源：《2014 年中国冷链物流发展报告》。

从 2013 年的大陆水果产量来看，大陆水果主要产地集中在山东、广西、河北、广东和陕西等地。见表 2-1-1，图 2-1-8。

2. 蔬菜产量情况

随着人民生活水平的提高和对饮食结构的重视，对于日常生活必需品蔬菜的要求也是日渐提高，目前，大陆基本形成了华南冬春蔬菜、长江上中游冬春蔬菜、黄淮海与环渤海设施蔬菜等八大重点生产区域。由于蔬菜生长具有一定的季节性，所以进行蔬菜物流时会造成季节性波动。

根据农业部资料，2010~2013 年大陆蔬菜产量从 6.5 亿吨上升到 7.3 亿吨，复合增长率为 3.94%。2013 年大陆蔬菜产量为 7.3 亿吨，同比增长 4.3%。近年蔬菜产量情况如图 2-1-9 所示。

大陆幅员辽阔，各地蔬菜季节性变化明显，需要进行南菜北运，为了保障蔬菜的营养价值和品质，途中需要进行冷链运输，但是目前大陆蔬菜的腐损比例较高（据统计，超过 25%），采用冷藏运输的比例很低。从整体来看，大陆的季节

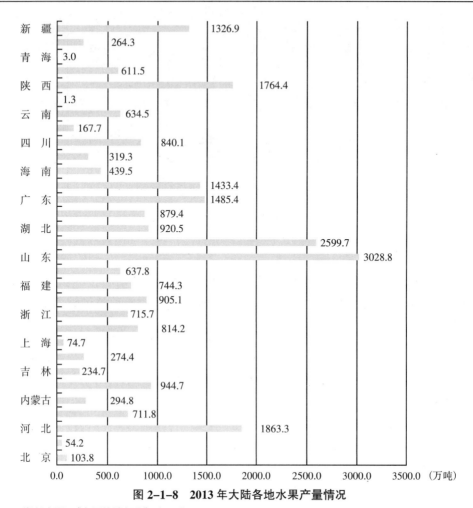

图 2-1-8　2013 年大陆各地水果产量情况

资料来源：《中国统计年鉴》（2014）。

性蔬菜需求主要可以概括为"五圈"、"两基地"。[1]

"五圈"：以"北京—天津"为中心的山东、河北、辽宁、内蒙古供应圈；以"沈阳—大连"为中心的辽宁、河北、内蒙古、山东蔬菜供应圈；以"上海—杭州—南京"为中心的河南、安徽、山东、江苏、浙江蔬菜供应圈；以"香港—广州—深圳"为中心的湖南、湖北、广东、广西蔬菜供应圈；以"成都—重庆"等地为中心的内陆蔬菜供应圈。

---

[1]《2012 年中国冷链物流发展报告》。

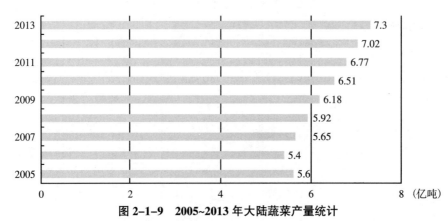

图 2-1-9　2005~2013 年大陆蔬菜产量统计

资料来源：《2014 年中国冷链物流发展报告》。

"两基地"：山东蔬菜集散基地（以寿光为中心）和"河北—北京"蔬菜集散基地，这两大基地主要调节北方蔬菜需求地和南方蔬菜供给地的供需关系，发挥了重要作用。

大陆主要蔬菜产地是山东、河北、河南、江苏、四川、湖北和湖南等地，这 7 个省的蔬菜产量可占大陆地区整体蔬菜产量的 50% 以上，是大陆蔬菜供应大省。见表 2-1-2。

表 2-1-2　2013 年大陆主要省份蔬菜产量统计

省份	产量（万吨）	占比（%）
山东	9658.2	13.2
河北	7902.1	10.8
河南	7112.5	9.7
江苏	5237.8	7.2
四川	3910.7	5.4
湖北	3578.3	4.9
湖南	3603.8	4.9

资料来源：《2013 年各省统计公报》。

3. 果蔬销售情况

根据数据显示，广东、山东、江苏、四川、河南等地的消费支出占大陆前五位，蔬菜人均消费占据前几位的城市分别是深圳、武汉、南京、拉萨、南昌，水果人均消费占据前几位的城市分别是北京、大连、青岛、杭州、深圳。

4. 果蔬行业存在的问题

大陆水果和蔬菜行业与一些发达国家相比，还存在很大的差距，主要有以下3个特点：

（1）传统生产与销售模式。目前，大陆农业生产基本上属于传统的劳动密集型，没有形成机械生产规模，大多数地区仍以农民传统种植为主，且销售渠道比较单一，多数进入农贸市场，而针对网上销售、超市销售的比例较低。

（2）果蔬加工制造水平较低。目前，大陆针对果蔬产品的加工比例仅占10%，加工增值仅为1：1.8，而有些国家的果蔬加工比例高达80%，这其中受大陆人口众多、产量较小的影响，但也存在果蔬加工企业整体水平不高、缺乏龙头企业的问题。

（3）果蔬损耗比例较高。由于大陆地域广阔，主要生产地与销售地距离较远，市场销售链条较为复杂，造成果蔬产品在各环节中都有损耗，整个产业链条的损耗比例较高，数据显示，大陆果蔬产品在物流环节的损耗率为20%~30%，而发达国家的这一比例仅为1%~5%，仅是大陆的1/10左右。

（二）肉类产业

1. 肉类产量情况

肉类是百姓生活的必需食物，它的发展水平是衡量百姓生活改善程度的重要依据之一。20世纪90年代以来，随着肉类行业政策的放开，肉类产销一直保持增长势头，成为世界上举足轻重的肉类生产和消费市场。以1994年为转折点，大陆主要肉类产品的增长率出现稳步增长的势头，消费开始超过世界平均水平并一直保持至今，具体表现：1990年肉类总产量达到2857万吨，跃居世界第一位；1993年人均年占有量达32.2千克，超过世界人均占有水平；2000年总产量达6256万吨，占世界肉类总产量的1/4以上；2013年总产量已达到8535万吨。

2005年以来，大陆肉类产量整体呈现出增长趋势，只在2007年由于爆发猪蓝耳病和饲料价格上涨等原因使猪肉产量大幅下降。见图2-1-10。

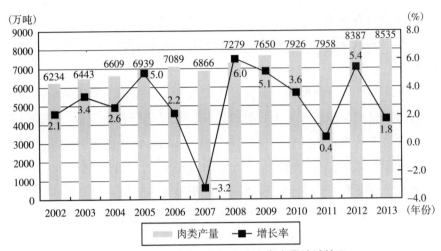

图 2-1-10　2002~2013 年大陆肉类产量统计情况

资料来源：《中国统计年鉴》（2014）。

肉类产品主要以猪肉、牛肉和羊肉为主，2013 年，猪肉产量为 5493 万吨，牛肉产量为 673.2 万吨，羊肉产量为 408.1 万吨，占比情况如表 2-1-3 所示。

表 2-1-3　2002~2013 年猪肉、牛肉和羊肉产量及占比情况

年份	猪肉（万吨）	占比（%）	牛肉（万吨）	占比（%）	羊肉（万吨）	占比（%）
2002	4123.1	66.1	521.9	8.4	283.5	4.5
2003	4238.6	65.8	542.5	8.4	308.7	4.8
2004	4341.0	65.7	560.4	8.5	332.9	5.0
2005	4555.3	65.6	568.1	8.2	350.1	5.0
2006	4650.5	65.6	576.7	8.1	363.8	5.1
2007	4287.8	62.5	613.4	8.9	382.6	5.6
2008	4620.5	63.5	613.2	8.4	380.3	5.2
2009	4890.8	63.9	635.5	8.3	389.4	5.1
2010	5071.2	64.0	653.1	8.2	398.9	5.0
2011	5053.1	63.5	647.5	8.1	393.1	4.9
2012	5342.7	63.7	662.3	7.9	401.0	4.8
2013	5493.0	64.4	673.2	7.9	408.1	4.8

从 2013 年大陆肉类产量来看，主要产地集中在山东、四川等地。见图 2-1-11。

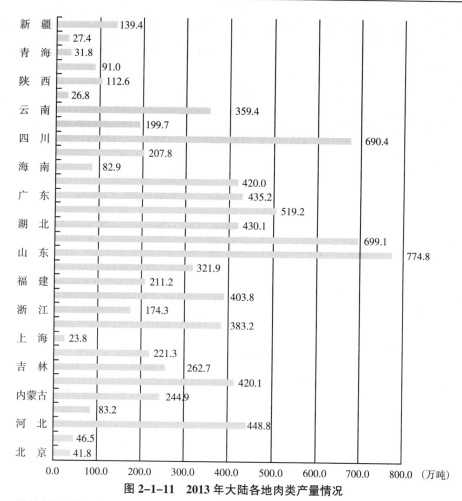

图 2-1-11 2013 年大陆各地肉类产量情况

资料来源：《中国统计年鉴》(2014)。

2. 大陆肉类行业发展趋势①

（1）产业布局不断呈现区域集中化。据统计，目前大陆肉类食品行业 50 强企业主要集中在肉类产业化较高的华东、中南和华北地区，其中山东（19 家）、河南（9 家），共占比达 44.4%；内蒙古肉类企业成长很快；西北各省肉类企业成长速度缓慢。在肉类工业投资形成资产量的分布上，明显地形成了梯次结构，第一梯次即前十位的地域有山东、河南、内蒙古、辽宁、四川、吉林、江苏、黑龙

①《肉类行业分析》。

江、河北、北京等，工业资产总额占大陆规模以上企业总额的80%以上。其中山东、河南两地凸显出工业集约水平，其资产量占第一梯次的50%，占到大陆规模以上企业总额的2/5。

（2）行业不集中，增长空间大。大陆肉制品的生产以作坊式为主，其工业化生产具有广阔的市场前景和巨大的经济增长空间。目前大陆的屠宰及肉制品加工产业非常分散，而且大陆屠宰及肉制品加工行业的行业竞争并不是太激烈。

（3）市场规模化生产逐步显现。企业规模的扩大对效益的产生有着直接作用。培育肉类行业的旗舰是市场发展的需要。无论是猪肉"三巨头"（双汇、金锣、雨润），还是禽肉"三剑客"（辽宁大成、山东新昌和福建圣农）、牛肉"双雄"（长春皓月、内蒙古科尔沁），都在积极引进生产线，建设新厂以扩充产能，来应对不断扩充的肉类市场。除此以外，许多新兴企业也都跟进，四处建设基地，扩充产能。

（4）产业链纵深发展，行业整合度逐步加剧。目前，上游养殖业的复苏推动了行业整合，同时下游销售渠道的变革也逼迫行业整合势在必行。各大品牌肉制品企业也都在产业链各个环节上不断进行上下游的整合。

3. 肉类产品消费情况

（1）肉类消费增长迅速。目前，大陆肉类消费很高，几乎接近欧洲水平。1988~1998年，大陆肉食消费水平增长了1倍，达到人均46公斤。2012年，大陆人均猪牛羊肉占有量达到47.3公斤。

（2）消费结构基本稳定，猪肉仍占主导地位。据统计，目前大陆肉类消费结构仍处于稳定阶段。猪肉、牛肉、羊肉的比重基本没有变化，这一消费结构在短期内难以改变。

（3）消费行为改变，品牌低温冷鲜肉已成新的发展趋势。发达国家早在二三十年前就已开始研究推广低温冷鲜肉。时至今日，发达国家利用科学的加工工艺和流通技术以及完善有效的质量控制体系，使市场上出售的肉基本上全是冷鲜肉。

（4）农村肉类消费与城市的差距正在缩小，市场潜力巨大。随着改革开放，农民生活水平提高，农村肉类消费与城市的差距正在缩小，据统计，1981年城市居民家庭人均肉类消费量是农村居民的2.2倍，1991年为2倍，2001年是1.4倍。

（三）水产品产业

大陆水产品产量一直保持稳定增长，2002~2012 年复合增长率为 4%。2013 年水产品产量为 6172 万吨，同比增长 4.5%。见图 2-1-12。

图 2-1-12　2002~2012 年大陆水产品产量统计情况

资料来源：《中国统计年鉴》（2014）。

在大陆水产品结构中，海水产品和淡水产品产量基本上各占 50%，并且近年两者的占比差距在进一步减小，2013 年两者占比分别为 50.9% 和 49.1%（见表 2-1-4）。

表 2-1-4　2007~2013 年海水产品和淡水产品产量及占比情况

年份	海水产品（万吨）	比例（%）	淡水产品（万吨）	比例（%）
2007	2550.9	53.7	2196.6	46.3
2008	2598.3	53.1	2297.3	46.9
2009	2681.6	52.4	2434.8	47.6
2010	2797.5	52.1	2575.5	47.9
2011	2908	51.9	2695.2	48.1
2012	3033	51.3	2874	48.7
2013	3138.8	50.9	3033.2	49.1

水产品的消费主要是城乡居民食用消费、加工工业原料消费、出口贸易部分和包括自食消费、鲜活饲料消费损耗在内的其他消费部分。

（四）乳制品产业

1. 乳制品产量情况

随着人民生活水平的日益提高，乳制品尤其是牛奶，已经成为重要的营养食品之一。近年来，大陆乳制品的产量不断增加，2013年大陆乳制品累计总产量达2698万吨，同比增长5.2%。见图2-1-13、图2-1-14。

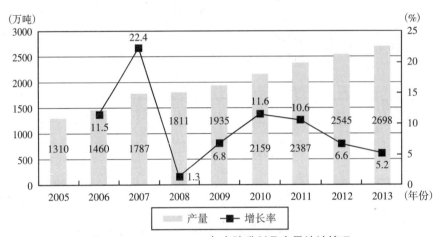

图 2-1-13　2005~2013 年大陆乳制品产量统计情况

资料来源：《大陆统计年鉴》（2014）。

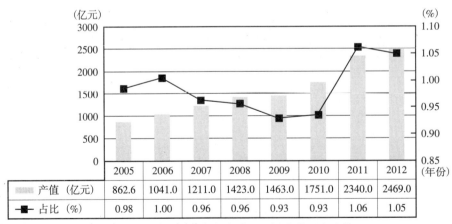

图 2-1-14　2005~2012 年大陆乳制品产值及占比情况

资料来源：《中国统计年鉴》（2013）。

2. 乳制品销售量情况

2008年的"三聚氰胺"，严重打击了大陆地区消费者的信心，而在此之后发生的圣元"性早熟"风波以及蒙牛深陷"诽谤门"事件,使大陆乳制品行业雪上加霜,严重影响了大陆消费者对乳制品的信心。目前大陆居民对于国外品牌的乳制品比较热衷,大陆乳制品企业的诚信遭到广泛质疑,信誉受损,大陆乳制品行业面临重重危机。这也导致了进口奶粉的销售数量增加。

3. 乳制品行业的特征分析

(1)行业技术特征。乳业技术的专有性不强,从世界范围来看,其技术、工艺、设备的开发和生产都已相当成熟,各国在加工技术和成本上差异不大,行业技术和资金壁垒较低,生产要素易于获得,进出市场比较容易。

(2)行业经济特征。乳业生产受自然资源制约程度大,具有较强的地域性;产品大多鲜活易腐,不耐储藏,消费半径小,需有冷链支持;行业产品具有同质性,价格竞争和品牌竞争是市场竞争的主要手段。

(五)速冻产业

速冻食品大多是大陆家庭日常食用的传统食品,其出现大大节约了购买原材料和加工处理的时间,给现代城市的快节奏生活带来便利,并且速冻技术的规模化运用也能完好保证食品的营养和风味。

大陆现有大小冷冻食品加工企业超过1000家,生产的速冻食品品种达100多个,形成亿元销售额的企业约50多家,已形成几十个著名品牌,占到50%以上的市场份额。冷冻食品已成为颇具规模的食品加工新兴产业。大陆一二线城市的各大超市、卖场冰柜速冻水饺、速冻云吞、速冻汤圆是大陆速冻米面食品中销量最大的三类产品。这三类产品的年销售额从20世纪90年代末期每年都以高于20%的速度增长。

大陆2013年至今速冻米面食品产量为555.3万吨,比2012年增长了18.2%。见图2-1-15。

(六)医药产业

生物制药的发展起源于20世纪八九十年代,主要是以基因重组、单体克隆技术为代表,虽然目前大陆生物制药行业企业规模还不大,集中度也不高,但已经形成了比较完整的产业链条。上游的研发环节聚集了一批中小型企业,主要为其他发行药业企业提供服务;在生产环节,大陆生物制药企业的生产能力在近年

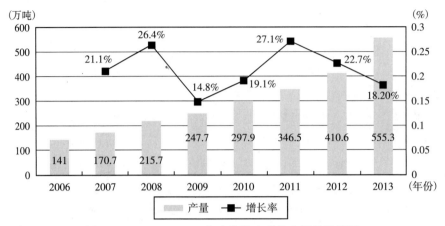

图 2-1-15　2006~2013 年大陆速冻食品产量统计情况

资料来源：《2014 年中国冷链物流发展报告》。

来得到了较大的提高，但是呈现出低端药物过剩、高端药物缺少的现象；下游销售环节是整个医药行业产业链中比较薄弱的环节。

改革开放 20 多年，大陆已经形成了比较完备的医药工业体系和医药流通网络，据统计：大陆现有医药工业企业 3613 家，可以生产化学原料药近 1500 种，总产量 43 万吨，位居世界第二。大陆现有疫苗生产企业 30 多家，是世界上疫苗生产企业最多的国家。大陆疫苗市场规模如图 2-1-16 所示。

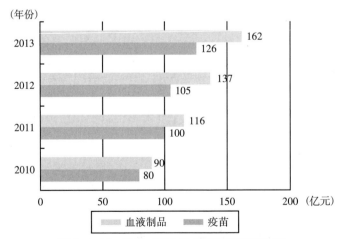

图 2-1-16　2010~2013 年大陆疫苗市场规模

资料来源：《2014 年中国冷链物流发展报告》。

三、大陆冷链物流发展的政策环境分析

（一）国家政策

近些年，在国家政策的引导下，物流业呈现出快速发展的态势，其中冷链物流作为现代物流最为重要领域之一，越来越受到社会、政府、企业、研究机构等多方重视。

2009年3月，国务院出台的《物流业调整和振兴规划》中明确提出发展农产品冷链物流。

2010年7月，国家发展和改革委员会出台《农产品冷链物流发展规划》，并将冷库建设工程、果蔬冷链物流工程作为八大重点工程之一。

2010年10月18日，在国务院常务会议上，就《研究部署进一步促进蔬菜生产保障市场供应和价格基本稳定的政策措施》议题，时任总理温家宝强调加快实施《农产品冷链物流发展规划》，加强产地蔬菜预冷设施、批发市场冷藏设施、大城市蔬菜低温配送中心建设，并且明确指出"加强产销地铁路专用线、铁路冷藏运输车辆及场站设施建设，促进大批量、长距离蔬菜的铁路运输"。

2011年4月，《交通运输"十二五"发展规划》中提出提高交通运输科技含量和信息化水平，构建绿色、节能交通运输体系。

2011年5月，《产业结构调整指导目录（2011）》中鼓励发展农产品物流配送（含冷链）设施建设、食品物流质量安全控制技术服务；药品配送（含冷链）技术应用和设施建设，药品物流质量安全控制技术服务。

2011年5月，《全国药品流通行业发展规划纲要》中提出了具体发展目标，力争到2015年，形成20家销售额过百亿元的区域药品流通企业，药品流通行业的集中度有所提高。

2011年6月，《关于完善价格政策促进蔬菜生产流通的通知》中提出，蔬菜冷链物流中的冷库用电要实行与工业用电同价；对农副产品生产、流通和销售领域基础设施建设给予支持，降低蔬菜生产流通费用。

2011 年 8 月，《国务院办公厅关于促进物流业健康发展政策措施的意见》中提出，优先发展农产品物流业，加大农产品冷链物流基础设施建设投入，加快建立主要品种和重点区域的冷链物流体系，对开展鲜活农产品业务的冷库用电实行与工业同价。

2011 年 12 月，《食品工业"十二五"发展规划》指出，加强食品工业冷链技术研究，加强冷链配送。

2012 年 1 月，《国务院办公厅关于加强鲜活农产品流通体系建设的意见》中指出，支持专业合作社增添田头冷库、冷链物流、快速检验检测、包装分级等设施设备，提高合作社标准化生产和规范化管理水平。

中共中央、国务院印发《关于加快推进农业科技创新持续，增强农产品供给保障能力的若干意见》（国发〔2012〕1 号）中提出了要创新农产品流通方式，将开展"南菜北运"、"西果东送"现代流通综合试点工作。

2012 年，国务院常务会议中研究部署深化流通体制改革、加快流通产业发展，及会议讨论通过《关于深化流通体制改革加快流通产业发展的意见》的相关内容。

2014 年，中共中央国务院印发《关于全面深化农村改革，加快推进农业现代化的若干意见》，全面深化农村改革，要坚持社会主义市场经济改革方向，处理好政府和市场的关系，激发农村经济社会活力。

（二）地方政策

《农产品冷链物流规划》发布之后，为了更好地落实此项规划，各地政府及相关部门纷纷出台了地方性冷链物流相关规划，以推动当地冷链物流发展（各地规划较多，在本节中仅列出部分规划）。

2011 年 5 月，深圳市监督管理局出台《食品冷链技术与管理规范》。

2011 年 9 月，河南省商务厅和财政厅出台《关于 2011 年开展农产品现代流通网络建设有关问题的通知》。

2011 年 11 月，湖南省政府出台《湖南省"十二五"物流业发展规划》。

2012 年 4 月，福建省发改委和经贸委共同出台《关于加快福建省农产品冷链物流发展指导意见的通知》。

2012 年 5 月，福建省经贸委出台《福建省冷链物流业现状与发展对策调研课题实施方案》。

第二章 大陆冷链物流经济总体运行特点

随着现代物流业的发展和人们生活水平的提高以及各商业业态的快速发展，人们已从传统单一的消费观念向现代多样化、快捷化的方向发展，肉、蛋、奶、鱼、蔬菜等主要农副产品需求量逐年增加，小批量、多品种、高保鲜已成为冷冻冷藏运输的主导。

在大陆冷鲜食品行业的生产与流通消费过程中，落后的冷链不仅造成了巨大的经济损失，还给人们的饮食安全构成了威胁。据统计，由于现代化冷藏储运基础设施落后，大陆每年在运输途中腐烂变质的水果、蔬菜、乳制品和其他容易损坏的食品总损失达到 750 亿元。

2011 年，国家发展和改革委员会正式印发了《农产品冷链物流发展规划》，提出到 2015 年，大陆将建成一批运转高效、规模化、现代化的跨区域冷链物流配送中心，培育一批具有较强资源整合能力和国际竞争力的核心企业，初步建设成农产品冷链物流服务体系，使果蔬、肉类、水产品冷链流通率分别达到 20%、30%、36% 以上，流通环节产品腐损率分别降至 15%、8%、10% 以下。此规划的出台使大陆冷链物流真正迎来了前所未有的发展良机。

一、大陆冷链物流具有专业化、链条化、信息化、规模化的发展趋势

随着《农产品冷链物流发展规划》的出台，从国家层面显示了破解行业难题的推动力，使大陆冷链物流发展呈现链条化、信息化、规模化的发展趋势。

（一）第三方冷链物流专业服务日益提升

第三方物流是行业市场化的必然趋势，并为发达国家实践所证明。自 2001 年起，第三方物流的营业额每年以 30% 的速度增长。由于冷冻冷藏产品的特性，对于物流配送的要求较高，从单个企业来讲要实现多方位、门到门的通路配送服务是不现实和不经济的，企业的产品要想辐射大陆，就必须借助于提供完整服务的第三方物流，使冷冻冷藏产品配送服务更大限度地适应企业的发展需求，解决企业冷冻冷藏物流的发展"瓶颈"。

（二）冷链物流系统逐步形成

冷冻冷藏品为达到保鲜的目的，要求快速、及时进入消费环节，流通环节越少越好，以确保冷冻冷藏品的新鲜度和食用安全性，但农产品生产和消费上的分散性又使生鲜商品在流通中不可避免地要进行一次或多次集散，因而需要建立冷链物流系统，让易腐、生鲜食品从产地收购、加工、储藏、运输、销售，直到消费的各个环节都处于适当的低温环境之中，因此，冷链物流转向多品种、小批量的运输已成为必然趋势，目前已经有向全过程冷链物流发展的趋势。

（三）信息技术应用日益广泛

顾客对食品的要求越来越显现个性化、方便化趋势，要求冷链产品必须小批量、多品种运输，对信息系统建设提出了更高的要求。信息技术可以提供准确的市场动态和信息沟通，同时可以及时了解生鲜食品的生产、加工、储藏信息，掌握供应链中冷冻冷藏产品的数量及位置，及时进行提货和补货，从而提高冷链物流的作业效率与管理水平。信息技术可以对各种冷藏车的运输进行全面的动态监控，为食品安全审查提供可溯源性信息支持，对于问题食品可以追查到底。

以加工配送中心为核心，向冷冻冷藏供应链的上游延伸，使卖场、连锁超市、便利店等下游与供应链上游的沟通更加顺畅，商品采购供应更有保障，可有效防止供应链断档。为提高物流效率，可采取对许多企业一起进行配送的共同配送方式，可以提高车辆装载运输效率，形成规模效应。

（四）冷库设施配套持续完善

冷库的管理与控制技术将趋于完善。冷库作为冷链物流的中枢，近年来在大陆得到了显著的发展，不仅建库的规格和容量急剧增长，冷库管理与控制也日趋完善。这主要表现在以下方面：过去冷库大部分集中在大中城市，而现在小城镇也建了不少冷库；过去冷库为国家公建，现在一些私营、集体企业也开始建，并且有小型化的趋势；冷库的隔热材料由软木、稻壳、聚苯乙烯发展为聚氨醋；过去冷库往往建在销地，现在产地也开始建造；装配冷库快速发展，因为装配式冷库重量轻、结构紧凑、安装快、美观卫生，越来越受到用户的青睐。

二、大陆冷链物流产业发展空间巨大

（一）冷链物流需求巨大

日前，大陆蔬菜、水果出口量仅占总产量的 1%~2%，且大多是初级产品，无法形成国际竞争力，大陆已有冷藏容量仅占市场货物需求的 20%~30%；仅水果、蔬菜等农产品在采摘、运输、储存等物流环节上的损失率就达 25%~30%，每年有总值约 92.5 亿美元的农产品在运输中损失。大陆是农业生产和农产品消费大国，每年所消费的易腐食品将近 10 亿吨，其中需要通过冷链物流服务的超过 50%，巨大的冷链物流需求为其发展提供了良好的契机。

（二）冷链物流比例可提升空间大

大陆每年约有 4 亿吨生鲜农产品进入流通领域，近些年，冷链物流比例有所提高，大陆果蔬、肉类、水产品冷链流通率分别达到 5%、15%、23%，相比较，美国、日本均达到为 85%，东欧国家为 50%，欧洲为 95%，正是由于冷链发展滞后，大陆果蔬在国际市场上缺乏竞争力，但同时也说明大陆冷链物流市场具有很大的发展潜力。

（三）冷链物流设施需求量大

大陆冷库库容量 1500 万吨，机械冷藏列车近 7500 辆，机械冷藏汽车 4 万辆，冷藏船吨位 10 万吨，年集装箱生产能力 100 万标准箱。但是，如果以人均拥有量计算，大陆每人拥有的冷库库容量仅为 12 公斤，相比较，美国为 69 公斤，英国为 27 公斤，德国为 49 公斤；大陆冷藏保温车占货运汽车的比例也只有 0.3%，相比较，美国为 1%，英国为 2.1%，德国为 3%，均具有较大缺口。现有冷冻冷藏设施普遍陈旧老化，区域分布不平衡，区域性农产品配送中心的关键物流节点缺乏冷藏设施，相比较，美国冷链物流运营前 5 名的冷库容量占美国的 63.4%。

三、冷链物流具有较高的收益率

（一）冷链物流全产业链势在必行

冷链物流具有投资大、回报慢等特点，造成冷链业务收益率较低的主要原因是未形成全产业链的业务模式，仅仅就冷链业务的一部分进行运作，导致整体经济效益不明显，所以要加强冷链物流全产业链的合作，改善既有状况，提高整体效益，降低物流成本。

（二）冷链物流收益高于其他物流收益

冷链物流作为专项物流，其收益率明显高于普通物流，例如，目前广州市冷库出租价格为 5 元/平方米·天，而普通仓库大概在 1 元/平方米·天，冷库的使用价格是普通仓库的 5 倍左右，虽然前期投入大于普通物流投资，但是从长期来看，冷链物流的投资回报率要高于普通物流的投资回报率。

第三章 大陆典型冷链物流企业
发展概况

大陆冷链物流企业目前发展状况良好，为人民生活提供切实保障，2012 年，农副产品加工企业数量达到 21414 家，工业总产值为 52369 亿元，同比增长 21.1%。① 大陆冷链物流企业种类繁多，主要有肉食品冷链物流企业、水产品冷链物流企业、医药冷链物流企业以及其他冷链物流企业，本章以肉食品冷链物流企业、水产品冷链物流企业、医药冷链物流企业作为典型企业进行分析。

一、大陆肉食品冷链物流企业发展情况

（一）实现冷链的全供应链服务

肉食品需要从屠宰后就进行全程的冷链服务，因为冷鲜肉食用前解冻会产生营养流失，所以冷鲜肉食用前进行全程的冷链服务，不论肉质或营养都能达到较好的效果。目前，以双汇、华润、河南众品等为代表的大陆肉类知名品牌，在肉食品屠宰、加工、存储、运输等各个环节中都实现了冷链服务，使肉食品质量得以提高。

河南众品全程冷链服务

河南众品食业股份有限公司实行冷链物流管理，进行全程保鲜。以冷鲜肉为

---

① http://www.chinacir.com.cn/2013_hysj/346619.shtml.

例，冷鲜肉又叫冷却肉、水鲜肉，是在严格执行兽医检疫制度的条件下，对屠宰后的畜胴体迅速进行冷却处理，使胴体温度在 24 小时内降为 0℃~4℃，并在后续加工、流通和销售过程中始终保持 0℃~4℃范围内的生鲜肉。

众品公司近年来一直致力于建设和运营众品产地生鲜加工配送中心、众品工厂冷链物流中心、众品销地冷链物流中心这三个大陆温控供应链上的核心设施，通过与第三方物流中心合作，采用行业领先的 TMS 运输管理系统，GPS 时刻自动监控冷库车温度，全程冷链保障，传递自然的健康与营养。

河南众品公司把控了农产品原料生产、加工、物流配送、分销、终端等供应链各环节，形成了统一、安全、高效、协同的供应链体系，实现了从"源头"到"餐桌"全程食品安全的系统管控，保证了产品安全、放心。

（二）完善信息化冷链物流管理

肉食品企业全程冷链应在管理、监控等方面积极利用先进信息系统，推动信息化管理，使得冷链物流更加完善。

双汇集团

双汇集团在集团高层领导的重视下，成立了一个专门的信息化小组。信息化小组到全国各地进行了大规模的市场调研；对软件开发商及软件的功能先进性进行了比较。但双汇并没有发现真正适合自己的软件供应商。集团最终从国外引进先进的人才、技术及管理思想成立了自己的软件公司——双汇软件公司，开始了连锁配送管理系统的实施工作。

连锁配送系统为双汇集团提供了完备统一的订单管理、库存管理、采购管理、运输管理和财务管理等功能，实现了连锁分销体系中的物流、资金流和信息流在配送、制造和采购这 3 个领域的结合，达到了快速反应、降低库存、节约成本、整合运输等管理目标。

另外，连锁配送系统支持多配送中心集中管理，目前，四川绵阳和河南漯河的两个配送中心以及各自所辖所有门店均实现了所有业务网上处理，使用效果非常突出，管理部门彻底改变了时效性差、准确性差、控制力差等问题，大大减轻了业务人员的工作量。

连锁配送系统的实施，为双汇连锁店在全国各地大规模发展，实现大物流、大配送在管理手段上提供了有力证明。

华润集团

2002 年初，华润物流转为采用中软冠群的 ES/1 产品。为配合华润集团以零售驱动的分销发展战略，华润物流正在整合已有的物流服务设施与人员，创建"1+3"物流配送体系，为此，华润物流正积极筹划面向未来的新一代物流管理信息系统。华润物流所隶属的华润集团是一家跨行业、跨业态的集团公司，拥有丰富的可供研发未来物流供应链管理系统的企业资源，能为提取未来物流行业的需求共性，提供试验、测试的平台。华润物流与中软冠群在原有杜邦仓库项目以及上海华润物流项目合作的基础上，2003 年 4 月双方进一步签订了全方位的战略合作伙伴协议，双方经过反复论证，决定依托华润物流和中软冠群的共同优势在中软冠群 ES/1 的基础上，共同致力于推出现代物流管理信息系统的全面解决方案。

二、大陆水产品冷链物流企业发展情况

(一) 打造"共同配送中心"

冷链物流的终端环节就是配送，建造共同配送中心，可以提高整体配送效率，节约物流成本，水产品生产从加工开始，到最终用户手中，全程冷链能保证食品质量。在保证品质的前提下，既做到综合运输，又做到准确、及时、安全、经济的配送。

联华生鲜食品加工配送中心 [①]

联华配送中心是目前大陆设备先进的生鲜食品加工配送中心之一，最初是由上海几家食品加工和流通企业投资共建的。总投资 6000 万元，建筑面积 3.5 万

---

① 《中国冷链年鉴》(2009)。

平方米，年生产加工能力 2 万吨，产品结构分为水产品等 15 大类约 1200 种生鲜食品。从事水产品生鲜或冷冻品以及南北货的配送任务。

上海新天天食品配送中心

新天天生鲜食品配送中心（以下简称新天天）自 2000 年 10 月运行以来，为全社会的零售企业和制造企业提供食品配送服务，新天天地处上海市交通便捷的西南地区，占地面积 34632 平方米，拥有两座高低温冷库，总吨位 11600 吨。还有常温仓库 5690 平方米、0℃~10℃的生鲜分拣加工区 2100 平方米。同时备有与冷藏链相配套的各种配送车辆共 40 辆。配送商品涉及水产品等六大类约 1000 多种冷藏、冷冻商品。

由于新天天切实做到了"门对门"的冷藏链服务，即从商品生产、运输、仓储、到客户的全程保持同样的温度，使水产品等生鲜品的品质得到了充分保证。由于水产品鲜货与冻货不能混装，生熟食品要分开等，增加了配送的复杂性，往往一个网点一天要去几趟才能配齐货，这就给新天天的配送管理提出了挑战。新天天起步较高、装备好，拥有上海商情信息中心独立开发的完善的计算机管理系统，包括进销配送系统等，计算机物流配送管理达到一定的先进水平。

（二）第三方物流发展迅速

冷链向第三方物流发展，将充分利用社会物流配送设施资源，采取兼并、重组、联合等多种手段扩大规模，盘活资产、灵活经营，以最低的物流成本达到客户所满意的服务水平。

上海翰森雪佳冷藏物流有限公司

翰森雪佳公司地处上海市嘉定区马陆镇，利用自身先进冷库的建设，逐渐完善物流管理，对水产品物流活动进行科学的计划、组织、协调与控制。为当地集聚的许多食品加工工厂提供水产品等食品原料和半成品的采购、保存、包装、配送等现代物流服务，被服务的食品厂节省了大量物流设备配置的资金。

福州大汇中铁冷藏物流有限公司

大汇冷藏物流公司跻身冷藏行业已经有十几年的历史，由早期单一运输经营服务，结合发展冷藏仓储服务，到现在能为客户提供一体化服务的专业冷藏物流企业。公司拥有完善的基础设施和完善的物流配送网络。现有各类自备冷藏车辆15辆，并建立了加盟运输车辆机制，提高运输能力，确保服务质量，冷库总面积13000平方米，分别分布在福州、厦门，并在福州建立了福建省内首家铁路食品专用线。

大汇冷藏物流公司现有福州大汇冷藏仓储有限公司、福州大汇冷藏运输有限公司、福州大汇中铁冷藏物流有限公司、厦门大汇冷藏仓储有限公司。并与大陆外运公司、福州铁路货运企业等合作，资源互补，共同打造适应时代发展的冷藏物流服务体系。

利用福建省是水产品生产大省的优势，积极为客户提供细致周到的水产品冷链的第三方物流解决方案。从各种水产品收货、验货、储货，货物配送，强化水产品冷链管理业务，为客户提供低成本、安全、快捷的水产品冷链服务。

（三）金枪鱼低温专业冷链物流

目前，水产冷链物流已经对单一品种进行定制化、个性化的冷链物流服务，例如超低温水产品主要是金枪鱼，而大陆作为潜在的金枪鱼消费大户，十分需要建立一条超低温金枪鱼的物流系统，以满足大陆不同层次消费者的需求。

深圳联成远洋渔业有限公司

为冰鲜和超低温冷冻的金枪鱼进行航空货运的深圳市联成远洋渔业有限公司（以下简称联成公司）是一家综合性远洋渔业公司。业务涵盖远洋捕捞、渔需物资、水产品购销、进出口业务，以及水产品加工，主要产品为金枪鱼及其加工产品如金枪鱼切片等。联成公司自有延绳钓渔船50多艘，在南太平洋从事金枪鱼延绳钓作业，钓上来的金枪鱼，要立刻在船上进行超低温保鲜或冰鲜。

联成公司通过专门的航空货运，大大缩短了金枪鱼从捕捞到餐桌的时间，确保金枪鱼的鲜度和美味。目前，公司拥有3架波音货机，每周有固定的航班将冰鲜金枪鱼送到深圳，并在机场通过顺丰速递，以最快的速度把金枪鱼送到顾客手中。现在，联成远洋渔业的冰鲜和超低温冷冻金枪鱼已供应包括北京、上海、广州、深圳在内的全国43家麦德龙商场，以及大陆多家高级餐厅和料理店。

浙江大洋世家股份有限公司

浙江大洋世家股份有限公司的超低温金枪鱼冷藏加工基地建成是由于大陆缺少超低温冷库，此前大陆远洋捕捞队捕捞的金枪鱼等深海鱼大部分直接出口到日本等地。新建成的超低温金枪鱼冷藏加工基地，超低温冷库容量1000吨，温度可以低到-60℃，每年可加工金枪鱼1万吨，是大陆南方最大的金枪鱼冷藏加工基地。现在大洋世家公司有了超低温冷藏加工基地，公司远洋捕捞的金枪鱼就可以运回大陆冷藏加工，不仅改变了单一的出口格局，也为提升公司远洋渔业产品的精深加工、加快产业转型升级奠定了坚实基础。

山东省中鲁远洋渔业股份有限公司

山东省中鲁远洋渔业股份有限公司（以下简称中鲁渔业）超低温金枪鱼物流的标准化体系的建立，包括在金枪鱼起获时的加工技术、均温冷却、均温冻结和均温解冻工艺等方面的规范标准与要求，以提高金枪鱼的加工和储藏质量。

中鲁公司在自身拥有冷库群、远洋船队和车辆运输队的基础上，建设世界一流的超低温冷库和相关的加工厂，整合当地的部分物流资源，发展成为大陆领先的"中鲁超低温物流系统"，推进大陆超低温物流的发展。中鲁渔业超低温物流系统为金枪鱼出口日本、韩国以及我国青岛、天津、大连、北京等大陆金枪鱼消费市场提供第三方物流服务。加快拓展大陆金枪鱼消费市场，以降低仅依赖出口市场带来的单一流向风险，以利于公司乃至大陆金枪鱼行业摆脱在国际市场被人为压价的局面。

山东省中鲁远洋（烟台）食品有限公司

"大陆金枪鱼交易中心"挂牌山东省中鲁远洋（烟台）食品有限公司（以下简称中鲁食品），是目前大陆最大的从事超低温（-60℃）金枪鱼加工和冷藏能力的现代化企业，公司占地33000平方米，建筑面积26000平方米。冷冻贮藏能力：常温冷库5000吨，超低温（-60℃）冷库10000吨，（-30℃）冷库10000吨，超低温冷库容量占全国总量的60%，并配有1万多平方米的现代化加工车间，中鲁食品加工、冷冻设备及技术均来自日本。公司金枪鱼加工厂按照欧盟注册标准设计建造，车间采用全封闭式生产管理，卫生、消毒、产品化验设施配套齐全，在技术和设施上填补了大陆空白。

公司主导产品为超低温金枪鱼生鱼片和生鱼块，具有较高的营养附加值和科技含量，经济效益和社会效益显著，以出口日本为主，逐步开拓大陆市场；其他加工产品有鱿鱼片、贻鱼片、鳍鱼片、大马哈鱼片、蝶鱼片等，年生产能力达22000吨。

中鲁食品目前已经完善了东部沿岸城市金枪鱼冷链系统，形成了金枪鱼产品市场销售网络，以出口日本为主，逐步开拓大陆市场，2008年内销总额已超过1000万元。

"大陆金枪鱼交易中心"在中鲁食品挂牌，将把"金枪鱼交易中心"建设成为集冷藏、加工、批发、零售及物流配送于一体的大陆一流的金枪鱼加工销售基地，并以此为契机开拓超低温金枪鱼内销市场，将公司"海金斯"牌金枪鱼生鱼片系列产品打造成大陆名牌。

三、大陆医药冷链物流企业发展情况

（一）先进设施设备有利运用

医药行业的迅速发展，冷藏技术在其物流环节中起到至关重要的作用，直接影响药物品质。随着信息技术的快速发展，医药行业冷链物流的信息技术也得到了很好应用，并且引入了国际先进的设施设备，以更好地完善医药物流体系。

九州通医药集团

九州通自主研发的 WCS（设备控制系统）已成功实施，标志着九州通已经掌握了电子标签、分拣机、堆垛机、输送线等物流设备控制的核心技术。2010年，集团物流总部已完成九州通最先进、支持业务最广泛、接口最完备的物流系统 LMIS6.0 的研发。

（二）建立产品分销体系

医药行业企业通过建立物流中心，建立完善的产品分销体系，以提高医药流通整体发展水平。

九州通医药集团

九州通医药集团选择了"两级医药物流分销模式"。九州通计划在未来的几年中在大陆建设 15 个一级医药物流中心。

围绕一级的物流中心建设 100 个二级配送中心，逐步形成医药大流通的分销格局，充分利用信息化技术，对上下游的资源进行有效整合，为各个区域市场的上下游客户提供更加优质的服务。

第四章 大陆重点行业冷链物流发展概况

一、农产品物流

近年来，随着农业结构调整和居民消费水平的提高，生鲜农产品的产量和流通量逐年增加，全社会对生鲜农产品的安全和品质提出了更高的要求。加快发展农产品冷链物流，对于促进农民持续增收和保障消费安全具有十分重要的意义。

(一) 农产品冷链物流发展现状

大陆现代农产品储藏、保鲜技术起步于20世纪初，自20世纪60~70年代开始在生鲜农产品产后加工、储藏及运输等环节逐步得到应用。进入21世纪以来，大陆农产品储藏保鲜技术迅速发展，农产品冷链物流发展环境和条件不断改善，农产品冷链物流得到较快发展。

1. 农产品冷链物流初具规模

大陆目前蔬菜产量约占全球总产量的60%，水果和肉类产量占30%，禽蛋和水产品产量占40%。近年来大陆生鲜农产品产量快速增加，每年约有4亿吨生鲜农产品进入流通领域，冷链物流比例逐步提高，目前大陆果蔬、肉类、水产品冷链流通率分别达到5%、15%、23%，冷藏运输率分别达到15%、30%、40%，冷链物流的规模快速增长。

2. 冷链物流技术逐步推广

生鲜农产品出口企业率先引进国际先进的HACCP（危害分析和临界控制点）

认证、GMP（良好操作规范）等管理技术，普遍实现了全程低温控制。大型肉类屠宰企业开始应用国际先进的冷链物流技术，从屠宰、分割加工、冷却成熟等环节低温处理起步，逐渐向储藏、运输、批发和零售环节延伸，向着全程低温控制的方向快速发展。为适应大陆国情的低能耗、低成本的冷链处理技术广泛推广，推动水产品和反季节果蔬为代表的高价值量农产品冷链迅速兴起。

3. 冷链物流企业不断涌现

中国对外贸易运输（集团）总公司、中粮集团有限公司等社会化第三方物流企业强化与上下游战略合作、资源整合，建立国际先进的冷链设施和管理体系，积极拓展冷链物流业务；双汇、众品、光明乳业等食品生产企业，加快物流业务与资产重组，组建独立核算的冷链物流公司，积极完善冷链网络；大型连锁商业企业完善终端销售环节的冷链管理，加快发展生鲜食品配送。

4. 农产品冷链物流发展环境逐步完善

国家高度重视冷链物流发展，在近几年下发的"中央1号文件"中均强调要加快农产品冷链物流系统建设，促进农产品流通。一些冷链物流的国家标准、行业标准和地方标准先后颁布实施，《中华人民共和国食品安全法》等重要法律法规逐步完善。农产品冷链物流的重要性进一步被消费者认识，全社会对"优质优价"农产品的需求不断增长。

但是，大陆农产品冷链物流发展仍处于起步阶段，规模化、系统化的冷链物流体系尚未形成，与发展现代农业、居民消费和扩大农产品出口的需求相比仍有差距。突出表现在：①鲜活农产品通过冷链流通的比例仍然偏低。目前大陆鲜活农产品冷链流通的比例远低于欧美发达国家水平（欧洲国家、美国、加拿大、日本等发达国家肉禽冷链流通率已经达到100%，蔬菜、水果冷链流通率也达95%以上），大部分生鲜农产品仍在常温下流通；冷链物流各环节缺乏系统化、规范化、连贯性的运作，部分在屠宰或储藏环节采用了低温处理的产品在运输、销售等环节又出现"断链"现象，全程冷链的比率过低。②冷链物流基础设施能力严重不足。大陆设施整体规模不足，人均冷库容量仅7公斤，冷藏保温车占货运汽车的比例仅0.3%，与发达国家差距较大；现有冷冻冷藏设施普遍陈旧老化，国有冷库中近一半已使用30年以上；区域分布不平衡，中部农牧业主产区和西部特色农业地区冷库严重短缺，承担大陆70%以上生鲜农产品批发交易功能的大型农产品批发市场、区域性农产品配送中心等关键物流节点缺少冷冻冷藏设施。

③冷链物流技术推广滞后。生鲜农产品产后预冷技术和低温环境下的分等分级、包装加工等商品化处理手段尚未普及，运输环节温度控制手段原始粗放，发达国家广泛运用的全程温度自动控制没有得到广泛应用。④第三方冷链物流企业发展滞后。在农产品冷链物流发展过程中，优质优价的机制仍没有形成，冷链物流的服务体系尚未完全建立，服务水平有待进一步提高，第三方冷链物流企业发展滞后。现有冷链物流企业以中小企业为主，实力弱、经销规模小、服务标准不统一，具备资源整合和行业推动能力的大型冷链物流企业刚刚起步。⑤冷链物流法律法规体系和标准体系不健全。规范冷链物流各环节市场主体行为的法律法规体系尚未建立。在冷链物流各环节的设施、设备、温度控制和操作规范等方面缺少统一标准，冷链物流各环节的信息资源难以实现有效衔接，在发达国家普遍推行的相关管理办法和操作规范在大陆尚处于推广的起步阶段。

（二）农产品冷链物流发展面临的形势

从国际农产品流通产业发展的经验来看，发达国家已经建立了"从田间到餐桌"的一体化冷链物流体系，不仅确保了产品质量，而且提高了农业效益。随着大陆经济和社会的快速发展，对加快发展农产品冷链物流提出了更高的要求。

1. 加快冷链物流发展是适应农产品大规模流通的客观需要

经过改革开放30多年的发展，大陆农业结构调整取得显著成效，区域和品种布局日益优化，使农产品流通呈现出了大规模、长距离、反季节的特点，这对农产品物流服务规模和效率提出了更高的要求。一是随着农产品区域生产布局的细化，农业特色产区加快发展，生鲜农产品的区域规模化产出迫切需要加快发展农产品跨地区保鲜运输；二是农产品反季节销售加快发展，亟须进一步提高低温储藏保鲜水平。从今后一段时期农业结构加快调整优化的需要看，加快发展农产品冷链物流也是适应大陆生鲜农产品大规模流通的客观需要。

2. 加快冷链物流发展是满足居民消费的必要保证

随着城乡居民消费水平和消费能力的不断提高，大陆生鲜农产品的消费规模快速增长，居民对农产品的多样化、新鲜度和营养性等方面提出了更高要求，特别是对食品安全的关注程度不断提高。加快发展农产品冷链物流已经成为提升农产品消费品质、减少营养流失、保证食品安全的必要手段，是满足居民消费需求的必要保证。

3. 加快冷链物流发展是促进农民增收的重要途径

长期以来，大陆农产品产后损失严重，果蔬、肉类、水产品流通腐损率分别达到 20%~30%、12%、15%，仅果蔬一类每年损失就达到 1000 亿元以上；同时，受到生鲜农产品集中上市后保鲜储运能力制约，农产品"卖难"和价格季节性波动的矛盾突出，农民增产不增收的情况时有发生。发展农产品冷链物流，既是减少农产品产后损失，间接节约耕地等农业资源，促进农业可持续发展的重要举措，也是带动农产品跨季节均衡销售，促进农民稳定增收的重要途径。

4. 加快冷链物流发展是提高大陆农产品国际竞争力的重要举措

大陆生鲜农产品生产具有较强的比较优势，但是由于冷链发展滞后，大陆蔬菜、水果出口量仅占总产量的 1%~2%，且其中 80% 是初级产品，在国际市场上缺乏竞争力。特别是随着近年来欧盟、日本、美国等发达国家不断提高进口农产品准入标准，相关质量、技术和绿色壁垒已经成为制约大陆农产品出口的重要障碍。加快发展农产品冷链物流，已经成为提高出口农产品质量、突破贸易壁垒、增强国际竞争力的重要举措。

（三）农产品冷链物流发展方向

1. 推广现代冷链物流理念与技术

进一步加大对全程冷链重要性的宣传力度，提高公众对生鲜农产品冷链的认知度，营造促进品牌生鲜农产品销售的商业氛围，促进优质优价，扩大销售规模。鼓励农产品生产企业利用冷链物流理念与技术，在产后商品化处理、屠宰加工环节实现低温控制，促进生鲜农产品质量等级化、包装规格化，加强与下游企业的冷链对接，稳妥推进冷链物流服务外包。鼓励流通和冷链物流服务企业运用供应链管理技术与方法，实现生鲜农产品从产地到销地的一体化冷链物流运作。加强各相关企业温度监控和追溯体系建设，实现农产品在生产流通各环节的品质可控性和安全性。

2. 完善冷链物流标准体系

重点制定和推广一批农产品冷链物流操作规范和技术标准，建立以 HACCP 为基础的全程质量控制体系，积极推行质量安全认证和市场准入制度。①制定各类生鲜农产品原料处理、分选加工与包装、冷却冷冻、冷库储藏、包装标识、冷藏运输、批发配送、分销零售等环节的保鲜技术和制冷保温技术标准。制定冷链各环节有关设施设备、工程设计安装标准。②围绕生鲜农产品质量全程监控和质量追溯制度的建立和发展，制定数据采集、数据交换、信息管理等信息类标准。③建立符合国际规范的 HACCP、GMP、GAP（良好农业规范）、ISO（国际标准化组织）等质量安全认证制度和市场准入制度。④对于肉类、水产品等密切关系居民消费安全的产品执行国家强制性标准。

3. 建立主要品种和重点地区农产品冷链物流体系

鼓励肉类农产品冷链物流发展。积极发展覆盖生产、储存、运输及销售整个环节的冷链，建立全程"无断链"的肉类冷链物流体系。重点发展猪肉冷链物流，减少生猪活体的跨区域运输，积极发展从中部、华南地区到珠三角、长三角、港澳等沿海地区，从东北地区到京津地区的冷链物流体系。围绕肉类屠宰加工企业，加快大中城市猪肉冷链配送发展，推广品牌冷鲜肉消费。积极发展牛羊肉冷链物流，逐步完善从中部地区到京津、环渤海和长三角地区，西北地区到中亚和中东市场，西南地区到华南地区的牛羊肉冷链物流体系。

加快推广水产品冷链物流体系建设。积极培育长三角、珠三角和环渤海地区为重点的水产品产销集中区，进一步完善水产品超低温储藏、运输、包装和加工体系，促进远洋等高端水产品消费。积极推动黄淮海、东南沿海、长江流域等水产品优势产区到中西部大中城市的水产品冷链物流体系，提高内陆居民水产品消费量。

逐步推进果蔬冷链物流发展。适应市场需要，选择部分高价值的特色蔬菜、水果，推广产后预冷、初加工、储存保鲜和低温运输技术，发展一体化冷链物流，建立跨地区长途调运的冷链物流体系，促进反季节销售。积极推动苹果、柑橘、葡萄、香梨、热带水果等特色水果产区到大中城市的水果冷链物流体系，以及蒜苔、芦笋等反季节蔬菜和特色蔬菜的"南菜北运"、"东菜西输"冷链物流体系建设。积极推进乳制品、冰淇淋、速冻产品等其他产品的冷链物流发展。

4. 加快培育第三方冷链物流企业

培育一批经济实力雄厚、经营理念和管理方式先进、核心竞争力强的大型冷链物流企业。鼓励大型生鲜农产品生产企业从生产源头实现低温控制，积极发展冷链运输和低温销售，建立以生产企业为核心的冷链物流体系。鼓励企业在产地、销地建设低温保鲜设施，实现产地市场和销地市场冷链物流的高效对接。鼓励大型零售企业加快生鲜食品配送中心建设，在做好企业内部配送的基础上逐步发展为社会提供公共服务的第三方冷链物流中心。

5. 加强冷链物流基础设施建设

鼓励冷链物流企业加快各类保鲜、冷藏、冷冻、预冷、运输、查验等冷链物流基础设施建设。从关键环节入手，重点加强批发市场等重要农产品物流节点的冷藏设施建设，在大中城市周边加快规划布局一批生鲜农产品低温配送和处理中心；大力改善农产品加工环节的温控设施，建设经济适用的农产品预冷设施；配备节能、环保的长短途冷链运输车辆，推广全程温度监控设备；完善与冷链物流相配套的查验与检测基础设施建设，推广应用快速准确的检测设备和试剂。

6. 加快冷链物流装备与技术升级

加快节能环保的各种新型冷链物流技术的自主研发、引进消化和吸收，重点加强各种高性能冷却、冷冻设备，自动化分拣、清洗和加工包装设备，冷链物流监控追溯系统、温控设施以及经济适用的农产品预冷设施、移动式冷却装置、节能环保的冷链运输工具、先进的陈列销售设备等冷链物流装备的研发与推广，完善科技成果转化的有效机制，不断提高冷链物流产业的自主创新能力和技术水平。

7. 推动冷链物流信息化

依托各类生鲜农产品优势产区、重要集散地区和大中城市等集中消费地区，建立区域性各类生鲜农产品冷链物流公共信息平台，实现数据交换和信息共享，优化配置冷链物流资源，为建立冷链物流产品监控和追溯系统奠定基础。鼓励市场信息、客户服务、库存控制和仓储管理、运输管理和交易管理等应用系统软件开发，健全冷链物流作业的信息收集、处理和发布系统，全面提升冷链物流业务管理的信息化水平。推广应用条形码、RFID（无线射频识别）、GNSS（全球定位系统）、传感器技术、移动物流信息技术、电子标签等技术，建立全国性和区域性的生鲜农产品质量安全全程监控系统平台。明确冷链物流信息报送和信息交换的责任机制，提高政府监管部门的冷链信息采集和处理能力，提高行业监管和质量保证水平。

（四）农产品冷链物流重点建设领域

1. 冷库建设

鼓励肉类和水产品生产企业、专业冷链物流企业、农业产业化龙头企业、农产品批发市场、大型零售企业等经营主体，在技术改造和充分利用现有低温储藏设施的基础上，加快建设一批设施先进、节能环保、高效适用的冷库，满足全社会对储藏设施的急需。到 2015 年，推动全社会通过改造、扩建和新建，增加冷库库容 1000 万吨。

2. 低温配送处理中心建设

鼓励冷链物流企业在大中城市周边规划建设一批具有低温条件下中转和分拨功能的配送中心，集中完成肉类和水产品分割、果蔬分拣以及包装、配载等处理流程，形成冷链长短途有效衔接、生产与流通环节紧密联系的物流体系，促进其与上游的屠宰加工企业、批发市场以及下游的超市等零售市场协同推进冷链发展。

3. 冷链运输车辆及制冷设备

鼓励大型冷链物流企业购置冷藏运输车辆，到 2015 年，争取全社会新增冷藏运输车 4 万辆，大幅度提升冷链物流企业的冷链运输能力，提高大陆生鲜农产品的冷链运输率；鼓励肉类和水产品加工、流通和销售企业购置预冷保鲜、冷藏冷冻、低温分拣加工、冷藏运输工具等冷链设施设备，提高冷链处理能力，逐步减少"断链"现象的发生。

4. 冷链物流企业培育

根据大陆生鲜农产品生产、流通、消费格局，重点培育一批发展潜力大、经营效益好、辐射带动能力强的农产品冷链物流企业。采用政策倾斜等方式，鼓励其创新物流服务模式，加强资源整合，拓展物流服务网络，强化资产重组与战略合作。

5. 冷链物流全程监控与追溯系统

按照规范化、标准化运作的要求，建设全程温控和可追溯系统，充分利用现有的企业管理和市场交易信息平台，建立便捷、高效、低成本的农产品冷链物流信息追溯系统。

6. 肉类和水产品冷链物流

加快肉类特别是猪肉以及水产品的冷链物流体系建设。鼓励大型肉类和水产品企业改造生产流水线及温控设施，加强产品排酸、预冷等低温初加工设施建设，积极推广肉类和水产品冷藏运输和全程监控技术，推动零售环节超市、大卖场冷柜销售方式，形成"无缝化"连接的肉类冷链物流体系。加强中央直属猪肉储备冷库和地方猪肉储备冷库建设，依托企业冷库完善猪肉储备体系，提高政府对猪肉市场的调控能力。

7. 果蔬冷链物流

加强果蔬冷链物流体系建设，重点加强分级、包装、预冷等商品化处理和冷藏储存环节建设，推动主要产区果蔬产品冷链物流设施条件的改善；大力发展冷藏运输，逐步提高果蔬产品冷藏运输能力；完善主销区果蔬冷链配送设施建设，发展具有集中采购、跨区域配送能力的现代化果蔬配送中心。鼓励大型果蔬农产品批发市场、连锁超市、果蔬储运营销企业加快冷链物流设施建设，积极培育具有一定规模和竞争力的第三方果蔬冷链物流服务企业。

8. 冷链物流监管与查验体系

完善冷链物流生产、加工、储存、运输、中转、进出口等主要环节的监管和查验基础设施建设。在冷链建设重点工程中，同步建设监管和检测设施。依托现有监管和检测资源，进一步提高主要生产基地、加工基地、配送中心、中转中心、进出口口岸的查验和检测能力，提高监管水平，保障产品质量和安全。

（五）农产品冷链物流发展措施

1. 加强协调

农产品冷链物流体系建设环节多、产业链长，是一个跨部门、跨行业、跨区域的系统工程，需要多方面的配合与支持。

2. 完善政策

兼顾农产品第三方冷链物流企业的特点，完善企业营业税差额纳税试点办法，扩大政策享受范围。对冷库建设新增用地，要在提高土地集约利用的基础上，合理安排用地。简化冷链物流企业设立时的前置审批手续，放宽对冷链运输车辆的城市交通管制；充分考虑冷链运输车辆因增加保温车厢和制冷机组使自重增加的特殊情况，合理确定运输车辆的载重量；支持冷藏运输车辆跨区域加盟，在车辆审验、车辆管理等方面提供支持。对冷链物流企业的用水、用电、用气价格与工业企业基本实现同价。

3. 整合资源

通过企业兼并重组、参股控股、合资合作等方式，整合现有生鲜农产品生产加工企业、批发市场、冷链物流企业以及港口、码头、航空航运交通枢纽的冷链物流资源，加快升级改造步伐和配套协作，建立全国性和区域性的大型低温物流中心，并采用现代经营理念、管理手段和运作模式，提高冷链物流整体质量与效率。

4. 增加投入

冷链物流设施建设要充分发挥市场机制的作用，鼓励企业加大投入，多渠道筹集建设资金。中央和地方政府可对大型冷藏保鲜设施、冷藏运输工具、产品质量认证及追溯、企业信息化等重要项目给予必要的引导和扶持。要多方面拓宽农产品冷链物流企业的融资渠道。银行业金融机构对符合条件的农产品冷链物流企业要加大融资支持，并做好配套金融服务。

5. 鼓励创新

加强对冷却冷冻、冷藏和信息化管理等冷链物流技术和设备的创新与研发，对农产品冷链物流新工艺、新技术、新型高效节能的大容量冷却冷冻机械、移动式冷却装置、大型冷藏运输设备、运输车辆专用保温厢和质量安全追溯装置等进行集中攻关与研制。

6. 培养人才

引导和推动高等学校设置冷链物流相关学科专业、开设相关课程，发展农产品冷链物流职业教育，并建立交叉研究机构鼓励扶持行业协会、企业及有关高校结合实践开展冷链物流职业技术培训和继续教育，形成多层次的人才教育、培训体系。建立农产品冷链物流行业的人才激励与柔性机制，推动高素质人才队伍建设。将"农产品冷链物流"作为"农产品营销与储运"专业的专业（技能）方向增加至新修订的《中等职业学校专业目录》。

7. 完善法规与监督

完善冷链物流的法律法规体系，进一步加大强制性国家标准的制定力度；建立以 HACCP 为基础的全程质量控制体系，制定与国际接轨的冷链物流操作规范和技术标准，充分发挥现有部门和机构的作用，补充完善检测项目和内容，建立全程质量检查与监督机制。

二、医药物流

（一）医药冷链物流概述

医药冷链物流是医药生产企业、经营企业、物流企业和使用单位采用专用设施，使冷藏医药从生产企业成品库到使用单位医药库的温度始终控制在规定范围内的物流过程。冷链医药是质量稳定性受温度波动变化影响较大，需要在预先给定的低温环境供应链下流通与使用的医药。通常是现代生物技术产品，按其在运输、贮藏过程中对环境温度要求的不同分为冷藏医药（医药包装标识"贮藏"项下对环境温度要求为冷藏或2℃~10℃范围保存）、冷冻医药（医药包装标识"贮藏"项下对环境温度要求为冷冻或-25℃~0℃范围保存）；按临床用途不同分为疾病预防用、诊断用、治疗用冷链医药三大类。医药冷链物流系统是确保冷链医药在合适的温度条件下，以最少的损耗、较低的成本又能避免缺货并以准确的数量，在合适的时间、地点，以良好的质量从生产地向接收地流动并满足使用需要的系统。[①]

目前，大陆制药行业得到迅猛发展，冷藏医药冷链物流行业迎来了广阔的发展空间，以疫苗、血液制品等为代表的冷藏医药冷链物流发展较快。大陆医药冷链物流尚未形成体系，因此需要从医药冷链市场上下游的整体规划和整合这个关键问题入手，提高医药冷链物流作业的效率，降低企业运输成本，节省大量资金、设备、土地、人力，并通过现代化信息技术、网络技术以及先进的全温层配送解决方案，在节约社会资源、降低物流成本、提高效率的同时创造企业效益和社会效益。

（二）大陆冷链医药物流现状

治疗用冷链医药，如治疗用单克隆抗体药物全球销售额已超过400亿美元，

---

① 钟秀英.我国药品冷链物流现状成因与发展策略分析［J］.中国市场，2012（1）：22-24.

并且每年以超过20%的速度快速增长。其中，已有5个单克隆抗体药物在全球市场上年销售额均超过40亿美元。

预防用冷链医药，如疫苗类医药。随着经济的发展及人们对疾病以预防为意识的提高，政府加大了对免疫疫苗接种的投入，仅是纳入"国家免疫规划"的儿童免疫疫苗，大陆实现了从2002年的"5苗防7病"到2007年的"12苗防15病"，疫苗需求稳步增长。

诊断用冷链医药，如体外诊断试剂，2008年大陆体外诊断市场规模达到93亿元，人均年使用量为6.64元，而日本2008年人均年使用量为227.5元，意味着大陆市场还有极大发展空间，2006~2012年，体外诊断行业的市场规模年复合增长率达到15%，呈现高速增长趋势。①

上述三大类冷链医药需求发展状况表明，大陆冷链医药从品种到使用数量均在高速发展，同时预示着为冷链医药的流通与使用保驾护航的"医药冷链物流"也需高速发展，这样才能支持与满足如此巨大的发展需要。据大陆医药商业协会报道：在大陆，冷藏医药近年销售额一般占大陆医药流通企业医药总销售额的3%~8%，有近百亿元的医药冷藏物流总需求。

冷链医药品相对于一般药品毛利较高，近年来，随着医药品临床应用不断扩大，冷藏药品销售金额占大陆医药流通企业药品总销售额的7%~8%，其市场规模呈稳定上升趋势。2013年大陆成为世界第三大医药市场。大陆已成为世界生产疫苗量最大的市场，也是世界最大的原料药生产地；2012年，大陆人用疫苗出口额已超过2000万美元，出口到35个国家和地区。

（三）大陆冷链医药物流存在的问题

不过，大陆医药冷链物流企业与国外相比仍然显得比较落后，存在企业多、规模小、效率低、费用高、效益小、秩序乱等多种问题。医药冷链物流企业多而小，企业的市场占有率和市场集中度低，导致企业经营成本增加，企业的整体经济效益低。目前存在的主要问题如下：

1. 集中配送能力较低，物流成本较高

由于医药行业现有的特性，以及医疗机构采购管理不规范，多家企业供货，

---

① 钟秀英. 我国药品冷链物流现状成因与发展策略分析［J］. 中国市场，2012（1）：22-24.

供应生产商商品存放多处，造成社会、企业车辆运输重叠、仓储费用增加、物流成本较高。

2. 由于政策限制，配送中心建设速度较慢

大陆对药品的经营管理，造成生产企业不能直接进入流通市场，必须经过经销商这一环节，这样增加了一部分费用让利给经销企业，造成产品价格上涨。

3. 医药采购随机性较强，人力物力资源浪费

医药行业采购随机性比较强，临时调货、补货的现象较多，造成运输配送环节不能做到合理规划，同时也导致缺货、短货现象发生，不能及时满足客户需求，导致人力、物力资源浪费。

4. 物流功能不完善

为了满足客户需求，配送中心应当具备进货、分拣加工、储存保管、配送、信息处理等诸多功能，但目前，中小型医药企业并未全部具备这些功能，急需第三方物流企业进行整合。

三、食品物流

国以民为安，民以食为天，食以安为先，食品是人类生存与发展的物质基础。食品属于特殊商品，从"田间地头"到百姓"餐桌"，从原材料的获取直至到达最终消费者，其物流全过程均有特殊要求，以冷冻冷藏技术为基础的冷链物流在食品物流中扮演着重要角色。由于种种原因，大陆食品冷链物流的发展还处于一个相对落后的水平，致使食品在物流过程中不仅造成很大损失，甚至还产生了许多严重的食品安全事件。现阶段，大陆食品冷链物流问题不仅体现在冷冻冷藏等关键技术上，更体现在食品冷链物流的全过程管理方面。

（一）大陆食品冷链的发展现状

1. 大陆食品冷链的发展历程

大陆的冷链最早产生于20世纪50年代的肉食品外贸出口，并改装了一部分保温车辆。1982年，大陆颁布《食品卫生法》，从而推动了食品冷链的发展。近

20 年来，大陆的食品冷链不断发展，以一些食品加工行业的龙头企业为先导，已经不同程度地建立了以自身产品为核心的食品冷链体系，包括速冻食品行业、肉食品加工企业、冰淇淋和奶制品企业及大型快餐连锁企业，还有一些食品类外贸出口企业。

2. 大陆冷链食品市场发展状况

大陆平均食物年产值约为 3000 亿美元，超过 20% 的食物由于没有很好地冷藏，在运输过程中被浪费掉了。由于缺乏完善的冷链，也造成了某些食品零售价高居不下。因为一些容易腐坏食品的售价其中七成是用来补贴在物流过程中损坏货物的支出。而按照国际标准，易腐物品物流成本最高不超过其总成本的 50%。与此同时，大陆对高价值的冷冻和易变质食品的生产和消费都在增加，这更加大冷链市场的巨大缺口。据专家估算，目前大陆已有的冷藏容量仅占货物需求的 20%~30%。2010 年大陆各类易腐食品总产量近 8 亿吨；在城镇居民的食品消费支出中，易腐食品的消费已占 51%，全国年易腐类食品消费量约 2.4 亿吨。目前大陆的肉类食品厂有 2500 多家，年产肉类 6000 万吨，产量以每年 5% 左右的速度递增；速冻食品厂 2000 多家，年产量超过 850 万吨；冷饮业 4000 多家，其中具有一定规模的有 194 家，年产量 150 多万吨，产量以每年 7% 左右的速度递增；乳品业 1500 多家，产量 800 万吨，每年以 30% 左右的速度增长；水产品产量 4400 万吨，每年以 4% 左右的速度递增。

（二）食品冷链物流市场分析

1. 冷饮物流市场分析

大陆冷饮物流市场的消费总量从 1990 年的 55 万吨增长到 2010 年的 290 万吨。消费的季节性差异逐步消失，目前大陆人均消费量已达到 2.2 公斤，但与世界平均水平和发达国家相比，差距很大，市场潜力也很大。据上海市食品研究所预测，2015 年产量将达到 310 万吨，人均消费量可达到 2.4 公斤/年。随着人们冷饮消费习惯的形成、人均收入增加、消费群体不断扩大以及大陆城市化的发展，一段时间内，冷饮的生产销售仍将呈上升趋势。

大陆冷饮物流生产企业主要集中在较为发达的华东、华北和中南三大地区，广东、北京、上海、东北是目前产销量最集中的四大地区。2010 年，冷饮行业销售量超 50 亿元的大型企业只有 6 家，中型企业也不过十几家，伊利、蒙牛等品牌在主流的占有率超过 80%，已初步形成寡头垄断局面。虽然大陆冷饮产销稳步上升，但由于市场竞争十分激烈，冷饮生产进入微利时代，统计资料显示，食品工业年平均销售利润率最低就是冷冻饮品行业，目前行业整体处于亏损状态。

2. 肉制品冷链物流市场分析

大陆肉类消费将由 2001 年的 6373 万吨增长到 2010 年的 10000 万吨左右，继续保持稳步上升趋势。大陆肉制品消费将由目前的 250 万吨增长到 2010 年的 1300 万吨左右，未来增长空间巨大。大陆肉制品加工业已经经历市场启动阶段，目前正值成长期。此阶段的特点是消费群体迅速壮大，产量与销售额持续增长。主要肉类人均占有量处在世界先进水平，肉类制品人均占有量远低于发达国家。在未来 10 年内，肉类加工业将进入一个新的高速发展时期。肉类食品的消费除在城市仍有扩展的余地外，在农村有着更大的增长潜力。随着大陆农村城市化进程的加快和农民收入水平的提高，肉类食品消费数量会在较长时期内持续增长。到 2010 年，大陆肉制品人均年消费量将达 10 公斤，肉制品占肉类总产量比重将上升到 13% 左右，但也只达到目前发达国家肉类转化率 1/3 的水平。肉制品的加工利润率为 2.93%，经济效益比较好。2011 年大陆肉制品企业中，销售收入超过 200 亿元的有两家，分别是河南双汇实业集团公司和江苏雨润金集团。有近 50% 的产品销售收入集中在大型企业。山东、河南两省丰富的原料资源和独特区位优势使其成为大陆肉类加工业的集中地。

3. 速冻食品冷链物流市场分析

速冻食品是利用现代速冻技术，在 -25℃ 迅速冻结，然后在 -18℃ 或更低温条件下贮藏并远距离运输、长期保存的一种新兴食品，常见的有速冻水饺、速冻汤圆，速冻馒头等。从 2000 年起，大陆速冻食品的年产量接近 1000 万吨，每年以 20% 的幅度递增。据不完全统计，大陆现有各类速冻食品生产厂家近 2000 家，年销售额达 100 亿元。自 2005 年起连续三年，在大陆连锁超市中销售的食品日用品中，速冻食品销售额均名列第一。速冻食品品牌中，三全、思念占据重要位置，并均以超过 10% 的市场占有率雄居第一梯队。三全更以 5 亿元的年销售额成为大陆速冻食品市场的龙头企业。第二梯队品类众多，但每一种所占市场份额均十分有限。速冻食品对贮藏运输要求十分严格，必须保证在 -18℃ 以下。目前，专业化、社会化并能不断适应市场变化的速冻食品冷链配送体系尚未形成。

4. 乳制品冷链物流市场分析

自 1990 年以来，大陆以牛奶为主的乳制品进入快速发展期。1990~2000 年的 10 年平均增长率为 12.1%，位居世界第一。2011 年，全年乳制品产量达 2387.49 万吨。在一般情况下，生产的鲜奶都需要运至乳品厂进行加工，属于鲜度要求严格的商品，天天都要配送。如果运输不当，会导致鲜奶变质，造成重大损失。为保证质量，鲜奶运输有特殊的要求：为防止鲜奶在运输中温度升高，尤其在夏季运输，一般选择在早晚或夜间进行；运输工具一般都是专用的奶罐车；为缩短运输时间，严禁中途停留；运输容量要严格消毒，避免在运输过程中被污染，容器内必须装满盖严，以防止在运输过程中因震荡而升温或溅出。正因为如此，为了能保证质量，专业奶类企业大都希望自己运输，外包物流的意愿不是很高。即使外包，也大多是部分区域短途配送或路线运输外包，而且对技术和质量的要求比较高。

（三）物流企业开展冷链物流的市场定位分析

运输易腐货物不同于普通货物，想要有效运作冷链物流，达到保存货物至最佳质量目的，必须要建立一套完整的冷冻冷链物流链，严格点到点（P2P）的温度控制包装，货物由一个地方移到另一个地方，不应暴露在空气中，亦不应承受温度转变环境。同时，货物放置在一个地方也要严格控制温度。这些都需有构造精良的冷链运输装备和专业的运输管理机制，如此才能有效完成货物的保鲜质量和运输的经济效益。

基于以上分析，大陆物流企业开展冷饮物流业务，可以从以下 3 个方面努力：①锁定大客户，重点开拓蒙牛、伊利等大陆龙头企业。②立足重点地区，分别以上海、北京及广州、深圳为中心，在华东、华北及华南区域开展业务。③实施精细化运作，降低物流成本。对于物流企业来说，开展冷饮物流业务既有优势，又有劣势：优势是技术要求不是很高，业务操作相对简单，随着冷饮产量稳步上升，物流需求持续增加，企业本身已有一定的基础设施、操作经验和客户渠道。劣势是增值服务需求少，必须承担生产厂家转嫁的物流成本风险，收入随需求增加，利润却逐渐降低。

物流企业如果以肉制品物流作为冷链物流主营业务，需要锁定大客户，重点开拓销售收入过亿元的大企业，如双汇、雨润等。另外还需立足重点地区，使大陆肉类加工业的集中地山东、河南成为企业冷链物流的控制中心和肉制品集散中心。而且，冷链肉制品增值服务较多，要充分挖掘，开展多形式、全方位的业务创新，增加除冷链运输以外的冷链物流收益。

物流企业以速冻食品物流作为冷链物流主营业务，锁定大客户，重点开拓销售收入超过亿元的大企业，如三全、思念等。立足连锁超市和大卖场，利用其店面渠道，建立起自己的配送网络，另外可开展增值服务。

速冻食品的分类包装和标签粘贴等增值服务需求较多。目前物流企业开展速冻食品物流业务的优势在于其物流需求持续增加，增值服务需求较多，行业利润较高而风险相对较小，行业发展潜力巨大；不足之处在于速冻食品对基础设施要求较高，客户渠道缺乏。

物流企业以乳制品物流作为冷链物流主营业务应锁定重点客户，以区域性运输配送为主要业务。在输出管理和运作模式上与生产商建立合作联盟，利用生产商现有冷链物流资源，开展相关业务。越来越专业的第三方物流将逐步承担起冷链物流的重任。作为非核心业务，如果生产商自营冷链物流，那么高投入的基础设施和设备、网络及庞大的人力成本只能服务于自身项目，并不是生产商的明智选择，越来越多的生产商愿意选择能提供完整冷链的第三方物流来外包自身冷链物流业务，但现有市场却很难满足，因此，市场需求必将催生第三方冷链物流企业的快速发展。

（四）物流企业开展冷链物流的发展对策

1. 运作工商企业的冷链物流

由于一些企业不具备专业的冷链物流运作体系，也没有冷链物流配送中心，而冷链物流中心的建设是一项投资巨大、回收期长的服务性工程，建立冷链物流中心显然不适合它们。这些企业可与社会性专业物流企业结成联盟，有效利用第三方物流企业，实现冷链物流业务。物流企业可与工商企业结成联盟，先期按条块提供冷链分割的冷链运输环节功能服务，输出有针对性改进的物流管理和运作体系。冷链运输是冷链物流的关键环节，尤其是乳制品要求严格，需要天天配送。鲜奶的质量要求比较高，需要特殊条件的运输。零售业可与厂商结盟实现鲜奶的保质运输。由于生产厂商有一整套的冷链物流管理和运作系统，能在运输中保证鲜奶的质量，建立由厂商直接配送的运输服务。

　　例如，大型超市与蒙牛建立长期的合作关系，由蒙牛商直接配送，利用蒙牛运输要求和运输工具直接到达超市的冷柜，避免在运输过程中鲜奶变质，给超市造成重大损失，因此影响蒙牛的信誉度。随着合作不断取得进展，与客户建立起合作关系趋向稳固，以及操作经验的不断积累，通过对生产商自有冷链资源、社会资源和自身资源的不断整合，建立起科学的、固定化的冷链物流管理和运作体系。麦当劳餐厅的冷链物流则是以外包方式完全包给第三方物流企业——夏晖公司。夏晖公司是麦当劳的全球物流服务提供商，为麦当劳提供优质的服务。夏晖公司为了满足麦当劳冷链物流的特殊要求，投资建立多温度食品分发物流中心。分为干库、冷链库和冷冻库，配有冷链冷冻保存设备及冷链运输设施，保质保量地向麦当劳餐厅运送冷链货物。

　　2. 实现冷链物流的共同配送

　　共同配送是经过长期的发展和探索优化出的一种追求合理化的配送形式，也是美国、日本等一些发达国家采用较为广泛、影响面较大的一种先进的物流方式，它对提高物流运作效率、降低物流成本具有重要意义。

　　由于冷链物流的低温特点，由物流企业单独建立冷链物流投资成本高，而且回收期较长。而因为冷链食品的特点相同，社会整个冷链物流业应该联合起来，共同建立冷链物流配送中心，实现冷链物流业的共同配送。从微观角度来看，实现冷链物流的共同配送，能够提高冷链物流作业的效率，降低企业营运成本，可以节省大量资金、设备、土地、人力等。企业可以集中精力经营核心业务，促进企业的成长与扩散，扩大市场范围，消除有封闭性的销售网络，共建共存共享的环境。

　　从整个社会角度来讲，实现冷链物流的共同配送可以减少社会车流总量，减少城市卸货妨碍交通的现象，改善交通运输状况；通过冷链物流集中化处理，有效提高冷链车辆的装载率，节省冷链物流处理空间和人力资源，提升冷链商业物流环境进而改善整体社会生活品质。总之，实现冷链物流的共同配送可以最大限度地提高人员、物资、金钱、时间等物流资源的使用效率（降低成本），取得最大效益（提高服务），还可以去除多余的交通运输，并取得缓解交通、保护环境等社会效益。大陆物流企业总体发展水平并不高，与发达国家仍有较大差距。大陆物流企业应根据自身已有条件，实行强强联合，找准自己冷链物流的市场定位，积极开展冷链物流市场。

（五）大陆食品冷链发展过程中存在的问题

1. 完整独立的食品冷链体系尚未形成，损耗浪费惊人

在大陆，虽然以食品加工行业的龙头企业为先导，包括速冻食品行业、肉食品加工企业、冰淇淋和奶制品企业、大型快餐连锁企业以及食品类外贸出口企业，已经不同程度地建立了以自身产品为核心的食品冷链体系，但更多的易腐食品加工生产企业却还远未认识到冷链工业为企业所带来的益处。食品冷链工业仍然是一片待发掘的"冻土"。

从整体冷链体系而言，大陆的食品冷链还未形成体系，无论是从大陆经济发展的消费内需来看，还是与发达国家水平相比，差距都十分明显。目前大约90%的肉类、80%的水产品、蔬菜水果基本上还是在没有冷链保证的情况下运输销售，以蔬菜、水果为例，果蔬采后加工和流通设施落后，造成腐烂损失严重，物流成本提高，大陆每年果品腐烂损失近1200万吨，蔬菜腐烂损失1.3亿吨，按每公斤1元计算，经济损失超过上千亿元。冷冻食品产销冷链情况稍好，但由于部分产品流入集贸市场拆零散卖，冷链存在中断现象。冷链发展的滞后在相当程度上影响着食品产业的发展。

2. 食品冷链的市场化程度很低，第三方介入很少

大陆的冷链物流业尚处于初级阶段，市场规模还不大，区域特性比较强，除了外贸出口的部门以外，大部分在大陆流通的生鲜易腐农产品的物流配送业务由生产商和经销商完成。大陆的第三方物流企业能提供的综合性全程服务还不足总体需求的5%，而专门针对生鲜易腐农产品的物流服务更是微乎其微。缺乏有影响力的、全国性的第三方冷链物流行业领袖，服务网络和信息系统不够健全，准确性和时效性较差，冷链物流的成本和商品损耗很高，造成生鲜易腐农产品的区域性过剩。从而大大挫伤了生产商的积极性和市场的健康发展。

3. 冷链物流的硬件设施陈旧落后，冷藏运输效率低

大陆的冷冻冷藏运输行业与国际标准相差巨大。内地货运车辆约七成是敞篷式设计，只有约三成为密封式或厢式设计，而备有制冷机及保温箱的冷藏车辆连一成都不到。特别是大陆的铁路冷藏运输设施非常陈旧，大多是机械式的速冻车皮，缺乏规范保温式的保鲜冷冻冷藏运输车厢，冷藏食品运量仅占总货物运量的1%。在公路运输中，易腐保鲜食品的冷冻冷藏运输只占运输总量的20%，其余

80%左右的禽肉、水产品、水果、蔬菜大多是用普通卡车运输。总体而言，发达国家预冷保鲜率为80%~100%、果蔬采后损失率5%，冷藏运输率80%~90%，冷藏保温汽车占货运汽车比率为1%~3%，而大陆分别为30%、20%~40%、10%、0.3%，在硬件设施和运输效率方面还存在较大差距。可见，大陆目前的冷链设施和冷链物流装备不足，原有设施设备陈旧，发展和分布不均衡，无法为易腐食品流通系统地提供低温保障。由此产生两个直接后果，一是易腐食品特别是初级农产品的大量损耗，由于运输过程中损耗高，整个物流费用占到易腐物品成本的70%，而按照国际标准，易腐物品物流成本最高不超过其总成本的50%。二是食品安全方面存在巨大隐患。

4. 食品冷链缺乏上下游的整体规划和整合

冷链物流的效率取决于冷链物流各节点的有效衔接。由于大陆农业的产业化程度和产供销一体化水平不高，从农业的初级产品来看，虽然产销量巨大。但在初级农产品和生鲜易腐农产品供应链上，缺乏供应链上下游之间的整体规划与协调，因此，在一些局部发展中存在严重失衡和无法配套的现象，整体发展规划的欠缺影响了食品冷链的资源整合以及行业的推动。例如，在冷库建设中就存在着重视肉类冷库建设，轻视果蔬冷库建设；重视城市经营性冷库建设，轻视产地加工型冷库建设；重视大中型冷库建设，轻视批发零售冷库建设。整体发展规划的欠缺影响了食品冷链的资源整合以及行业的推动。

（六）大陆食品冷链物流发展重点

大陆食品冷链正面临着大发展的历史机遇。在未来的大陆食品冷链发展建设过程中，以下几个方面应该有所明确和突破：

1. 加强大陆食品冷链的整体规划研究，建立政府、行业组织和相关企业联动机制

一个国家的食品冷链保障体系建设，单靠任何一方都是难以有效推进的，它需要政府、行业组织和企业通力合作。应该结合大陆国情，借鉴发达国家经验，完善技术管理手段和监管措施；政府应当制定食品冷链发展的政策环境和鼓励措施，加强行业规划的方向性引导；行业组织应发挥沟通协调作用，制订并落实行业整体规划和行业规范；相关企业应根据市场规则具体运作，合力推动大陆食品冷链的逐步发展。

2. 推动建立多种模式的食品冷链体系建设

目前国际上比较成形的食品冷链有两种模式：①以企业为主体的食品冷链体系，这种模式在美国、日本和西欧比较普遍，日本是其中的代表；②以保证大量食品的一般质量、降低在途损耗的价格与品质模式，这种模式一般为发展中国家采用。根据大陆食品冷链物流的发展现状，应该推进多种冷链模式的发展，一方面依靠农业龙头企业和大型食品企业，发展以核心企业为轴心的食品冷链体系，串联供应链上下游，逐步形成覆盖食品产业的冷链保障体系；另一方面在建设农产品绿色大通道的基础上，建设连接农产品主产区和消费地的食品冷链物流主干网络，提高大批量食品物流的安全保障水平。

3. 建立食品冷链的物流和质量信息系统

从食品冷链现代化和食品安全出发，通过食品冷链的物流信息系统为冷链有关方面提供准确的市场动态和信息沟通，同时也为食品安全核查提供可溯源性信息支持，对于问题食品可以追查到底。

第五章　大陆冷链物流基础设施建设概况

一、大陆冷库建设概况

（一）大陆冷库建设概述

目前大陆市场上使用比较广泛的有两种冷库：大型冷库一般采用以氨为制冷剂的集中式制冷系统，冷却装备多为排管，系统繁杂，实现自动化节制难度大。小型冷库一般采用以氟利昂为制冷剂的扩散式或者集中式制冷系统。在建造方面以土建冷库偏多，自动化节制水平普遍较低。装配式冷库近几年来有所发展。

冷库是发展冷藏业的基础设施，也是在低温条件下储藏货物的建筑群。食物保鲜主要以食物冷藏链为主，将易腐畜禽、水产、果蔬、速冻食物通过预冷、加工、储存以及冷藏运输，有效地维持食物的外观、色泽、营养成分，达到食物保质保鲜，延长食物保存期的目的，起到调解淡、旺季市场的需求并减少出产与销售进程中经济消耗的作用。随着市场经济的不断发展、现代物流系统的不断完善，食物冷藏链的产业化发展前景十分广阔，然而目前行业存在的诸多问题也是突出的，亟待解决。

（二）大陆冷库建设现状及问题

1. 大陆冷库建设情况

根据大陆仓储协会冷藏库分会统计显示，截至 2012 年底，大陆冷库容量总计为 7608 万立方米，其中，冻结物冷藏库为 5120 万立方米，冷却物冷藏库为 2477 万立方米，超低温冷藏库为 11 万立方米。[①] 2012 年参考储存量为 1864 万吨，2011 年大陆冷库参考储存量为 1742 万吨（见表 2-5-1）。

表 2-5-1　大陆冷库统计情况

年份	统计容量（万立方米）	参考储存量（万吨）
2011	7111	1742
2012	7608	1864

资料来源：《2013 年中国仓储行业发展报告》。

大陆冷藏冷库容量较大的地区如下：

（1）环渤海经济区。山东（超过 100 万吨）、河北、辽宁、北京、天津。

（2）东部沿海地区。浙江（超过 100 万吨）、江苏（40 万吨）、福建、上海（10 万吨）。

（3）南部沿海地区。广东（超过 130 万吨）、广西。

（4）中西部地区湖北、四川、陕西。[②]

2. 大陆冷库技术应用情况

制冷新技术、新设备得到了广泛应用，冷藏库建设推动了社会制冷技术的进步，制冷新技术的应用又进一步促进了冷藏业的发展。

（1）制冷设备逐步更新换代。开启型活塞式制冷压缩机一统天下的局面已得到改变，由于螺杆式压缩机具有结构简单、运行可靠、能效比高、易损件少和操作调节方便等优点，它正逐步替代活塞式压缩机，占据着越来越大的市场份额。以节电、节水为主要特点的蒸发式冷凝器正在逐步推广应用。从 20 世纪 70 年代末起，多数冷库采用强制空气循环的冷风机替代传统的自然对流降温方式的冷却排管。

（2）食品冻结技术的快速进步。随着大陆食品结构和包装形式的变革，特别是小包装冷冻食品业的快速发展，食品冻结方式有了重大变革，从 20 世纪 50~60 年代起广为采用的间歇式、慢速的库房式和搁架式冻结间已改为采用快速、连续式冻结装置（隧道式、螺旋式、流态化式等）为主。冻结室的温度已

---

① http://xuewen.cnki.net/CJFD-ZLDT201306009.html.
②《2011 年中国冷链物流发展报告》。

从−35℃~−33℃降至−42℃~−40℃，因而加快了冻结速度、提高了冻品的质量。

（3）制冷系统与供液方式多样化。以往，大中型冷库基本都是采用集中式的液泵强制循环供液系统，近年来，对多种蒸发温度要求的食品冷藏库，分散式的直接膨胀系统由于具有系统简单、施工周期短、易于自控等优点也得到了广泛应用。

（4）制冷剂。目前大陆的大中型冷藏库大多数采用氨（R717）或二氟一氯甲烷（以下简称 R22）为制冷剂，小型冷藏库多采用 R22。

（5）冷库制冷系统的自控技术应用。大中型冷库基本上都实现了对库温、制冷系统压力、设备运行状态等的实时显示和自动记录，并设有较完善的安全保护装置。山东绿特空调系统有限公司专业致力于冷冻冷藏产品的研发与应用，拥有现代化的厂房和先进的生产线，是大陆专业的各类空调冷冻冷藏产品生产厂家之一，所生产的冷冻冷藏产品有各类风冷冷凝器、水冷冷凝器、吊顶式冷风机、管壳式干式蒸发器、系列风冷、水冷压缩冷凝机组、冷库一体机等。公司专业开发生产并联机组、螺杆式机组、涡旋式机组和高效工业冷水机组、螺旋塔速冻机、隧道式速冻机。

3. 大陆冷库建设存在的问题

（1）对冷库的相关技术重视程度不足。近两年来，各地建造了不少新的冷库，在一定程度上满足了当地低温仓储的需求，有些重点城市建设的冷库规模大，技术也比较先进。但从已建成的大部分冷库来看，与 20 世纪 70~80 年代大批量建成的冷库相比较，技术上虽有进步，但是进步不大，所以，大陆冷库建设的核心技术与国外相比还有很大的差距。

（2）冷库建设功能针对性不足。冷库的建造形势应该为冷库的业务功能服务，个别冷库规划时对冷库的功能定位考虑不周，对冷库的业务发展等所做前期准备不够，造成个别冷库建设滞后，使用效果不佳，不能适应业务功能的需求。

（3）冷库建设质量有待提高。各地在大规模建设冷库的同时，要充分重视建设质量，有时过于重视建设速度，往往忽略了质量。尤其是近两年，由于急于投入使用，施工时难免缺乏较好的监督与管理，造成部分冷库建成后不久就出现质量问题，再次维修重建增加建设成本。

（三）大陆冷库建设趋势及特征

近年来，大陆大力支持建设冷库仓储设施，推动食品物流的发展。从市场对冷库的需求趋势来看，大陆现有的冷库容量还十分不足，今后冷库的发展趋势主要表现在以下几个方面：

1. 建设规模保持总量增长

近年来，随着大陆冷饮市场、冷鲜肉市场、肉类延伸品市场、水产品市场、水果蔬菜市场的不断扩大，人们对这些易腐食品消费量的快速增长将促进冷库需求量的进一步增长。虽然大陆冷库容量近年来增长较快，但与发达国家相比仍有较大差距。大陆冷库未来几年会持续增长，但是在总量增加的情况下，冷库的增长速度将明显放缓，一方面大陆冷库建设已经过了快速发展的时期，基本上能够满足目前发展需求，另一方面很多投资者不再盲目投资建设，更加合理地分析冷库建设投资收益。

2. 冷库类型结构更趋合理

果蔬产区应集中建设气调冷库，规模应以大型、中型、小型相结合，以发展中型为主。机械气调库的建设应择优推广预制生产、现场装配模式冷库工程化工业产品，果蔬产地适于建单层冷库和中小型冷库，尽快推广塑料薄膜、大棚、大帐、硅窗、塑料薄膜小包装等气调设施是大陆近期发展的重点，并且智能冷库、微型冷库将成为未来发展的新趋势。

在经济较发达的城市，应发展中型冷库，建立冷冻食品贮藏批发市场，将中小型冷库向社会开放，提供有偿的仓库服务、信息服务、经营后勤服务。

3. 冷库管理规范化

冷库虽然不会发生爆炸、燃烧等恶性危险事故，但其低温、封闭的库房对人员还是可能会产生伤害，这种伤害性事件也时有发生。冷库技术工人是执行冷库管理制度和实施直接操作人员，其人数和其素质直接关系到冷库贮存货物的质量。因此，应加强行业组织化、加强职业技能培训，持证上岗，提高从业人员素质。管理的规范化，也有助于促进行业自律精神，维护市场秩序，有效改进无序竞争现状。从业人员素质的提高，更有助于确保冷库贮存产品的质量。

二、大陆冷链物流园区建设概况

冷链物流园区是指运用低温条件保证食品质量安全、减少损耗和防污染的特殊供应链系统冷链技术，在物流作业集中与几种运输方式衔接的地区，是将众多冷链物流企业聚集在一起，实行专业化和规模化经营，作为城市冷链物流功能区，专业从事食品加工，冷冻、冷藏保鲜、食品批发经营、食品进出口为一体的大型综合性物流园区。

(一) 大陆冷链物流园区概述

与其他的物流园区一样，冷链物流园区也是大规模的物流基地，不同的是冷链物流园区是在低温条件下运用高科技技术，为了保证农副产品的新鲜和冷藏，将食品进行冷冻加工、冷冻贮藏、冷藏运输及配送、冷冻销售。

目前大陆的物流园区，都是将众多物流企业聚集在一起，实行专业化和规模化经营，作为城市物流功能区，物流园区包括物流中心、配送中心、运输枢纽设施、运输组织及管理中心和物流信息中心，以及适应城市物流管理与运作需要的物流基础设施；作为经济功能区，其主要作用是开展满足城市居民消费、就近生产、区域生产，组织所需要的企业进行生产和经营活动。

冷链物流园区一般具有以下 3 个功能：

1. 推进区域内资源整合，提高物流企业规模效益

冷链物流园区促使原本零散的冷链物流资源进行优化整合，通过良性竞争进行整合，形成相对较大的企业规模，充分发挥其经济集聚作用，从而降低流通成本，提高企业经营效率，不仅使本土企业的综合竞争力得以提升，还能够带动产业链条上的其他相关企业降低成本，提高竞争力。

2. 推动第三物流发展，加快冷链物流体系建设

冷链物流园区为冷链物流产业提供发展的平台，通过冷链物流园区规范化的管理，形成稳定的冷链产业集聚区，市场更加规范，区域内的良性竞争有利于支撑第三方物流企业发展，部分物流企业转向提供更专业化的物流服务。

3. 创造良好的投资环境，吸引企业和资金入驻

冷链物流园区提供适合企业发展的发展环境，包括完善的物流基础设施设备和高效的物流信息系统，能够使入驻园区的物流企业降低其运营成本，增加企业效益，这给企业带来实实在在的好处，使企业拥有更强的竞争能力。

（二）大陆冷链物流园区现状

1. 冷链物流园区数量不断增加

近年来，大陆冷链物流园区的建设步伐明显加快，从 2006 年正式运营的冷链物流园区只有中外运上海冷链物流中心 1 家，占地面积较小，只有 1.1 万平方米，发展到现在大陆正式运营冷链物流园区有 9 家，最大的占地面积达到 500 亩。

大陆的物流园区分布不是很均匀，主要集中在沿海地区以及中部经济较为发达的地区，北部沿海地区冷链物流园区最多，共有 14 家，其次是中部地区 10家，南部沿海地区 6 家，北部内陆地区 3 家，西南地区和西北地区分布较少，分别为 3 家和 1 家。[①]

2. 园区在建项目较多

大陆冷链物流园区的建设起步较晚，目前已经经营的园区数量较少，而园区在建和规划的较多，近 80%，实际上，自 2010 年下半年开始，随着国家政策的引导和冷链市场的需求，冷链物流基础设施的建设持续升温，大陆冷链物流园区建设投资热情较高，特别是 2012 年以来，不少地方纷纷开始兴建物流园区。

（三）大陆冷链物流园区存在的问题

冷链物流园项目一般投资大，专业性强，在工程建设和营运过程中，经常要受到多种因素的影响与干扰。目前，大陆已形成的冷链物流公司提供的货物托运、冷藏运输是一个薄弱环节，它制约了低温物流业的发展，今后应重点发展。食品工业生产过程中的冷却、产品的冷冻冷藏及保鲜、冷藏运输均离不开冷冻设备，而运输用的冷冻冷藏设备又是低温物流的关键设备，尤其是远洋捕捞的冷藏船、空运用的冷藏集装箱以及短途运输用的冷藏汽车发展空间都很大。

[①]《2012 年中国冷链物流发展报告》。

三、大陆公路冷链运输发展概况

（一）公路冷链运输的特有优势和重要地位

冷链物流是一个巨大而复杂的体系，涉及的领域多种多样，包括冷链运输、冷链仓储、冷链包装等。其中，冷链运输包括公路冷链运输、铁路冷链运输、航空冷链运输、水路冷链运输等。这些冷链运输方式运营特点不同、市场规模不同，发展前景不同，彼此之间形成了既互补又相互竞争的关系。它们之间的互补体现在联运的方式上，如公铁冷链联运、公航冷链联运、公海冷链联运等。然而，它们之间的竞争关系也显而易见，如公路冷链运输和其他冷链运输方式之间就存在着巨大的竞争，并且大有愈演愈烈的趋势。公路冷链运输在竞争中的迅速发展，市场占有率的逐步提升，这与公路冷链运输相对于其他冷链运输方式所特有的优势密不可分。公路冷链运输的特有优势主要体现在以下几点：

1. 一体化全程服务

公路冷链运输实行"门到门"的一站式服务，中间环节少。一方面可以减少冷链货物暴露在非温控环境下的概率，降低了货物因转运而造成的损失，提高了货物的安全性。另一方面中间环节的减少，可以提高运输效率，缩短运输时间，保障了冷链货物送达的准时性。

2. 网络覆盖更广泛

相对于铁路和航空来说，公路网络覆盖面更大，理论上可以深入到每个角落。这为公路冷链运输"门到门"的服务提供了客观条件。

3. 安全性和时效性较高

公路冷链运输相对于铁路冷链运输和航空冷链运输中间环节少，可控性强，且受天气、行政等不可控因素影响较小。这使得公路冷链运输安全性和时效性更高。

4. 服务质量稳定

公路冷链运输相对于铁路冷链运输和航空冷链运输运力充足，受淡旺季影响较小，有比较可靠的运力保障。

5. 价格较低

公路冷链运输相对于航空冷链运输价格明显较低，即使与铁路冷链运输相比，在总价格上也有一定的竞争优势。

公路冷链运输所特有的优势决定了其在整个冷链运输市场中的重要地位。公路冷链运输的快速发展会带动整个冷链运输市场的快速发展，进而为大陆冷链物流的整体发展和壮大做出巨大的贡献。然而，公路冷链运输也面临着众多挑战，其中，如何保障公路冷链运输的安全性和时效性作为最大的挑战摆在所有公路冷链运输企业和个人的面前。

（二）大陆公路冷链运输现状

目前，公路运输是大陆主要的冷链运输方式，具有周转性快、灵活性强等优势，在冷藏货物运输上，公路运输比例可到达93%，远远超过其他运输方式，并且具有比较成熟的运输体系。

1. 公路运输结构发生变化

大陆公路运输结构实现了从早期的计划模式向市场模式的转变。原来主要由商业、食品进出口、水产等系统的冷库车队按主管部门调拨和分配计划进行运输，现在大多转变成为第三方物流企业的公路运输车队负责运输；冷链运输货物的种类从原来的冷冻肉、水产品为主，转变到了多种食品、农产品、药品等一系列需要冷链运输的产品；车辆的吨位结构也发生了变化，重型、中型、轻型车的比重由原来的10%、70%、20%转变为10%、40%、50%；冷藏、保鲜车辆的比例也从原有的10%提高到40%。[①]

2. 公路运输具有冷藏运输优势

相对于其他运输方式而言，公路运输具有很大的优势，尤其体现在中短距离的运输上，具有方便、快捷、灵活、"门到门"、货源组织容易等优势。目前，需要进行冷链物流服务的货物具有小批量、多批次、多品种的特点，水运和铁路大批量的运输不能满足这种需求，公路运输恰恰能适应这种发展趋势，汽车运输已经成为短距离货物运输的首选方式。

---

① 邓汝春.冷链物流运营实务［M］.北京：中国物流出版社。

（三）大陆公路冷链运输存在的问题

1. 行业规范性不强，存在无序竞争情况

大陆冷链行业集中度低，小、散、乱等情况比较严重，小企业大多以不规范手段进行经营，以低价格进行竞争，对严格遵照流程运作的中小企业来说造成了巨大的冲击，严重影响了市场的规范性。

2. 冷链运输成本加大，存在不合理收费现象

随着人工、油价等成本的不断攀升，冷链物流企业运营成本居高不下，但冷链运价未见明显上升，企业利润不断下滑，同时，尽管出台了鲜活农产品绿色通道等优惠政策，但并未得到全面落实，过路过桥费等不合理收费现象仍然广泛存在。

3. 信息共享明显不足，运输车辆存在缺口

由于缺乏有效的行业信息平台，冷链运输企业间的信息共享较差，冷链运输车辆的空驶率居高不下，重去空回的现象比较严重，造成了社会资源的浪费。

4. 行业门槛明显较低，行业标准存在漏洞

作为物流领域的重要分支，冷链物流发展较晚，但规模与速度较快，行业标准未能同步完善，造成标准、规范缺失，行业门槛较低的局面，这也进一步加剧了行业竞争的不规范性。

四、大陆铁路冷链运输发展概况

自 20 世纪 50 年代，铁路开展冷藏运输，拥有冰冷型保温车和无制冷装置保温车，承担着大陆冷藏运输食品的供应，具有社会保障作用。

（一）铁路冷藏业务发展状况

历时半个世纪，铁路冷藏业务遭受到公路运输、水路运输的竞争，市场规模急剧压缩，目前中铁特货机保车共有 1910 辆，其中仅有 1000 辆在使用中，并且拥有 100 个冷藏集装箱，与蒙牛、伊利、和路雪、双汇、三全、思念、金锣、吉泰物流等大陆食品生产大客户建立了稳定、和谐的合作关系，进行蔬菜、水果、冻鱼、冻肉、速冻食品、液态奶、冰淇淋、鲜蛋等冷鲜货物运输。但是存在着运输量不足、重去轻回等问题，并且面对着市场竞争的压力，铁路作为大陆冷藏业务的开拓者，如何提高市场占有率，转变铁路冷藏业务的发展方式，成为铁路拓展冷藏业务的关键。

（二）铁路开展冷链业务具有的优势

1. 政府部门对于铁路冷链业务的利好政策

原铁道部近些年越来越重视现代物流业的发展，尤其是 2011 年提出的多元化经营战略，要扩展铁路货运服务链条，大力发展现代物流业，给铁路物流的发展带来了巨大机遇。

（1）铁路物流的大力发展。近年来一再强调要抓紧推进延伸服务、货运代理向现代物流转型，为铁路物流的发展创造了更为宽松和有利的发展环境。

《关于推进铁路多元化经营的意见》指出，各铁路局运输主管部门要按照要求，承担起统一开发、运用运输系统经营资源的职责，推动多元化经营的发展。《关于延伸铁路货物运输服务链，加快发展铁路现代物流的实施意见》指出，以铁路货运电子商务平台建设为契机，结合货运新产品开发，打造全程物流产品。要瞄准高附加值产品市场，在港口、集贸市场、物流园区、工业园区等货源集散地设立营业网点，完善货物接取、保管、装卸、搬运、配送等延伸服务。

（2）冷藏班列运输的越加重视。铁路提出了"百千战略"，重点组织好 100条快捷货运班列、1000 列大宗物资直达循环列车的开行，产品类型按照运到时限划分可分为四类，其中第三类为集装箱班列、冷藏班列、小汽车和限时达班列等，运行时速 80~100 公里，为冷藏班列开行提供了政策支持。

2. 铁路开展冷链业务的资源优势

首先，大陆国土面积广阔，南北农作物产品差异大，各地需求量大，导致了农产品运输具有长距离的特点，铁路相对于公路来说，具有大批量、全天候、安全性高的特点，采用铁路进行冷藏货物运输是未来发展的趋势。

其次，机保车还具有使用空间，在发达国家，冷藏运输采用铁路机保车运输很多，可以借鉴国外成熟经验，机保车通过设备更新来适应目前运输环境和需求的变化。

最后，全产业链带动铁路运输发展。通过冷链两端业务带动铁路运输发展，提高运输效率。

3. 依托铁路拓展两端服务的优越性

第一，提升运输质量，有利于加快建设冷链物流体系，铁路运输具有大批量的优势，南方水果居多，可以推动南北运输，同时依托铁路运输班列的开行，在两端建设物流园区，打造全冷链运输，保证产品质量。

第二，依托铁路建设，推动铁路物流的发展，目前大陆铁路物流发展落后于一些发达国家，随着运能的逐步释放，依托铁路开展物流服务将会是未来的发展方向，能够充分利用铁路资源，提高运输效率，降低物流成本。

第三，促进区域经济发展，交易市场建立能够推动区域经济的发展，提高当地就业率。

（三）铁路开展冷链业务存在的问题

目前冷藏运输市场中铁路占据份额并不大，公路运输较多，伴随着大陆鲜活货物的产销量逐年增长，铁路冷藏运输存在以下弊端：

1. 铁路运输效率较低

铁路对冷藏货物虽然有优先政策，但长期以来，各车站由于运输能力原因，基本是依照普通货物运输的组织方式进行的。同时货主向铁路请求车手续繁杂、审批环节多、配车时间长，运到期限难以保证，回空车也无法控制，这些都严重制约了铁路冷藏运输效率的提高，也阻碍了铁路冷藏运输的发展。与之相比，公路运输则具有明显的灵活性、时效性，能迅速对市场需求做出反应，实现货物快速、及时的运送，从而成为中短途冷藏运输的优先选择。

2. 铁路运输装备不适应

目前，铁路冷藏运输主要由机械冷藏车来完成。而大部分机械冷藏车为 5 节的成组车型，载重量较大，难以适应目前冷藏运输小批量、多品种的市场需求，并且空返率较高，维修保养成本高也成为制约机冷车发展的重要因素。

同时，铁路冷藏集装箱也存在诸多问题，首先冷藏箱在途持续制冷时间不足，目前冷藏箱在途可持续制冷时间为 10 天，而实际的鲜活易腐货物运输多为长距离运输，一些长距离运输的在途时间远超过 10 天；办理站内作业流程有待细化，与通用集装箱相比，冷藏箱装有操作较为复杂的发电机和制冷机组，且所用柴油为易燃液体，在站内技术作业较通用集装箱有很大不同，冷藏箱无随车乘务员负责对设备沿途监控；鲜活易腐货物运输规章尚无关于冷藏箱的规定；冷藏集装箱数量不足，目前仅有 100 个，远远不能满足社会运输需要。

3. 尚不能实现"门到门"运输

冷藏货物由于其特殊性，经常性的装卸搬运会影响货物质量。而在没有铁路专用线的地区，铁路机械冷藏车不能做到"门到门"运输，这也就导致了换装次数较多，给货物质量和运输成本都带来了一定的影响。

五、大陆水路冷链运输发展概况

水路冷链运输是指利用专用船舶、集装箱等运输工具或运输设备，在货物运输全过程中，无论是装卸搬运、变更运输方式、更换包装设备等环节，都使所运输货物始终保持一定温度的运输。

水路冷链运输与其他几种冷链运输方式相比，具有运量大、成本低、效率高、能耗少、投资省的优点。但同时存在运输速度慢、运输环节多、自然条件影响大、机动灵活性差等缺点。

（一）水路冷链运输的发展

大陆海上冷藏运输最早出现在 1958 年，由于海上运输时间长，需要为船员储备一定的食物，特别是一些蔬菜、水果、肉制品等都需要进行冷藏。而船舶制冷技术的推广应用与发展是从 1967 年开始的，当时大陆几家造船厂开始建造万吨级海洋客货轮，这些船均采用国产制冷、空调设备，以保证船员舱室空调和船员伙食冷库的制冷。成功使用国产船用制冷、空调设备，有力促进了大陆船用制冷技术的应用和发展，也为大陆海上和内河冷藏运输奠定了技术基础。目前常规的冷藏货物运输舱已大部分被冷藏集装箱取代。冷藏集装箱一律采用机械制冷，隔热保温要求严格，能在一定的时间适度地保护预冷货物而不用制冷。

但对任何长时间暴露在大气温度下的集装箱则设有快接式制冷机组，由内燃机驱动，或采用液氮制冷。在等待装货时，可由固定的制冷装置提供冷风，使之在箱内循环，这种供冷方式可由一台或几台机械制冷机组完成，也可向空气循环系统不断注入少量液氮，还可以一次注入液体二氧化碳或液氮。

中远集装箱运输有限公司（以下简称"中远集运"）作为专门从事海上集装箱运输的大型核心企业，是较早开辟冷藏船市场的公司之一。在中日间开通的绿色快航Ⅰ线和Ⅱ线，以冷藏冷冻类货物为主，以特色的高品质服务为优势，航速和冷藏运输能力都堪称一流，被日本媒体评价为"强有力地支持了日中鲜货贸易"，影响广泛而深远。

冷链运输的关键是准确和快捷，自 1999 年 5 月开始，中远集运在中日航线上先后投入了 5 艘快速、高效的新船，在大陆以青岛、连云港、上海为起运港，实行梯次挂靠，在日本则以"关东—中部圈—关西—九州圈"为圆心，施行循环往复式航行。每艘船最多可载标准集装箱 564 个，配备了 222 个冷箱插座，航速为每小时 17.5 海里。

（二）水路冷链运输设备

目前水路冷链运输主要设备是冷藏船和冷藏集装箱。

1. 冷藏船

冷藏船是使鱼、肉、水果、蔬菜等易腐食品处于冻结状态或某种低温条件下进行载运的专用运输船舶。因受货运批量限制，冷藏船吨位不大，通常为数百吨到数千吨。

冷藏船的货舱为冷藏舱，常隔成若干个舱室。每个舱室是一个独立的封闭的装货空间。舱壁、舱门均为气密，并覆盖有泡沫塑料、铝板聚合物等隔热材料，使相邻舱室互不导热，以满足不同货种对温度的不同要求。冷藏舱的上下层甲板之间或甲板和舱底之间的高度较其他货船的小，以防货物堆积过高而压坏下层货物。

冷藏船上有制冷装置，包括制冷机组和各种有关管系。制冷机组一般由制冷压缩机、驱动电动机和冷凝器组成。如果采用二级制冷剂，还包括盐水冷却器。制冷机组安装在专门的舱室内，要求在船舶发生纵倾、横倾、摇摆、震动时和在高温高湿条件下仍能正常工作。制冷剂常用的有氨、二氯二氟甲烷、一氯二氟甲烷、一氯二氟甲烷和一氯亚氟乙烷的混合物。二级制冷剂一般为盐水。三级制冷剂即是风扇供给的空气。

2. 冷藏集装箱

冷藏集装箱是专为运输要求保持一定温度的冷冻货物或低温货物而设计的集装箱。它分为带有冷冻机的内藏式机械冷藏集装箱和没有冷冻机的外置式机械冷藏集装箱。适用装载肉类、水果等货物。冷藏集装箱造价较高，营运费用较高，使用中应注意冷冻装置的技术状态及箱内货物所需的温度。

（三）水路冷链运输的组织方式

水路冷链运输市场主要有两种运输模式：一种是传统的冷藏船运输，另一种是冷藏集装箱船运输。相比之下，冷藏集装箱船以其周转快，可以达到"门对门"，小批量冷藏货物运输等优点，抢占了大部分港口到港口间的货物运输。而传统的冷藏船基本上是配合远洋捕捞作业的运输，兼作捕捞船的补给船舶。作为远洋渔业捕捞的坚实后盾，传统的冷藏船比冷藏集装箱具有不可替代的优势。

1. 冷藏集装箱船运输

现在水路冷链运输中冷藏集装箱与散装专业化冷藏船运输竞争较为激烈。但随着集装箱运输的发展，操作灵活、运输便利、管理到位、坚固耐用、包容性能强，得到港口码头、公路、水路和铁路等多式联运模式密切配合支持的冷藏集装箱已经占到上风。全世界船厂基本上停止设计建造专业化冷藏船，凡是达到船龄极限的专业化冷藏船大多被送到拆船厂，代之而起的是越来越多的冷藏集装箱运输。全球现运营中的全部集装箱船舶有 3500 艘，可以提供 765000 套冷藏集装箱位插座。

随着现代化集装箱码头在世界各地的新建和集装箱码头基础设施和设备的不断革新完善，"门到门"的冷藏集装箱运输为食品冷链运营提供了广阔的发展空间。因为满载食品、水果或者果汁的冷藏集装箱可以直接从农场、果园或者加工厂开到超级市场仓库或者配送中心，而拥有自足或者辅助电力供应系统的冷藏集装箱本身也是冷藏食品的临时仓库，在远洋货轮、火车、驳船或者卡车上远途运输，尤其是现代化集装箱船可以把大批水果冷藏箱从拉丁美洲长途跋涉地运到远东、中东、北美和欧洲等地区。

2. 专业化冷藏船运输

专业化冷藏船的冷链优势不如冷藏集装箱。例如，一艘普通的冷藏船可以载运 4000~4500 托盘的新鲜水果，但是抵达港口码头后，在冷藏舱内的托盘上的水果必须在常温下进行装卸，难免发生损耗，而从船上直接卸下的冷藏集装箱可以让卡车、火车、驳船转运到超级市场，确保冷藏温度不变的集装箱内的水果和其他冷链食品没有机会接触外部空气，冷藏集装箱的食品冷链质量保证优势显然凌驾于冷藏船。

虽然近年来传统冷藏船运输发展势头较慢，但传统冷藏船也有集装箱运输不可超越的优势。传统冷藏船能在较短期内运输大批量货物，例如持续 2~3 个月的水果运输。在货物运输质量方面，没有其他船能替代专业的冷藏船，它有不可比拟的运输快捷、灵活性等优点。一些大的集装箱船经营者在可小量包装的适箱货领域扩大其市场份额，而像香蕉这样大批处理的货物仍由传统冷藏船来运输。

第六章 大陆冷链物流技术、标准应用水平及体制改革环境

一、冷链物流技术应用现状

大陆冷链物流行业始于早期的进出口贸易，多用于跨国、跨地区的长距离运输过程，应用领域有限，当时的经济和技术环境也较为恶劣。时至今日，冷链物流已逐渐发展成为影响国计民生的一个重要行业，是现代物流的重要组成部分，冷链物流技术与设备发展环境正逐步得到改善。

（一）冷库建设

冷库按结构类型可以分为土建冷库和装配式冷库。前者的主体和墙面都采用钢筋混凝土堆砌而成，而后者的墙面采用隔热板材拼装而成。如果按冷库大小来分又可以分为大型冷库（容量 10000 吨以上）、中型冷库（1000~10000 吨）和小型冷库（1000 吨以下）。

冷库建设要解决的主要问题是由于内外温差而引起的冷桥问题以及降温后引起的汽桥问题，加入隔热夹芯板可以很好地解决这些问题。早期的冷库隔热板材主要采用软木、珍珠岩等天然材料，20 世纪 80 年代后聚氨酯材料和聚苯乙烯材料得到迅速推广，目前仍然是冷库墙体的主流材料。

大陆专业建造冷库的厂家很多，冷库建设技术也很成熟。如开封空分集团制冷工程公司已经可以建造几万立方米的大型室外冷库，其他如大连制冷设备厂、天津森罗科技发展有限公司等，也都有较为成熟的技术。

（二）冷库制冷设备

制冷设备是冷库的心脏。制冷设备的主体是制冷机，按制冷剂不同可以分为氨机和氟机。制冷机和冷凝器等设备组合在一起常称作制冷机组，制冷机组又分为水冷机组和风冷机组，风冷机组具有简单、紧凑、易安装、操作方便等特点，是目前较为常见的制冷机组类型。

冷库制冷设备通常归类于空调/制冷设备制造行业。大陆的空调/制冷设备行业在 20 世纪末开始迅速发展，工业总产值从 2000 年的 180 亿元增加到 2007 年的 1080 亿元，产品产销率连续多年保持在 96% 以上，规模以上企业已经达到 800 多家，是 2000 年的 4 倍。行业内较为知名的企业如大连冰山、烟台冰轮、深圳大冷王、上海开利等，多分布在山东、广东、江苏一带。

（三）冷藏车行业发展状况

冷藏车泛指运输易腐货物的专业汽车，是公路冷藏运输的主要工具，主要用于农副产品和食品饮料的运输。根据《汽车工业年鉴》统计，2007 年大陆共有冷藏车 3069 辆，其中中型冷藏车和轻型冷藏车占总冷藏车数量的 80%。大陆专业生产冷藏车的厂家不多，只有 20 多家，市场集中度较高。其中河南冰熊、山东中集和郑州红宇三家企业产量占据整个市场份额的 60%。

（四）冷链物流信息系统

目前大陆常见的物流信息系统主要有仓储管理系统（Warehouse Management System，WMS）、全球定位系统和无线射频识别技术。大陆仓储管理系统软件主流品牌多来自于国外，使用方多为跨国公司或大陆少数先进企业；国产品牌则占据中低端市场，代表品牌如唯智、上海超算、今天国际等。

GPS 技术进入大陆的时间不长，2003 年仅宇达电通 1 家，但是到 2010 年生产企业数量就达到 300 多家，2006~2008 年销量年均增长率超过 50%。

RFID 技术是冷链物流信息技术发展的趋势之一。利用 RFID 技术，可以将温度变化记录在 RFID 标签上，以此来对产品的生鲜度、品质进行实时管理。目前大陆已经形成较为完善的 RFID 产业链，并成为世界上最大的高频 RFID 标签生产国之一，2008 年整个产业市场规模达到 65.8 亿元，代表品牌有易腾迈、优频科技、欧姆龙等。

冷链物流在工业生产、民众生活中出现的频率也越来越多。与冷链物流相关的技术和设备包括冷库建设技术、制冷设备、冷藏车和信息系统平台等，目前已经形成较为完整的产业链。

（五）GPS 技术应用

1. 概述

GPS 实时性、全天候、连续、快速、高精度的特点运用到物流运输行业能给其带来一场实质性的转变，并将在物流业的发展中发挥越来越重要的作用。可随时查询运输货物车辆的位置，不但加强了车辆的监控，而且能避免绕行，选择最优路径，减少车辆损耗和运输时间，降低运输成本从而取得明显经济效益。GPS 技术在冷链物流中的应用大大提高了运输的质量和有效地保证运输时间，从而确保了冷链产品的质量和及时到达。一种基于 GPS 技术应用于冷链物流运输过程的控机模式，给出了整个物流信息系统的架构。该信息系统将先进的 EFID 和 GPS 技术有机地整合在了一起，对运输操作实行全方位监控和管理，既提高了运输中信息的精度，又实现了运输管理的实时自动化。

从大陆冷冻冷藏经营产业链条的现状来看，从终端的消费信息采集、分析、加工，到形成生鲜食品开发及引导，再到新产品运销到市场，整个流程的信息不畅，反应迟钝。冷链食品的服务网络和信息技术应用都不够完善，大大影响了食品物流的在途质量、准确性和及时性，冷链的成本和商品损耗很高。所以应该利用先进的信息技术及时了解食品的生产、加工、存储信息；掌握供应链中冷冻冷藏产品的数量、位置及温度如安装"全球卫星定位系统"，进行及时提货和补货，同时也要对冷藏车的运输进行全面动态监控，从而提高冷链物流的作业效率与管理水平。

由于 GPS 实时性、全天候、连续、快速、高精度的特点，如果将之运用到物流运输行业能给其带来一场实质性的转变，能够大大提高运输的质量和有效地保证运输时间，从而确保了冷链产品的质量和及时到达。

2. 冷链物流 GPS 技术的可行性

（1）技术可行性。GPRS 技术采用了分组交换技术，每个用户可同时占有多个无线信道，同一无线信道又可以由多个用户共享，从而资源被有效地利用。

GPRS 技术以其 160Kbps 的极速实现分组发送和接收，用户永远在线且按流量、时间计费，迅速降低了服务成本。因此，冷链物流应用 GPRS 技术完成信息的实时传递是可行的。

（2）经济可行性。GPRS 服务虽然保持一直在线，但不必担心费用问题，因为只有产生通信流量时才计费。目前 GPRS 可支持 53.6Kbps 的峰值传输速率，理论峰值传输可达 100 余 Kbps。现阶段，GPRS 技术可以每 5 秒钟对车辆进行一次信息采集，一个月的费用才 5 元，这个费用与 GPRS 技术所带来的利润相比，是能被广泛接受的。

（3）管理可行性。现阶段，冷链物流业市场越来越规范，从业人员的素质也越来越高，对冷链物流管理理论也越来越了解。随着 GPS 技术和 RFID、GPRS、GIS 技术广泛认可和应用，对其管理也越来越规范。

3. 冷链物流 GPS 技术的应用

由于冷链产品必须低温存储和运输，如果在运输中一旦发生车辆抛锚、冷冻系统瘫痪等事故，会大大影响冷链产品的质量，因此将 GPS 定位技术应用到冷链物流中，通过网络实现资源共享，对货物运输过程中车辆的运行路线、车货的实时运行位置、人员的安全情况、车辆的运行情况以及车厢内的温度进行监控，实时准确地掌握，便于车辆的指挥调度，一旦发生突发事故，迅速做出决策。

将 GPS 技术应用在冷链物流运输环节中，主要包括：

（1）车辆跟踪。通过 GPS 技术能实现对选定车辆进行实时跟踪显示，并以 GIS 地理信息系统来表现定位的结果，直观反映车辆位置、道路情况、离最近冷库的距离、车辆运行线路的距离数。

（2）运行监控。可实现多窗口、多屏幕同时监控多车辆运行，能准确报告车辆位置（包括地点，时间）及运行状况（包括发动机、温度、速度），能对指定时间内车辆行驶里程、超速等运行信息分析统计，了解货物在途中是否安全，是否能快速有效到达，以及提供路线分析、路线优化、记录车辆的历史轨迹以供运行评估，进行指挥调度。当车辆发生事故时，可将事故车辆的位置和状况等信息及时准确地报告给监控中心，迅速做出决策，使事故损失减少到最低。

（3）信息查询。可实时地从 GIS 地理系统上直观了解运输车辆所处的地理位置，还可查询行车的路线、时间、里程等信息。系统可自动将车辆发送的数据与预设的数据进行比较，对发生较大偏差的进行报告，显示屏能立即显示报警目标，规划出最优援助方案，避免危及人、车、货安全的情况发生。

（4）指挥调度。监控中心可结合车辆的运行状况，对系统内的所有车辆进行动态调度管理，通过实施车辆调度，可提高车辆的实载率，能有效减少车辆的空驶率，降低运输成本，提高运输效率。

（5）路线规划。根据货物的种类、运送地、运输时间的不同，利用 GPS 技术，可以设计最佳行驶路线，包括最快的路线、最简单的路线、通过高速公路路段次数最少的路线等。路线规划好之后，利用 GPS 的三维导航功能，通过显示器显示设计路线以及车辆运行路线和运行方法。GPS 定位系统，解决了信息沟通不畅而导致的车辆空驶严重、货物运输安全无保障、车辆资质可靠性差、车辆调度难等突出问题，通过信息化手段最大限度地整合了现有资源，使企业获得良好的经济效益。

4. 基于 GPS 技术的冷链运输信息系统架构设计

（1）通过 WebService 应用平台可以实现信息的对外快速发布。WebService 可以执行从简单的请求到复杂商务处理的任何功能，一旦部署以后，其他应用程序可以发现并调用它部署的服务。因此，WebService 是构造开发的分布式系统的基础模块。WebService 提供了一种新的面向服务的构造方法，重组可用的网络服务，即应用实时集成。在这种条件下，应用的设计只是描述网络服务功能和如何将这些服务协调组合。应用的执行只是将协作请求转化成发现、定位其他能够提供需要的服务的协作者，并将调用消息返回以供调用。

（2）系统集成平台冷链物流信息系统由数据库服务器、GPRS 传输服务器、GPS 通信服务器、Web 服务器、GPS/GIS 监控台、REID 温度控制监控台、调度中心、决策中心等部分构成。系统具有整合多种通信平台能力，使监控、管理、调度、报警和定位信息能方便地在监控网络内共享。传输服务器负责实时传输多种通信平台的数据，为各监控座席提供数据交换服务，并且协调各监控台的登录、注销和交互。通信服务器可支持多达 255 个监控座席或分中心，支持客户监控终端通过 Internet、DDN、ISDN 或普通电话线访问监控中心。监控中心是整个冷链运输监控系统的重要组成部分。监控中心的配置包括各类功能服务器（静态与动态数据服务器、电子地图服务器、web 服务器等）、中心数据处理主机、监控中心大屏幕、应用终端和软件、报警装置和数据库等。该系统利用 GPS 的定位技术、RFID 的信息识别与发送技术、GPRS 的移动通信技术并结合电子信息系统，实现对在途运输过程中的冷链产品和车辆进行动态监控、调度管理、应急处理和报警求救等功能。车辆运输监控系统是整个冷链物流信息系统的核心技术，是集全球卫星定位系统、移动通信技术、地理信息系统和计算机网络技术为一体的综合性高科技应用系统。它的主要技术就是利用 GPS 的定位数据，通过移动通信技术，利用 GIS 技术动态显示并进行实时监控。能够对运输车辆和车上的货物实现实时、动态的监控、跟踪、调度、实时温度状态管理等功能。它使用 GPS 系统来确定车的位置；利用移动通信技术，监控中心能够确定车辆和货物的状态、位置信息，并通过 GIS 地图监控系统显示车辆的准确位置或回放车辆行驶的路线轨迹。

（3）数据结构设计。数据结构设计主要包括两部分：RFID 数据设计和数据库设计。对于 RFID 标签中存储的是货物相关信息；数据库中存储的是在运输货物时相关的信息。RFID 标签存储的数据包括货运编号、货主姓名、货主身份证号码、货物位置、货物类型、货物目的地、卖方货主姓名、卖方货主身份证号码、卖方货主地址、到达目的地的时间限制、提货人的名称、提货人身份证号码、货物规格（重量和体积）、货物存储温度、货物保质期、所在仓库、入库时间、出库时间、入库/出库承办人、货物所属货运单。数据库包括车辆车牌、车型号、车辆颜色、运输车辆数量、运输车辆发车时间、运输车辆装货时间、到达目的地时间、车辆费用信息（路桥、装卸、车险、养路费等）、车辆维修信息（维修计划、车辆事故等）、司机信息（姓名、生日、考驾照时间、住址、联系电话等）、车辆位置信息数据库（位置编号、位置经度、位置纬度、位置时间等）、仓库数据库（仓库编号、仓库位置、仓库体积等）。

（4）基于 GPS 技术的冷链物流信息系统架构。服务网络和信息技术不够健全，将会大大影响食品物流的在途质量、准确性和及时性，同时食品冷链的成本和商品损耗很高。因此，通过信息技术建立冷链物流温度监控系统，对各种货物进行跟踪、对冷藏车的使用进行动态监控，同时将全部的需求信息和遍布各地区的连锁经营网络联结起来，确保物流信息快速、可靠地传递和精确控制温度。

（六）制冷技术应用

制冷技术的重要应用部门之一就是食品工业。制冷在食品储藏中起着决定作用。制冷机的发明和应用，促进了食品工业的发展，以冷冻干燥技术在食品工业中的应用为例。[①]

1. 冷冻干燥食品的概念

干燥是保持物质不致腐败变质的方法之一。冷冻干燥（Freeze Dry）是一种新型干燥技术，即在低温条件下，对湿物料冻结，再在较高温度下加热，使固态冰升华，脱去物料中的水分，全称为真空冷冻干燥技术，简称冻干技术。采用冻干技术获得的食品就叫冻干食品，也叫 FD 食品。

2. 冷冻干燥食品的特点

（1）冷冻干燥在低温下进行，特别适用于热敏性食品，使其不致变性或失活。特殊风味食品中风味物质损失小，能最大限度地保存食品的色香味。

（2）冷冻干燥不改变食品的物理结构，化学变化也很小，干燥后疏松多孔，体积几乎不变。

（3）复水快，食用方便。干燥后的物质疏松多孔呈海绵状，加水溶解迅速而完全，几乎立即恢复原来的形状。

（4）干燥过程真空度高，易氧化物质得到保护。

（5）冻干食品重量轻、体积小，易于储存和运输。各种冻干蔬菜压块后包装，体积缩小几十倍，重量减轻十几倍，包装、仓储、运输成本大大降低。

3. 一般冻干食品工艺流程

（1）预处理。不同的物料在预冻和冷冻干燥前要有必要的预处理，以使之便于加工。水果蔬菜类的物料需要拣选检测、清洗、去皮去核、切割、热漂烫和冷却处理。肉和水产品物料需要检测筛选、冷却排酸熟化、切片（可在预冻步骤之后）处理，熟食产品（鱼香肉丝等中式菜品）需在烹调后按标准挑取和混均，取样测出水分含量以便确定冷冻干燥技术参数。蛋白和乳制品需要加入蛋白质冻干制品保护剂，如甘油、山梨醇、双糖、氨基酸、聚乙二醇、重组蛋白等，以避免冻干过程中冻结应力、干燥应力、低温应力等导致的蛋白质不稳定化。

（2）产品预冻。产品用适宜的容器分装，预先冻结至共晶点以下，才能进入冷冻干燥。预冻的目的是保护物料的主要性能不变，生产的冻干制品有合理的结构以有利于水分升华。冻干的物料需配置成 10%~15%溶液，采用散装或瓶装方

---

① 中国机械工程商会. 包装与食品机械.

式分装。预冻可以直接在冻干箱内进行，也可在箱外进行，必要时用旋冻方法或离心预冻法缩短预冻时间。

（3）产品第一阶段干燥。在产品的冻结冰消失前的升华过程为第一阶段干燥，即升华干燥。此时注意提供适宜速率的热通量，保证升华的进行而又不致达到共熔点以上，温度过低升华时间太长，温度高于共熔点将发生产品体积缩小、出现气泡溶解困难等不良现象。同时，为排除升华产生的大量水蒸气，需用相当的冷凝器捕获水蒸气凝结后排出，以保持系统内的真空度。一般冷凝器-40℃以下的低温，可以保证1Pa气压。

（4）产品第二阶段干燥。不含冻结冰的产品尚含有10%的水分，为使产品达到预定的残余含水量，必须对其进一步干燥，称之为解析干燥。此阶段可使产品温度迅速上升至该产品允许最高温度，（一般是25℃~40℃），以利于降低残余水量并减少解析干燥的时间。

（5）冻干食品的后处理。干燥结束后，对食品进行一个调节过程：解除真空环境之前，需要稳定一段时间，使食品中剩余水分和温度完全均匀。为抑制微生物在消除真空环境后继续滋生，应该用干燥、清洁无菌的N2消除真空，出箱时放入的应是无菌干燥空气。干燥后的产品应迅速分装保存或暂时保存到干燥柜中，尽快包装贴标，检测合格后即成正式产品。

二、冷链物流标准化分类

随着消费者对生鲜食品鲜度与安全性关注程度的日益提高，冷链物流标准体系建设成为冷链物流发展过程中十分重要的一项任务。冷链物流具有对象产品特殊、设备专用性强、运作流程协调性高、运行成本高等特点，这就要求在冷链物流标准体系建设过程中，充分考虑冷链物流系统的复杂性，积极调动政府职能部门、行业协会、企业等社会各方面力量，努力提高标准间的衔接性，增强标准的实用性与可操作性，加大标准实施与监督力度，注重标准的前瞻性，适当引进国际先进标准，逐步构建科学的冷链物流标准体系（冷链物流标准汇编见附件6）。

（一）冷链物流基础标准

冷链物流基础标准主要包括低温作业分级（GB/T 14440–1993）、制冷术语（GB/T 18517–2001）、制冷设备术语（JB/T 7249–1994）等，主要对冷链相关的术语进行了明确定义。

（二）冷链物流设施设备标准

冷链物流设施设备标准包括冷库标准、冷冻冷藏设备标准两方面，其中冷库标准有冷库设计规范、食品冷库 HACCP 应用规范、冷藏库建筑工程施工及验收规范（附条文说明）、气调冷藏库设计规范、室外装配冷库设计规范、组合冷库、冷藏库舱口盖等；冷冻冷藏设备标准有散装乳冷藏罐、低温保存箱、冷藏陈列柜术语、冷藏陈列柜分类、要求和试验条件、冷藏陈列柜试验评定、血液冷藏箱、药品冷藏箱、兽医运输冷藏箱（包）、低温液体汽车罐车、低温液体罐式集装箱、食品冷柜、冷藏保温厢式挂车通用技术条件、保温车、冷藏车技术条件及试验方法、加冰冷藏车通用技术条件、进出口食品冷藏、冷冻集装箱卫生规范。

（三）冷链物流技术、作业与管理标准

冷链物流技术、作业与管理标准包括通用类、水产品、肉类、果蔬类与其他标准。

其中，通用类标准适用于各种产品，主要包括易腐食品控温运输技术要求，冷藏食品物流包装、标志、运输和储存，冷冻食品物流包装、标志、运输和储存，冷冻食品物流包装、标志、运输和储存，低温液体贮运设备使用安全规则，初级生鲜食品配送良好操作规范；水产品类标准包括水产品保鲜储运设备安全技术条件，水产品低温冷藏设备和低温运输设备技术条件，冻鱼贮藏操作技术规程，水产品流通管理技术规范（广东）；肉类标准包括鲜、冻片猪肉，鲜、冻禽产品，分割鲜、冻猪瘦肉，鲜、冻四分体牛肉，鲜、冻胴体羊肉，鲜、冻分割牛肉，鲜、冻兔肉，鲜、冻肉运输条件，肉与肉制品物流规范，冷却猪肉加工技术要求，鲜、冻肉生产良好操作规范，国家储备冻肉储存冷库资质条件；果蔬类标准包括水果和蔬菜冷库中物理条件定义和测量，水果和蔬菜气调贮藏技术规范，新鲜蔬菜贮藏与运输准则，热带水果和蔬菜包装与运输操作规程，水果和蔬菜气

调贮藏原则与技术，苹果冷藏技术，鲜食葡萄冷藏技术，杏冷藏技术，梨冷藏技术，桃冷藏技术，荔枝冰温贮藏，龙眼、荔枝产后贮运保鲜技术规程，甜樱桃贮藏保鲜技术规程，砂糖桔贮运保鲜技术规程，柑橘留树保鲜技术规程，鲜杏贮藏保鲜技术规程，石榴贮藏保鲜技术规程，芒果贮藏导则，梨贮运技术规范，猕猴桃贮藏技术规程，蒜苔简易气调冷藏技术，芦笋贮藏指南，黄瓜贮藏和冷藏运输，花椰菜冷藏和冷藏运输指南，叶用莴苣（生菜）预冷与冷藏运输技术，番茄冷藏和冷藏运输指南，豆类蔬菜贮藏保鲜技术规程，茄果类蔬菜贮藏保鲜技术规程，松口蘑采收及保鲜技术规程，板栗贮藏保鲜技术规程，黄毛笋在地保鲜技术，姜贮运保鲜技术规程，蚕豆青荚保鲜技术规程，芦笋贮藏指南，辣根贮藏技术，洋葱贮藏技术，浆果贮运技术条件，黄瓜流通规范，青椒流通规范，番茄流通规范，豇豆流通规范，冬瓜流通规范，鲜食马铃薯流通规范等；其他类标准有桑蚕代杂交种冷藏技术规程，感光胶片的包装标志、贮存及运输规范。

三、大陆冷链物流发展政策环境

随着城市化进程的加快、农村改革的深化、现代化社会的进步，人们对生鲜与易腐食品的需求日益提高，如何做好农产品、食品等行业安全的"保护神"，冷链物流成为事关社会安全和人民生活品质的产业。但冷链物流市场又不同于其他的商业领域，冷链管理的好坏并不能直接和快速地反映到商品的质量上，具有隐秘性和滞后性，所以消费者的反映不能通过市场直接反馈给冷链物流的经营者，在这个过程中如何保证冷链食品的每个环节都达标。如何规范冷链行业的发展等，越来越多的问题需要统一的规范和引导。冷链物流市场是由消费者、企业和政府共同参与和作用的领域，在这种环境下，制定适应大陆冷链物流要求的相应政策，就成为推动冷链物流快速健康发展的主要力量。

（一）冷链物流发展政策环境

在政府推动、行业协会组织、企业参与下，困扰大陆物流业发展的基础性工作取得突破：一是物流标准化工作全面启动，制定了《物流标准发展规划》，提出了急需制订、修订的 300 多项物流标准，形成了《物流标准体系表》，部分国家标准和行业标准的制订、修订工作已经开始，《物流企业分类与评估指标》将作为国家标准开始实施。二是物流统计工作已形成制度。有关部门联合制定了建立社会物流统计制度的试行办法。三是物流科技受到重视。国家首次把"物流服务"列入"全国中长期科技发展规划"。四是物流教育培训发展很快，物流人才严重短缺的局面有所缓解。

从 2004 年开始，"中央 1 号文件"和大陆多部委都对农副产品物流和食品安全给予了关注。例如 2013 年《关于进一步加强农村工作，提高农业综合生产能力若干政策的意见》提出：加快建设以冷藏和低温仓储运输为主的农产品冷链系统，对农产品仓储设施建设用地按工业用地对待；2005 年，贯穿全国 31 个省、自治区、直辖市的低成本鲜活农产品运输网络——"绿色通道"建成；2006 年，国家发改委、科技部、农业部联合发布的《全国食品工业"十一五"发展纲要》提出"大力发展冷却肉、分割肉和熟肉制品，扩大低温肉制品、功能性肉制品的生产，积极推进中式肉制品工业化生产步伐，在现代物流技术方面，重点攻克数字化和信息化处理技术、数字化存储与智能配送技术、智能分级技术、快速预冷技术与冷链技术、综合保鲜技术等"；2007 年"中央 1 号文件"明确要求，切实落实鲜活农产品运输绿色通道政策，积极发展以鲜活农产品冷藏和低温仓储、运输为主的冷链物流系统。

在 2011 年底召开的中外物流企业国际合作高峰论坛上，物流信息化及标准化成为论坛的重要议题，包括冷链物流标准建设在内的物流标准化问题得到了业内人士的关注。全国物流标准化技术委员会制定的《冷冻食品物流包装标志运输和存储标准》和《冷藏食品物流包装标志运输和存储标准》发布后，大陆冷链物流标准的建设开始步入正轨。

2009 年，大陆冷链物流行业面临难得的历史契机，一是经国务院批准，物流行业被列入了国家调整振兴十大产业；二是 6 月 1 日实施的《食品安全法》是推动冷链物流行业发展强有力的政策和支持市场推动力。

（二）冷链产业发展亟待解决的问题

随着大陆冷藏商品行业的蓬勃发展，有关部门大力推动，物流标准化、统计信息、物流科技、人才培养等基础工作取得突破，行业形态开始显现。冷链物流是典型的现代物流业，大陆起步较晚，与发达国家相比差距还十分明显。

1. 大陆冷链基础设施薄弱，缺乏资金支持

由于大陆的冷链基础设施薄弱，并且缺乏足够的资金支持，要满足飞速增长的需求可谓步履维艰。首先是冷链产业的市场化程度很低，第三方介入很少。大陆易腐食品除了外贸出口的部分外，大陆销售部分的物流配送业务多由生产商和经销商完成，尽管一些大的国有企业拥有自己的冷藏物流公司，但也仅仅停留于运输功能，因为没有一体化的物流管理系统，因此运营成本都比较高。各地虽有一定数量的冷库和冷藏运输车队，但大多数是中小企业，服务功能单一，规模不大，服务范围小，跨区域服务网络没有形成，无法提供市场需求的全程综合物流服务，大陆第三方物流企业能提供的综合性全程服务，还不能满足总体需求。其次是冷链产业的硬件设施建设不足。原有设施设备陈旧，发展和分布不均衡，无法为冷藏商品流通系统地提供低温保障。特别是大陆的铁路冷藏运输，缺乏规范保温式的保鲜冷冻冷藏运输车厢，冷藏商品运量仅占总货物运量的1%。在公路运输中，冷藏商品的冷冻冷藏运输只占运输总量的20%，其余80%的禽肉、水产品、水果、蔬菜大多是用普通卡车运输。冷藏物流具有很大的发展潜力，但贷款难，资金缺口导致冷链企业缺乏固定资源，无力拓展新的业务，无法达到冷链物流运作的规模效应，这也是大陆冷链物流发展"热"不起来的原因。

2. 缺乏流通管理方面国家或行业专项标准

由于没有国家或行业的专项标准，流通管理模式远远没有跟上，目前冷链物流还处于散乱的、无法可依或有法不依的相对较弱的状态。现在流通的范围加大、渠道增多、链条变长，而生产环节和销售环节因为受经营地点、卫生许可等审批、认证和检查环节限制，控制得相对较好。大陆冷链食品的流通环节没有国家或行业的专项标准，只有一些大型食品生产加工企业自己制定了一些标准，一切只靠企业的责任意识、自觉性来自我规范，监管空白。而在冷藏商品流通环节，大陆的冷链系统还只是一个早期的冷冻设备市场，已有的冷链技术在很多商品种类上还不能完全应用，缺乏冷藏设备、专业知识及冷冻货车不足、现有货车对温度控制技术不济等简陋的操作过程，加上非技术性管理，目前在对温度有特别要求的食品中，只有15%得到了妥善的保存，这个比例与欧美同类产品中达85%的比例形成强烈对比。由此产生两个直接后果，一是冷藏商品特别是初级农

产品的大量损耗，由于运输过程中损耗高，整个物流费用占到易腐物品成本的70%，而按照国际标准，冷藏商品物流成本最高不超过其总成本的50%。二是食品安全方面存在巨大隐患。

整体发展规划的欠缺影响了冷藏商品的资源整合以及行业的推动，使得大陆冷链产业无法形成独立完善的运作体系。对易腐食品来讲，从产地收购，到产品加工、储存、运输、分销和零售，直到消费者手中，中间的每一个环节都必须处于产品所需的低温、卫生和安全环境下，才可以保证食品不受污染、减少损耗。易腐食品的时效性要求冷链各环节必须具有更高的组织协调性。由于大陆农业产业化程度和产供销一体化水平不高，虽然产销量很大，但在初级农产品和易腐食品供应链上，既缺乏食品冷链的综合性专业人才，也缺乏供应链上下游之间的整体规划与协调，因此在一些局部发展中存在严重失衡和无法配套的现象。如在冷库建设中就存在着重视肉类冷库建设，轻视果蔬冷库建设；重视城市经营性冷库建设，轻视产地加工型冷库建设；重视大中型冷库建设，轻视批发零售冷库建设等问题。从整体冷链体系而言，大陆的食品冷链还未形成体系，目前大约90%肉类、80%水产品、大量的牛奶和豆制品基本上还是在没有冷链保证的情况下运销，冷链发展的滞后在相当程度上影响着冷藏商品产业的发展。以上大陆冷链物流的发展现状反映了大陆冷链物流市场发展速度还远没有跟上需求，造成这一现象的原因是多方面的，其中一个重要原因是冷链物流市场缺乏有效的管理手段。冷链物流体系建设与发展尚需政策推动。

有数据显示，近年来，大陆仅食品行业冷链物流的年需求量至少达1亿吨，每年还在以8%~10%以上的速度增长。据专门研究和考察全球冷藏食品供应链市场的一些美国专家估计，目前大陆食品年供应量总额为1500亿美元，到2017年将达到6500亿美元，年均增长率为17%，这无疑需要更强大的冷链物流系统作为支撑。冷链物流的快速健康发展，需要进一步推动。

优惠政策和资金扶持可考虑由财政每年安排一定的专项资金，通过贴息等方式扶持、奖励重点企业，支持的重点内容主要是硬件设施建设、标准的制定与人员培训等。金融机构对重点企业用于流动资金、基地建设和技术改造项目的贷款，在符合贷款条件下予以优先支持，贷款利率浮动幅度也从优。政府建立专项基金，以资助专业性物流公司，并对开发、运用新型物流技术的企业削减个人和企业所得税。

3. 迫切需要政策引导

冷链物流建设的专业化程度、复杂程度以及投资远高于常温物流体系的建设。一些企业虽认识冷链物流的重要性，但许多企业还都较为盲目，不清楚如何建立本企业的冷链物流体系，对本企业冷链物流的需求欠缺分析，较盲目地上马低温物流中心项目，可能会造成大量投资无法实现预期收益的情况。

（1）冷藏物流服务商与龙头企业结成联盟。鼓励冷藏物流服务商与工商企业结成联盟，先期按条块提供冷链运输环节功能服务，输出有针对性改进的物流管理和运作体系；引导冷链物流企业充当知名公司的储运中心和地区供应基地，拓展和提供供应链管理服务，与客户结成紧密的战略合作伙伴，提高经营水平；鼓励企业与农村专业合作经济组织等合作，大力发展农业合作社，特别是特色产品的专业合作社，方便流通企业在田间地头的规模化收购和储运。

（2）实现冷链物流的共同配送。现有的冷藏物流服务商多为小企业，资金、经验以及治理运作水平都有待提高，但是它们在成长的过程中，大多积累了一定的冷藏物流基础设施资源和特定的客户群。有实力的冷藏物流服务商可以充分利用自身的品牌、资金、治理和网络优势，开展多方位的合作，在冷藏物流项目的不同环节上，在双方不断获得经济效益的同时，通过自身能力整合合作伙伴的现有资源，共同壮大，形成独立的第三方冷藏物流服务品牌。

（3）政府监督。通过制定法律法规、国家标准和执法检查监督，规范食品冷链物流业的健康、有序发展。标准全面、完善和推行的过程不完全取决于标准本身，而是取决于监管力度和产业集约化程度这两个要素，这是决定产业能否规范化和标准化的重要外部环境。市场的最终决定者是消费者，唤醒消费者的质量意识是根本的解决办法。但在市场发展不完善、舆论监督体系不到位的情况下，行政就不可或缺。针对当前的冷链环境的国情，一是对大型生产和流通企业实行重点监督管理，防范大宗冷链商品的问题。二是在冷链流通的大节点上实行控制，比如大型冷库、批发市场和中转站。三是对违反冷链运作的企业进行曝光和处罚，以警告其他企业不要效仿。因此政府有关部门需要强化食品的供应链规则的执行和监督，引导企业向正规的冷链物流发展，而不能完全靠公司为了品牌而自律。

（4）冷链物流人才培养政策。目前冷链物流人才十分缺乏，已逐步成为制约大陆冷链物流快速发展的"瓶颈"。因此，国家有关部门和教育机构可采取学历教育、在职培训等形式加强这方面人才的培养。

第三部分　台湾篇

第一章 台湾冷链物流发展现状

台湾地区冷链物流始于 20 世纪 70 年代，在常温货车内配置棉被或聚乙烯，用于蔬果冷冻配送，而现代冷链物流则从 20 世纪 80 年代末 90 年代初开始发展。台湾地区在 80 年代使用少量的压缩主机保温车，90 年代就开始使用冷冻（冷藏）车与标准温度计录器，实现全程冷链控制。

一、台湾地区冷链市场概况

在完成了早期基础设施建设后，台湾地区冷链物流行业致力于冷链物流的延伸服务及经营模式的改进。目前台湾地区有超过 2000 新台币的冷冻冷藏食品销售市场，其中，已经有十余座大型第三方低温物流中心，有 500 余辆低温配送车队，每年有超过 60 亿新台币的冷冻食品配送商机。[①]

现已形成了田间—货车—食品制造商—低温运送车—低温物流中心—低温运送车—餐饮、便利店、超市等的食品冷链体系。以冷冻食品为例，其经历了萌芽期—外销扩张期—内销转旺期—转型期四个阶段。具体如下：

萌芽期。1960~1969 年，早期以外销水产品为主，1965 年起冷冻蔬果陆续打开外销市场。

外销扩张期。1970~1987 年，冷冻调理产品开展外销市场，台湾地区成为日本最大的冷冻食品输入地区。

内销转旺期。1988~1999 年，岛内市场成熟，台湾地区厂商转赴大陆或东南

---

① 《两岸冷链物流体系构建与农产品贸易发展》。

亚国家发展；1997年口蹄疫严重冲击冷冻肉品业。

转型期。2000年至今，冷冻食品朝丰富化发展，寻求外销发展空间，鲜食以及家庭取代餐的兴起提供新的发展机会。

2001~2009年台湾地区冷冻食品产量呈现增长趋势，如图3-1-1、表3-1-1所示。

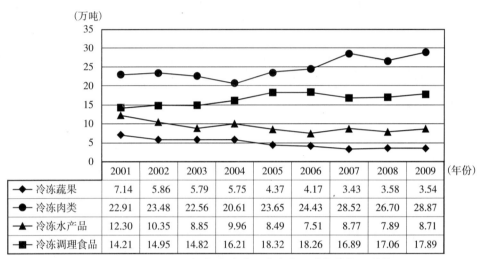

（万吨）	2001	2002	2003	2004	2005	2006	2007	2008	2009
冷冻蔬果	7.14	5.86	5.79	5.75	4.37	4.17	3.43	3.58	3.54
冷冻肉类	22.91	23.48	22.56	20.61	23.65	24.43	28.52	26.70	28.87
冷冻水产品	12.30	10.35	8.85	9.96	8.49	7.51	8.77	7.89	8.71
冷冻调理食品	14.21	14.95	14.82	16.21	18.32	18.26	16.89	17.06	17.89

图3-1-1　2001~2009年台湾地区冷冻食品增长趋势及结构

表3-1-1　台湾地区冷冻食品各品类的增长速度

单位：%

年份 冷冻品类	2005	2006	2007	2008	2009
冷冻蔬果	−24.00	−4.58	−17.75	4.37	−1.12
冷冻肉类	14.75	3.30	16.74	−6.38	8.13
冷冻水产品	−14.76	−11.54	16.78	−10.03	10.39
冷冻调理食品	13.02	−0.33	−7.50	1.01	4.87

2009年，台湾地区冷冻食品主要进口地有美国、加拿大、中国大陆、澳大利亚、新西兰、越南、印度尼西亚、泰国等，主要占比如图3-1-2所示。

其中，冷冻蔬菜进口地主要有中国大陆、越南、印度尼西亚、泰国、瑞典等，中国大陆占比达85%，居冷冻蔬菜进口地区第一位，见图3-1-3。

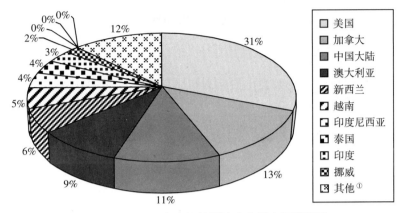

图 3-1-2 2009 年台湾地区冷冻食品主要进口地

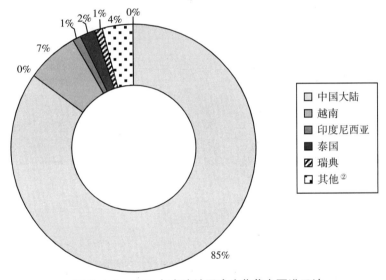

图 3-1-3 2009 年台湾地区冷冻蔬菜主要进口地

　　冷冻果实进口地主要有美国、加拿大、中国大陆、越南等，中国大陆占比达 61%，居冷冻果实进口地区第一位，见图 3-1-4。

　　冷冻水产进口地主要有中国大陆、越南、印度尼西亚、泰国等，中国大陆占比 20%，居冷冻水产进口地区第一位，见图 3-1-5。

---

①② 数额小的地区全部归入"其他"中。

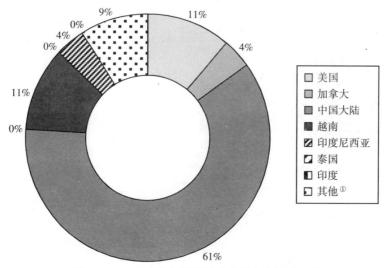

图 3-1-4 2009 年台湾地区冷冻果实主要进口地

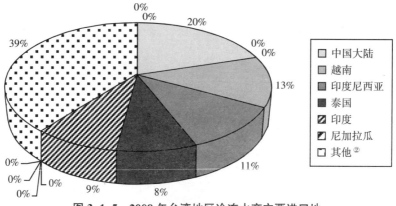

图 3-1-5 2009 年台湾地区冷冻水产主要进口地

冷冻肉类进口地主要有美国、加拿大、澳大利亚、新西兰等，中国大陆的肉类在台湾地区市场几乎为零，见图 3-1-6。

台湾地区冷冻食品重要出口地主要有泰国、日本、韩国、美国、越南、菲律宾、中国大陆、新加坡等，主要占比如图 3-1-7 所示。

台湾地区冷冻蔬菜出口地主要分布在美国和日本，占比高达 97%，其中日本占比达 87%，见图 3-1-8。

———————

①② 数额小的地区全部归入"其他"中。

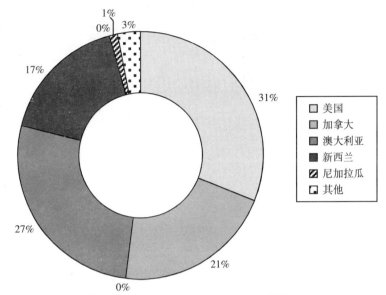

图 3-1-6 2009 年台湾地区冷冻肉类主要进口地

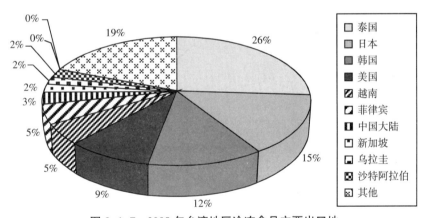

图 3-1-7 2009 年台湾地区冷冻食品主要出口地

　　台湾地区冷冻果实出口地主要为日本和新加坡,占比高达98%,其中日本则占据96%,可见台湾的冷冻食品出口地区较单一,蔬菜和果实主要集中于日本,见图3-1-9。

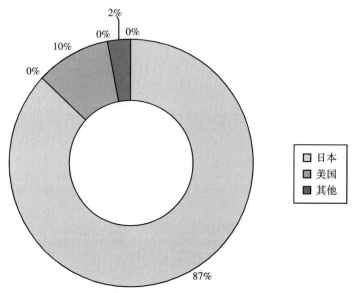

图 3-1-8　2009 年台湾地区冷冻蔬菜主要出口地

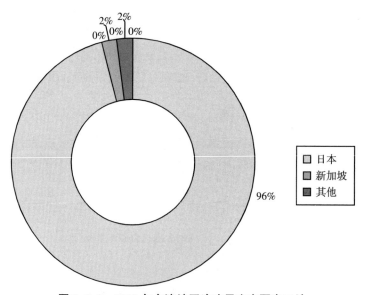

图 3-1-9　2009 年台湾地区冷冻果实主要出口地

台湾地区冷冻水产出口地主要为泰国、日本、韩国和美国等，分布较散，且比例相当，见图 3-1-10。

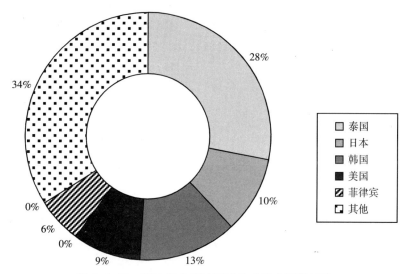

图 3-1-10　2009 年台湾地区冷冻水产主要出口地

　　台湾地区冷冻肉类出口地主要为中国大陆和新加坡等，中国大陆占 80%，说明台湾地区的冷冻肉类在大陆还是比较受青睐的，市场也较广，见图 3-1-11。

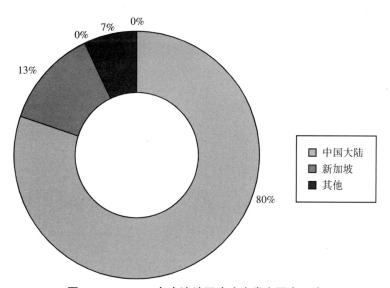

图 3-1-11　2009 年台湾地区冷冻肉类主要出口地

二、台湾地区冷链物流发展特征

台湾地区冷链物流产业具有鲜明的特征，主要表现如下：

（一）冷链产品全程冷控

台湾地区冷链由农渔牧业源头开始，到食材供应商制作食材，再到食品加工业或鲜食厂加工成商品，然后依据买方要求进行配销，运送至渠道的食品流通业，最后至消费者手中，而此过程中所有商品的仓储运输都属于冷链物流业务，由企业的物流部门或物流业者负责，形成了从产地到消费者的全程冷链，如图3-1-12所示。

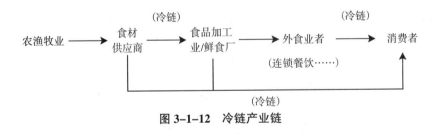

图 3-1-12　冷链产业链

（二）冷链市场业已形成

目前，台湾地区冷链市场的总体概况如下：①市场平稳：低温食品2800亿吨/年，冷链物流500亿吨/年；②低温食品冷链使用率已达80%~90%的全球领先水平；③系统管理与科技应用发展完备，具备小而美的服务经验；④冷链市场规模相当可观，但还没饱和，仍具有拓展空间。

（三）成立了专门的冷链协会（Cold-Chain Center）

台湾地区以SIG交流会议的形式，仿效澳大利亚、美国等先进国家成立了冷链中心，以便推广冷链产业的整合规划。冷链中心由政府倡导，与民间共同出资，官产学研都积极参与。冷链中心除了提供冷链物流服务商参加组织的机会外，还根据冷链品质指标（CCQI）准则，提供专业培训，培育冷链专业人才，推广冷链理念，谋求业界共识和市场整合。

（四）冷链整体推动规划模式

台湾地区冷链发展以物流相关协会为推动的主动力，结合官产学研共同规划与聚集研讨，通过系统的规划来引导、推动冷链产业。物流相关协会的工作主要包括以下几方面：持续跟踪先进国家的发展状况，规划台湾地区冷链业运作标准的建立程序；配合取消私宰政策分析物流对策；推动成立包括运营层面、培育研发层面、服务层面三级的冷链产业服务网；长期雇用专家学者，针对低温供应链各阶段的活动制定符合标准程序的作业规范，制成作业手册或通过网上广泛宣传推广；对低温设施的规划布局与低温环境的控制，建立评价服务咨询诊断机制；对冷链设备，集研发之力，并进行阶段性检测，完成后将开放投资，广为扩散。

（五）冷链业技术整合验证

缺乏主体应用流通与物流关键技术协助验证厂商技术与能力提升，须应用创新作业模式自愿验证厂商品质与商机提升，如图 3-1-13 所示，参考 CCQI 品质指标，并应用企业标杆管理技术建立冷链相关程序及标准，协助企业维持一致的品质水准，运用运输资源共同化技术与相关行动化技术提升物流效率化能力，包括运输调度能力、运输全程控管能力；同时可应用低温物流箱 RFID、HT 等相关

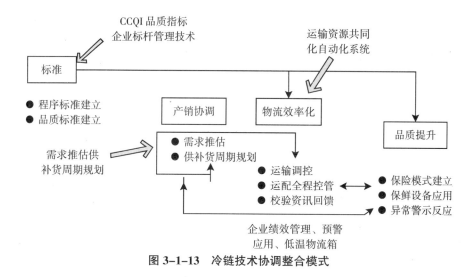

图 3-1-13　冷链技术协调整合模式

设备与预警技术建立保鲜模式，以支持供应链全程品质提升。

三、台湾地区冷链物流发展的成因分析

台湾地区冷链物流兴起的主要原因如下：[①]

（一）都市化及人口集中

台湾地区面积较小，城镇化水平达到 85% 以上，人口相对比较集中，利于物流企业组织分销货物，物流网点较易建设。

（二）食品流通形态变革

传统的食品在进入流通渠道之前，很少加工或者只进行简单的清洁处理。而随着消费者对冷链食品的要求逐渐提高，为了保证全程"不断链"，运营商加大了在田间地头对货物的加工处理力度，标准化、单元化的运营方式使得食品原料更适宜冷链流通。

（三）连锁经销体系促进物流业兴起

随着 7-11、OK 等便利店的兴起，商品配送对产品冷链的要求越来越高。不同于传统大型商超的商品配送，小型便利店对冷链的要求更高。准时、快速响应、高品质的质量保证等要求从侧面促进冷链物流的提高。

（四）低温食品逐渐普及并成为生活必需

随着社会的发展和人民生活水平的提高，对低温食品的需求逐渐旺盛。现成、快速的熟食品与精致、多样化的冷冻食品已受到消费者的青睐。食品制造业为进一步使使用者便利，将食品熟化再冷冻，除不破坏产品结晶外，熟冻食品更成为现代主妇及餐厅的最佳调理食品。低温冷链的产品范围逐渐扩大到初级农产

[①]《台湾物流技术与战略》。

品，包括蔬菜、水果、肉、禽、蛋、水产品、花卉等，以及加工后的食品，如速冻食品、禽肉、水产等包装熟食、冰淇淋和奶制品等。目前，台湾地区低温食品占比已提升至35%。

（五）专业分工供应链趋于整合

传统物流逐渐向供应链发展、制造、消费与物流逐渐分工明确，如统一、7–11、捷盟和统昶。物流从业者不再追求大而全，而是不断细分各个环节，通过整合各个链条的业者，获得最大收益。冷链也是在这个过程中，产生并逐渐发展扩大至成熟稳定。

（六）政府政策及物流协会的推广

台湾当局及台湾物流相关协会为推动冷链物流的发展出台了很多优惠政策和措施。一是参考国际冷链组织的做法引进并推动；二是相关协会提供建议方案，配合政府法人组织落实推动。

（七）科技有效应用

冷链物流与传统物流相比，需要投入的设备更多，技术要求更高。信息、通信、冷冻、辨识等技术的发展与应用为冷链物流的发展提供了坚实的保障。

第二章 台湾地区冷链物流发展优势和发展方向

一、台湾地区冷链物流发展优势

(一) 台湾地区冷链物流发展的优势及特点

1. 台湾地区冷链物流发展以整体上看具有的优势

(1) 台湾地区冷链物流企业有较强的冷链物流体系或冷链物流中心的规划能力，可以根据客户需要，融入客户的供应链体系，实现物流系统规划设计客户化。

(2) 台湾地区的物流领域信息化程度较高，众多冷链物流企业都拥有比较完善的冷链物流业务信息系统，拥有庞大的物流系统开发和物流系统维护团队，利用先进的信息系统，可以对冷链物流进行全过程监控。

(3) 台湾地区冷链物流企业在冷链低温作业等物流技术方面较领先，整个台湾岛所有必需物品通过全岛常温、低温物流支援系统，均能在 24 小时内送达。

(4) 台湾地区冷链物流企业拥有丰富的冷链物流人才。经过 20 多年的发展，台湾冷链物流企业在物流人才培养上积累了丰富的经验，培养了一定规模的冷链物流操作人员和冷链物流管理人才。

2. 台湾地区冷链物流的特点

相较于大陆冷链物流，台湾地区特点如下：

(1) 水平高 (物流费用占 GDP 9%~12%)：与大陆相比，台湾地区冷链物流起步早，发展水平高，已经形成了比较成熟的精致化的、科技化的冷链物流体系。其物流费用占比仅次于欧、美、日。

（2）经验成熟（已经形成具有竞争力的企业群体和技术、标准体系，经验）：台湾地区冷链物流企业起步较早，形成了经济主管部门、工研院、冷链物流技术协会组织和冷链物流企业共同推动的多层次促进机制。无论是冷链物流技术，物流企业标准等，都有了经验，并且复制性很强。

（二）台湾地区冷链物流业值得中国大陆借鉴之处

由于冷链物流业在大陆起步较晚，大陆冷链物流在流通模式和组织方式上还比较落后，没有形成真正意义上的一体化管理，也没有建立起高效的流通体系。在流通过程中，普遍存在着流通环节多、交易时间长、产品损耗大、流通成本高等问题；在组织方式上，存在着组织化程度低、管理水平落后、现代化程度不高等问题，导致冷链效率低下。而台湾地区冷链物流经验成熟，流通方式和组织方式较先进，在以下方面值得我们学习。

1. 产品与大陆产品具有互补性

大陆版图辽阔，食品、农产品等冷链的一个重要特征是多温带性，在不同的温度带流通，特别是在大陆季节差异大，食品等的销售淡旺季非常明显，销售量差距很大。大陆自身的冷链物流发展水平较低，台湾地区的冷链技术产品对大陆冷链具有互补性。

2. 服务、管理输出具有内在需求

台湾地区面积较小，冷链市场容量较小，增长缓慢且已经相对成熟，部分产能饱和，部分配套产业需求量变小，急需通过服务管理输出，寻找市场突破。

3. 城市共同配送等物流服务成熟度高

目前，多品种、小批量的运输和储存模式已成为冷链物流发展的必然趋势。企业要提高服务水平、降低配送成本，最有效的办法就是与其他企业合作，实现共同配送。台湾地区共同配送发展较为成熟。从整个社会的角度来看，实现冷链物流的共同配送可以减少社会车流总量，改善交通运输状况，通过冷链物流集中化处理，可以有效地提高冷链车辆的装载率，节省冷链物流处理空间和人力资源。对于城市化发展进程中的大陆来说，学习台湾地区的城市共同配送意义重大。

二、台湾地区冷链物流发展趋势

台湾冷链物流产业已成型，分工趋于专业化，未来的发展在于整合资源（资本、人才、技术）。具体表现在以下五个方面：①大型化——规模经济；②系统化——物流系统效益化；③整合化——供应链整合降低成本；④标准化——设备规格、检验标准共同化；⑤质量化——价值链提升。

三、台湾地区冷链业在大陆拓展商机

随着两岸 ECFA 的实施，台湾进入大陆的商品越来越多，业界也加紧在大陆布局建网。大陆已成为台湾地区开展冷链服务的重要市场。

台商在全球布局已久，除了制造业将生产制造厂移至大陆地区外，近几年随着现代服务业快速发展，台湾地区流通服务业也有较大动作。一些品牌商为加强供应链效率，各地布点、自建网络通道。而台湾地区专业物流企业，也积极布局，在主要一二线城市建立据点，开展物流业务。

大陆农产品冷链的最大障碍是本身的冷链技术不足，原有设施设备陈旧或分布不均，难以为流通体系提供低温保障，也无法掌控产品保鲜与食品安全；相反，台湾致力于冷链物流技术与应用已经多年，有良好的经验和能力以供借鉴和协助改善。台湾通过产学研相互借鉴，发挥冷库规划设计技术，继而整厂输出或复制台湾的冷链优化经验。协助大陆企业改善仓储软硬件设计以及物流管理能力。

此外，台商亦考虑将台湾农产品销往大陆。在大陆设置冷链保税仓，作为大陆物流的桥头堡，将待验或清关的台湾冷链产品跨岸运输到保税仓暂存。再由此大批量的整箱出货或者小批量零散出货，配送到终端。

第三章　台湾地区冷链物流技术和规范

一、主要的冷链物流技术

（一）主要建筑结构形式

（1）土建式冷库。台湾地区以前数万吨级以上的大型冷库，基本采用的是土建式冷库，其建筑一般是多层楼，钢筋混凝土结构，在结构内部再用 PU 夹芯冷库板组装冷库，或使用 PU 喷涂四周的方式建造。

（2）装配式冷库。近年采用装配式冷库，一般用于小型拼装冷库，随着钢结构在许多大型建筑中的广泛使用，大型的钢结构装配式冷库也在陆续建设。大型钢结构装配式冷库柱网跨度大、柱子较小、施工周期短，更适合内部物流设备设施的规划，如货架布局、码头设备规划、内部物流动线规划等。

（3）库架合一结构。随着货架在物流中心的广泛使用，国际一些大量存储的自动冷库、多层高位货架冷库在二三十年前已大量采用库架合一结构进行建设。同时，在非货架区域配合采用 PU 夹芯库板拼装在钢结构外侧，整体建成室外型冷库。目前，由于其施工水平、工程细节及精准程度要求较高，在冷库建设方面此种结构方式建造较少。库架合一结构由于物流中心内部没有柱网，可以达到单位面积存量最大化及物流动线最顺畅化。

（二）制冷系统

1. 制冷系统在冷链物流的投资中占有较大比重

主要使用氨系列或氟系列的冷媒。另外，在较高温层，如12℃作业区，还可规划使用二次冷媒，如冰水或乙二醇。

2. 制冷系统组成

制冷系统是由一系列设备依统筹组装、安装而来。一般可区分：制冷主机（主要包括机头、压力容器、油分离器、阀件等）、制冷风机（由不同的布局方式及数量、除霜设计方式进行不同的选择配置，比如电热除霜、水除霜、热气除霜）、控制系统（由一系列的阀件、感应装置、自控装置及控制等组成）、管路与阀件系统（一般依设计配置）。

3. 制冷系统的配套组成

与制冷系统配套的还有压力平衡装置、温度感应装置、温度记录装置、电器设备等。

（三）存储及相关设备

与常温物流中心相同，冷链物流中心内部存储同样需要各型货架或自动化立体系统（AS/KS），从自动仓库使用的20多米的高位货架，到拆零拣货使用的流力架，各型货架在冷链物流中心均有大量使用。与常温货架不同的是，低温库内使用的货架对钢材的材质、荷重、货架的跨度设计均有特殊要求。

为配合存储，满足生鲜食品的特殊要求，冷链物流中心的仓储库内会配置臭氧发生器、加湿器。

（四）冷库用门组及库板工程

各种类型门组在冷链物流中起着至关重要的作用，对冷链物流中心的能耗影响较大。比如冷冻库使用的电动平移门、封闭式低温月台区使用的滑升门、人员进出门等，都需要足够的保温性能与气密性。此类门组属于低温专业用门。

冷冻、冷藏库建设使用的聚氨酯库板也是冷链物流建设的关键材料。

（五）冷链物流月台设备设施

月台设备设施主要包括月台各型门罩或门封、月台调节板（电动、手动）、月台防撞设施、月台车辆尾门机坑。

（六）搬运设备

冷链物流中心内部的搬运设备主要有各型叉车，如高位货架库内的前移式叉车、步行式叉车、电动托盘车、油压托盘车，以及自动仓库内的堆垛机等。在一般情况下，这些搬运设备是耐低温的专用型设备。

与自动仓库及物流动线配合的皮带式或滚轮式的流水线也属于冷链物流中心内部的搬运设备。

（七）物流容器

冷链物流的目标商品一般是食品类或药品类商品，托盘一般需要使用塑料托盘。

除塑料托盘外，冷链物流容器还有蓄冷箱、物流箱、笼车、物流筐、台车以及与商品特性需求配合的物流容器。

（八）分拣设备

分拣设备包括自动分拣机、DPS 电子标签拣货系统、RF 拣选系统、自动台车等，常温物流中心使用的设备在低温中心同样需要使用，对这些设备同样有低温环境的适用性方面的要求。

生鲜食品加工中心是全程冷链物流体系中的一个环节，在考虑全程冷链物流时，通常也会将生鲜食品加工中心一并纳入考虑范围。如肉类加工中心（包括猪肉、牛羊肉、禽肉类）、水产品加工中心、蔬果净配菜类加工中心、乳制品及冰品类加工中心、烘焙类产品加工中心（如面包厂等）、连锁餐饮的中央厨房等。

生鲜食品加工中心在建造技术与设备使用方面，除包括前述冷链物流中心的全部设备外，还有食品加工类设备及食品包装类设备、清洗类设备、灭菌消毒类设备、洁净类设备，等等。

此外，运输作为全程冷链中极为重要、不可或缺的一个关键环节，涉及各类型冷藏车的使用。冷藏车除保温车厢外，一般会配置制冷系统、温度追踪记录系统、GPS定位系统，等等。

（九）冷链运输相关设备

1. 冷链专用箱

比较成熟的保温技术温度：-5℃~15℃，主要用于低温冷冻食品的运输，特别是巧克力、海鲜等高档食品；0℃~10℃，主要用于生物制品的运输；0℃~20℃，主要用于恒定温度保温食品的运输。

2. 冷链运输冰袋

保冷袋在许多领域广泛应用，这种以新技术生产的保冷、保鲜产品，由于它无污染的环保特性，到了20世纪90年代已被亚洲地区逐渐接受和推广应用，消费市场日渐成熟。

（1）保冷袋的用途。保冷袋是一种采用新技术生产的保冷、保鲜产品。它广泛运用于水产品、化学药剂、生物制品、电子产品的远途运输业。

电子行业：焊锡膏电子膜。

水产行业：蟹、虾、活鱼、海胆、各类水产种苗。

生物制品行业：禽用疫苗、兽用疫苗生物药品，针剂疫苗和血浆等。

其他：可以用冰镇饮料，也可用冷袋降温。

（2）保冷袋的优点。保冷袋冷容量高，其冷源释放均匀且缓慢，释冷速度比冰块慢，具有保冷时效佳的特点；保冷袋无水渍污染，由于冰块在释冷时会产生水渍，容易使货物受潮而影响质量，所以保冷袋在航空货运中得到广泛使用；保冷袋可重复使用，节省成本；保冷袋是无毒、无味（但不可食用）的环保产品，用高新技术生物材料配制而成，富有一定弹性。

（3）冷链运输温度记录仪。冷链运输温度记录仪是能够自动记录温度数据的电子仪器。类似于飞机的黑匣子，全程自动跟踪记录冷藏车、集装箱、冷库内温度变化情况。将运输过程中的温度数据记录存储在记录仪中。当运输蔬菜、水果、奶制品、冷冻食品、药品、敏感电子材料等到达目的地后，司机或工作人员将冷链运输温度记录仪取出与笔记本或台式机相连，通过专用的数据记录仪软件将数据导出，在电脑上分析路途运输过程中的每一时刻温度数据及整个过程中最大值、最小值、平均值、曲线趋势、报警信息等。

（十）物联网[①]与冷链物流

将物联网技术应用于冷链物流的原材料采购、产品储存、运输、销售等各个环节，能够对整个过程实施智能化监控。

产品在原材料的采购过程中很少采取预冷措施，对操作的规范性要求较低，在生产过程依照生产厂商的规定进行操作，但操作过程的透明度不高，不能确定具体哪方面出了问题，更不能确定相应的当事人。物联网的采用，能够解决这个问题，使在采购原材料时就对其进行电子标记编码，建立数据库，通过电子标签，能够对产品整个生产加工过程进行连续的监控，包括当前的温度、湿度以及相应的操作人员，全部录入数据库的数据，很容易弄清楚是哪些因素造成的问题，能够立刻进行改善，也能够确定事故的责任归属。

在产品生产完成以后，不是直接进入市场，而是要进行储存，再根据需求配送到物流中心或销售点。目前的储存水平相对于以前来说，已经有了很大的改善和提高，但是，在这个过程中仍然存在着一些问题，比如不能保证所有的产品都是按照先进先出的原则储存，这样可能造成部分产品在仓库的储存时间过长，留给后面的销售时间很短的情况，特别是冷藏产品的保质期短，更容易出现这类问题。物联网技术运用之后，储存管理变得更加简便、快捷、高效。在生产加工时为产品贴上电子标签，在储存时运用其自动识别功能，在入库时通过读写器就能很快地记录产品的入库时间和相应的数量等信息。在仓库的管理过程中不再需要人员逐个进行清点盘查，通过读写器进行快速读取或者通过数据库查询相应的数据，就能弄清楚仓库库存的详细情况。产品出库时，利用数据库能够快速确定产品，从而避免了先进后出现象的发生。产品上的电子标签还能够对周围的环境进行监测，并把数据反馈给物联网，物联网通过智能处理，调节仓库的环境，提高储存质量。

移动设备上制冷的成本高、效果差。运输过程是冷链物流中最薄弱的环节。目前运输车辆多种方式并存，长距离运输的冷藏效果不好，造成大部分产品质量下降，甚至失去使用功能。通过产品上的电子标签，把在运输途中的信息反馈给系统的控制中心，控制中心根据反馈的信息进行智能处理，及时控制、调节制冷设备，可以保证运输过程中的产品质量。

---

① 基于物联网技术的食品冷链物流行业. 中国移动通讯物联网. 2012–05–08.

由于销售点分散、销售量小、销售次数多、销售过程复杂多变。同样的商品在同一时间可能需要不同的温度。通过物联网的电子标签，可以清楚知道具体情况，根据冷链物流的控制中心，控制其制冷设备，销售人员根据数据的提示，快速找到生产日期相应靠前的产品，以确保其先生产先消费，避免出现产品超过了保质期还未出售的情况。

在冷链物流中利用物联网技术，可以给企业带来很多好处，有利于保证产品的安全和质量，提高生产效率和顾客满意度，降低生产成本，划分冷链环节相关的责任。同时，也便于政府部门对冷链环节产品监测。

目前的冷链物流大多是以生产端结合市场的情况进行生产和配送，由于信息获取的不及时、准确性低以及高成本，生产和配送无法达到最优化。在生产端和用户之间存在着大量库存，造成生产厂家的资金积压，影响其资金的流动周期。因此，在冷链物流中运用物联网技术，能够以较低的成本控制从生产到销售以及到用户的全部信息，在销售端也能够很迅速地把销售情况反馈给生产厂家。生产厂家获得了信息后，能够根据市场的具体变化来安排生产，在减少库存的同时也减少了企业生产风险，使从生产到销售的全过程变得更加智能化，更加可控，这必定是未来冷链物流的发展方向。

二、RFID 智慧和感测技术在云端化冷链物流平台的应用

将 RFID 智能感测技术应用于云端物流平台中，使用到的相关技术主要包括 RFID 技术、智慧感测技术、无线通信技术和 GPS 卫星定位技术，简述如下：[①]

（一）相关技术

1. RFID 技术

无线射频识别技术 RFID，是一种无线通信技术，可通过无线电信号识别特

---

① 台湾环球物流控管公司。

定目标并读写相关数据。RFID 具有能同时识别多物体、可读写、穿透力强、识别距离远、识别速度快、使用寿命长、适应环境性好等优点，因而被广泛应用于物品的身份识别和溯源，货物供应链管理、物流系统、门禁防盗系统、车辆监控等。

RFID 系统通常运用于冷链物流中，主要是整合 RFID 标签、智能感测器和 RFID 读取器，通过无线通信技术相互沟通，而 RFID 标签内亦储存 EPC（产品电子代码），可直接用于物流管理系统中，只要外加上智慧感测器与电源，即可直接用作温度记录及读取用途。RFID 标签的类别包括主动式、被动式与半被动式等多种工作方式。但现在一般所讨论的 RFID、EPC 都是针对 UHF 的被动式电子标签，这也是目前物流领域应用最广泛的 RFID 标签。

2. 智慧感测技术

智能感测器（Intelligence Sensor）是能够处理逻辑功能与指令的感测器。智能感测器具有微处理器，感测器与微处理器必须是相结合的，需要有搜集、处理、交换信息的能力。一般智能型机器人是由多个感测器集合而成，搜集的信息需要用电脑进行处理，而使用智能感测器就可以将信息分散处理，从而降低成本。常见的有温度、湿度、压力、气体等智慧感测器用于工业及商业领域。

3. 无线通信技术

GSM 是当前应用最为广泛的移动电话。全球超过 200 多个国家和地区超过 10 亿人正在使用 GSM 电话。GSM 相较以前的标准最大不同是他的新号与语音通道是数位的。因此，GSM 被看作是第二代（2G）移动电话系统。

蓝牙是一种无线个人局域网（Wireless PAN），最初由易利欣创造，后来由蓝牙技术联盟拟定技术标准。它是研究在移动电话和其他配件间进行低功耗、低成本的无线通信连接的方法。

（二）架构概述

食品、药品等在生产运输过程中如缺乏有效的冷链物流管理会造成重大的经济损失，为避免此类事件的发生，可使用先进的 RFID 技术结合智能感测技术，在需要适当的温度管理生鲜食品和药品的物流管理与生产流程中，将温度的变化记录在"具有温度感测器的 RFID 标签"上，对产品的生鲜度、品质进行细致、及时的管理，这样可以简单、轻松地解决食品、药品流通中的变质问题。

随着无线感测网络技术的迅速发展，成本也逐年降低。RFID、智慧感测技术、

GPS 等技术纷纷被引进物流管理范畴，协助物流管理者大幅提高对于商品的掌握、追踪与管理效率。但是从系统的完整建设来讲，不论是成本还是后续系统的维护管理难度，都让厂商望而却步，近年兴起的云技术，将可提供最佳的解决方案。

RFID 智能感测技术将可提供物流云上另类的服务形态，不仅可提供货品流通的资料，同时也可提供 RFID 智能感测器经由运输车辆上的网关传回各种数据资料，例如温度、湿度、压力、气体、水质等。

1. 温度、湿度监控

平台上可提供产品的即时温湿度资料，如有异常将即刻通知货主，而不是在货物到达目的地后，才发现其品质已经出了问题，再从历史温湿度记录来追溯异常发生点，则其损失已经造成。

2. 货物监控、车辆线路的追踪

可利用车辆上的 GPS 资料随时得知车辆位置与路线追踪，同时得知车辆上温度资料，如平台上发现温度异常，可立即发送警报通知驾驶人员，检查车上冷却系统是否异常。

3. 流通履历资料

由传统食品流通履历加上平台上的温湿度资料，不但可提供原食品履历，亦可提供流通期间完整的温湿度变化，保证食品安全，确保来源履历无误。

4. 手机移动服务

结合 QRCODE，提供快速查询服务，仅服务物流厂商可以使用，消费者也可第一时间得知食品履历资料。

（三）RFID 技术在生鲜超市销售端的应用

当配送中心的冷藏车到达超市指定的交货点，将货物下架。超市工作人员可用掌上型的 RFID 读取器读取所有货物信息，确认货物信息与订货单上是否一致。如果信息一致，则更新零售商零售系统中的相关资料，亦可依据货物信息内的 EPC，从物流云上取回物品从加工食品厂到运输期间的温度与时间记录资料，确保食品运送过程中的品质。

超市可在冷冻食品的冷冻架上安装一个 RFID 读取器，该读取器可读取整个冷冻食品摆放区域的食品，利用 RFID 读取器对每件商品读取包装上的 RFID 标签内资料，自动识别新添的商品。同时冷冻柜上的 RFID 读取器也可以读取冷冻柜上的具有温度感测的 RFID 标签，温度信息可及时回传到超市的管理中心，保证冷冻柜内的温度在一定的幅度范围，确保生鲜食品的新鲜度。

消费者如果从冷冻柜内取走购买的商品后，RFID 读取器可自动得知被取走商品的相关资料，并及时地向超市的补货系统发出信息。

消费者付款时，冷冻食品的外包装上都贴有 RFID 标签，当消费者将购物车推过装有 RFID 读取器的闸门时，读取器可以自动辨识出购物车中商品的种类、数量、金额等信息，显示器上即显示该消费者消费总金额，然后监控消费者付款离开。

当消费者消费完毕离开，超市的销售系统可自动更新架上资料，将已销售的商品信息以及销售金额全部记录下来。

三、冷链食品物流的信息系统建设案例

（一）某冷链物流企业：整体规划、分步骤实施的冷链食品物流信息化建设[①]

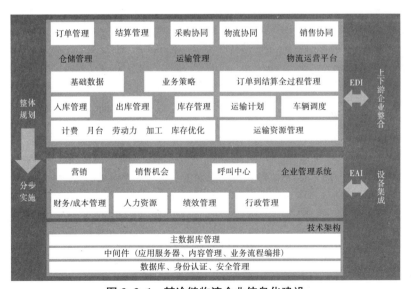

图 3-3-1　某冷链物流企业信息化建设

---

① 锐特信息技术有限公司。

（二）仓储和运输配送的信息系统建设

1. 配送中心系统建设

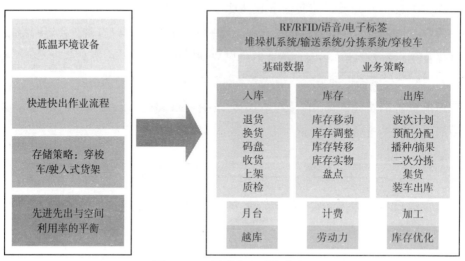

图 3-3-2　配送中心系统建设

（1）将网络化仓库纳入统一管理，建立仓库/区域/库区/库位管理规范，如图 3-3-3 所示。

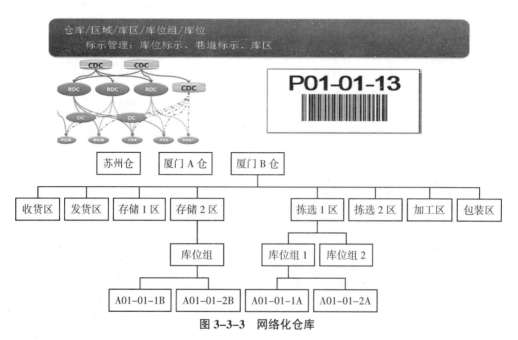

图 3-3-3　网络化仓库

（2）建立多货主、多货类、多品项等不同维度的仓储作业规范，如图 3-3-4 所示。

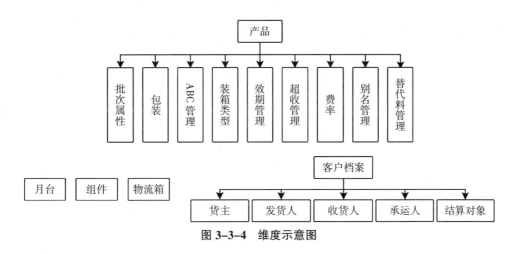

图 3-3-4 维度示意图

（3）规划各个作业环节的标准操作流程（SOP）及对应的业务策略，如表 3-3-1 所示。

表 3-3-1 各个作业环节的标准操作流程（SOP）及对应的业务策略

类别名称	业务内容		
流程规划	收货流程 上架流程 补货流程 拣货流程 ● 合拣 ● 分拣	复核流程 集货流程 装车流程 质检流程	包装流程 入库包装 在库包装 出库包装 盘点流程 移库流程
十二大策略	1. 包装策略 ● 码盘作业 ● 包装作业 2. 批次属性策略 3. 组件策略 ● 加工 ● 成套	4. ABC 策略 5. 上架策略 6. 波次策略 7. 周转策略 8. 预配策略	9. 分配策略 10. 集货策略 11. 补货策略 12. 循环盘点

1）自动推荐库位：根据商品大类、周转属性、包装，同时考虑库位空间限制，建立上架策略，如图 3-3-5 所示。

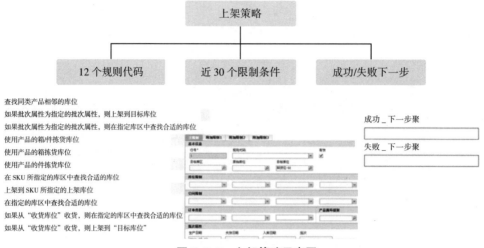

图 3-3-5 上架策略示意图

2）拣选策略：综合考虑订单属性、商品批次、包装及库位动线等，优化拣选作业，如图 3-3-6 所示。

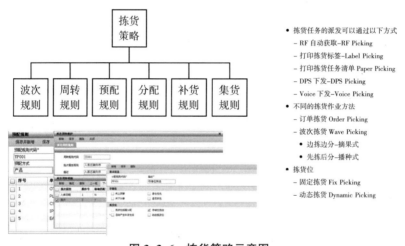

图 3-3-6 拣货策略示意图

3）通过对多种仓储作业设备的支持，提升物流中心的管理水平，相关要求如图 3-3-7 所示。

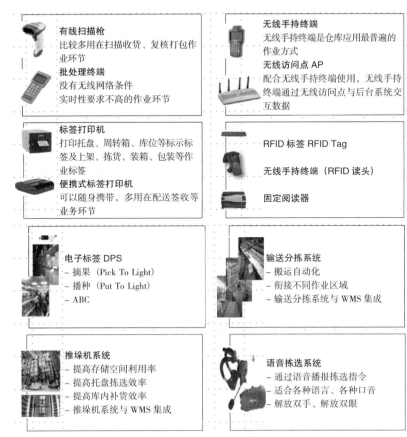

有线扫描枪
比较多用在扫描收货、复核打包作业环节

批处理终端
没有无线网络条件
实时性要求不高的作业环节

标签打印机
打印托盘、周转箱、库位等标示标签及上架、拣货、装箱、包装等作业标签

便携式标签打印机
可以随身携带，多用在配送签收等业务环节

电子标签 DPS
— 摘果（Pick To Light）
— 播种（Put To Light）
— ABC

推垛机系统
— 提高存储空间利用率
— 提高托盘拣选效率
— 提高库内补货效率
— 推垛机系统与 WMS 集成

无线手持终端
无线手持终端是仓库应用最普遍的作业方式

无线访问点 AP
配合无线手持终端使用，无线手持终端通过无线访问点与后台系统交互数据

RFID 标签 RFID Tag

无线手持终端（RFID 读头）

固定阅读器

输送分拣系统
— 搬运自动化
— 衔接不同作业区域
— 输送分拣系统与 WMS 集成

语音拣选系统
— 通过语音播报拣选指令
— 适合各种语言、各种口音
— 解放双手、解放双眼

图 3-3-7 仓储作用设备及功能

2. 运输配送系统建设

全程温湿度监控　　　　　　　　　　包装方案

供应商管理和考核

车辆管理

订单管理 Order Management

运输计划 Planning

执行 Executive

监控 Monitor

结算 Sottlement

全局可视化 Global Visibility

事件管理 Event Management

图 3-3-8 全流程管理示意图

（1）优化需求与供应的匹配：通过计划引擎，实现各种运输模式的自动化计划安排，提高资源整合水平，降低管理工作量，各流程见图3-3-9。

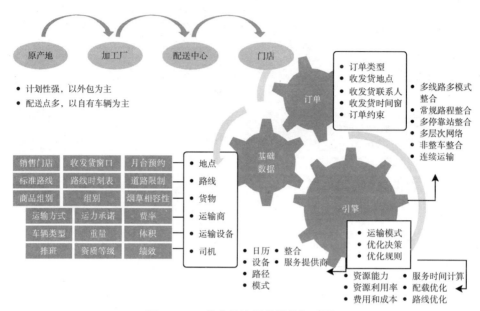

图 3-3-9　供应链流程的优化与匹配

（2）全程可视：支持端到端运作，跟踪所有货物的流转和库存状态，增强物流过程的可控性和可追溯性。各重点环节见图3-3-10。

（3）结合智能终端、GPS、物联网等设备及时采集运输过程作业事件，加强对现场作业的监督和控制。

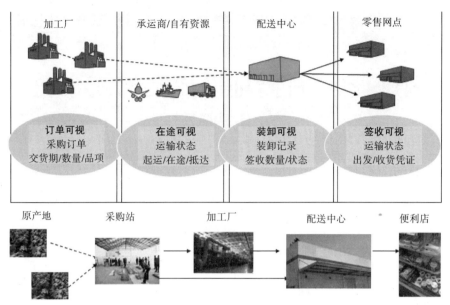

图 3-3-10　建立可视化系统的重点环节

第四章 台湾地区冷链物流企业发展概况

一、台湾地区流通业与冷链物流企业发展模式

随着冷链物流集中化配送的发展，台湾地区物流中心发展迅速，一般而言，物流中心可依据下列几项原则来分类：经营主体的性质、物流作业形态、配销通路结构、服务对象、物流中心仓储温层功能、市场定位、客群等。若以温层及产品属性来区分，如表3-4-1所示。

表3-4-1 物流中心分类

类型	商品类别	温度	储存物品
冷藏型物流中心	冷藏品	0℃~7℃	牛乳、果汁、乳饮料、日配品（豆腐、乳制品）、加工肉品（香肠、火腿）、保存生鲜蔬果、沙拉、甜点等
冷冻型物流中心	冷冻品及冰品	−18℃~−25℃以下	冷冻肉品、海产品、冰品、冷冻调理食品（水饺、包子、比萨、调理饭（面））、热狗等
	超低温	−30℃以下	生鱼片
恒温型物流中心	鲜食品、医药、温湿控产品	恒温 16℃~18℃	便当、三明治、饭团、药品、化妆品、烟酒、巧克力、电子零件等

若以经营主体的属性区分，台湾地区物流中心可分为下列几类：

（1）M. D. C（Manufacting Distribution Center）：由制造商所成立的物流中心，例如世达低温流通（桂冠）。

（2）T. D. C（Transporting Distribution Center）：由货运业转型而成立的物流

中心，例如大荣货运、夏晖（麦当劳）。

（3）R. D. C（Retailer Distribution Center）：由零售商向上整合成立的物流中心，例如统昶营销（7-11）、全台物流（全家）。

（4）W. D. C（Wholesaler Distribution Center）：由传统进口、批发商整合所成立的物流中心，如裕国冷冻、全日、美福、侨泰、嘉丰低温物流。

二、台湾地区冷链企业

（一）冷冻冷藏——嘉丰物流[①]

1. 主要营业项目

嘉丰物流的主要营业项目包括物流服务、运输配送服务、订单处理、流通加工、低温仓储租赁、调理食品加工、蔬果进出口、水产进出口和水产品加工。

2. 公司背景

嘉丰冷冻厂在1969年成立，当时是以制冰、冻结代工以及冷冻库出租为主要业务。1991年为扩大营业规模，进行了合并工作，一步步迈向低温的全球运筹业务。并积极成为第三方物流（3PL）服务产业界。

3. 台湾地区最大面积的低温物流中心

嘉丰物流低温物流中心拥有地利之便，距离高雄港10分钟，距小港国际机场5分钟车程，加上10008平方米的广大空间，是台湾地区最大面积的低温物流中心。嘉丰从冷冻库的出租、管理业务开始，从事水产品进出口业务，深知最困扰农畜产业的是库存过高、管理不易，造成成本太高而影响获利。投资成立低温物流中心后，嘉丰除了使本企业更具竞争力外，也利用物流能量来服务其他企业，使客户了解嘉丰的物流服务，产生更具竞争力的营运能力。

4. 先进的仓储管理系统

物流中心营运首要的就是IT信息能力，国际运营要靠信息系统连接沟通、

[①] 牛鱼龙. 台湾地区物流组织案例［M］. 重庆：重庆大学出版社，2007.

分析，并迅速且正确地传递必要的信息给现场作业，更要能提供给决策者做判断依据。

嘉丰在物流中心设立时，选定了一家软件公司成为信息伙伴，通过双方不断沟通协调，生产出最适合的 WMS 系统以管控 AS/RS 及现场作业，该系统运作至今，获得了很高的评价。

该 WMS 系统包含以下功能：计算机自动化控制 AS/RS 低温仓储设备；储位计算机化，先进先出（FIFO），确保产品品质不逾期；应用 Internet 上网，查询库存功能。用 EDI、FAX、TEL 等方式下单功能。

5. 物流的特色

以全自动化的仓储系统作业，进出货时作业人员不需要在-25℃的恶劣环境下工作，充分表现出对员工的尊重与呵护；导入智能型的 ERP 系统及 WMS 系统，从接单和订单处理、入库上架、拣货作业、补货作业、出货作业及储位管理等完成计算机化；也可以利用 Internet 下单、接单以及查询库存等物流服务。

6. 全球联网服务

嘉丰集团在台湾地区构建的行销网络、服务客户遍及各行业，给客户提供了从全球进出口运输—仓储—加工—末端通路全程流通服务。现在，客户可以从嘉丰的国际联网与世界各地直接交易，嘉丰全球联网为客户开启了进入国际市场的窗口，从嘉丰进入国际市场将是客户最有效率的方式。

从嘉丰的实例，了解台湾地区的第三方物流，整个层次上都以国际运筹为目标逐步发展，嘉丰擅长于低温，也从低温开始从事物流工作，使物流业务得以顺利的发展。

（二）台湾地区全日物流

1. 全日物流的历程

1999 年，晶品冷库成为台湾地区第一家以叉车、托盘作业的冷库，统仓管理模式，注重信息的收集与分析能力。

1995 年，晶富冷库提供台中 200 万消费人口储存需求，成为全日物流的中转站。

1999 年，晶帝冷库成为南部重要冷冻冷藏食品的生产地，服务高雄 300 万人口。

2. 公司冷链业务的演变

（1）冷链商品的演变。在家用冰箱不发达的时代冷链没有什么发展空间。20世纪 80 年代，家家户户开始有了冰箱、冷气机，且随着工业化与都市化，外食族群越来越多，许多小家庭也不再开火，各式餐厅或连锁早餐店到处都有，甚至有由国外引进的便利店。便利店 90 年代蓬勃发展，不但快速扩张且店内也开始销售各式冷冻、冷藏产品。

（2）冷链市场的演变。由于消费市场的需要，许多冷冻冷藏调理食品也就不断地被由国外引进或自行开发出来。各式各样的渠道，如餐饮业、快餐业、连锁早餐店、便利店、量贩店等都大量采用或销售冷冻冷藏食品。

（3）冷链服务的演变。过去冷库多是储存原料，现在许多冷库已转化为储存成品。由于在成品的有效期短，展售时间短，更需要贴近市场，更需要有效率的冷链物流系统。

（4）冷链制冷设备的演变。过去是独立式冷冻机组，库内装设蒸发器以强制送风方式来达到热交换效果，好处是运转设计简单，易于操作与管理，每一库区设置两台机组互为替换以避免设备临时损坏或保养停机之需，但缺点是理论上较节电，实际运作却无此效果。

现在采用 CO_2 为二次冷媒的制冷设备，一次冷媒则是采用便宜又有效率的液态氨，以中央系统的方式来管理各个储区的温度。

（5）冷链系统经营效率提升的关键要素如下：①设备选用要符合长期节能的需求；②要有强大的信息系统对接能力；③完整的物流解决方案；④优秀的管理人才及善用各项可提升效能的电子化设备；⑤落实 ISO、5S 等，以确保物流作业的品质。

第五章 台湾地区重点行业冷链物流发展概况

一、农产品物流

台湾地区农产品物流销售体系是联结生产者和消费者的各种流通渠道和流通模式的组合，由各种形式的物流销售组织和制度构成。台湾地区的生鲜农产品物流销售体系经过几十年的演进发展，在产地收购、集货处理、储藏运输、市场销售等各个环节都已逐步形成完善体制。

（一）物流销售体系的演进过程

回顾台湾地区生鲜农产品的物流销售体系演进，大致可划分为两个主要阶段：

20世纪70年代以前，台湾地区对农业实行管制政策，市场管理归属于财政机构。1947年颁布市场管理规则，规定果菜应在公有市场内批发交易，设立中介人代客买卖，按成交货值总的3%提取管理费缴库。由台湾当局设置并直接管理市场目的是为了增加地方的财政收入。在此期间，台湾地区形成了行政化计划流通和市场化自由流通两种截然不同的并行物流销售体制：一是委托物流销售，即所谓"行口"制，如蔬菜生产者或委托人将产品由产地运往消费地交由"行口"代售，待完成交易扣除代售手续费和佣金，其余货款交给货主；二是行政部门与农民组织联合物流销售，如水果物流销售合作制。

20世纪70年代以后，以批发市场为主导的物流销售体系逐渐确立，农产品流通组织形式越来越多元化，并趋于完善。1972年，台湾地区开始执行为期九年的"加速农村建设计划"。1973 年，制定了"农村发展条例"，提出了一系列新的农业经济政策，通过直接投资或间接投资加强农民的生产意愿；与此同时，开始重视农产品物流销售方面的问题，着重发挥批发市场在产销制度中的功能。1982 年 9 月公布实施了"农产品市场交易法"，1983 年、1984 年、1986 年分别对有些条文进行修订，使"农产品市场交易法"更趋于完善。之后陆续制定了"农产品批发市场管理办法"、"农民团体共同物流销售辅导奖励监督办法"及"农产品分级包装标准与实施办法"等一系列制度和规定，使台湾地区的农产品物流销售逐渐走上了法制化的轨道。1985~1994 年，台湾地区农业实施新的"农产品物流销售改进方案"，进行了改善农产品物流销售的 10 项重点工作，包括兴办、搬迁、扩建一批果菜、鱼、花卉市场和肉品屠宰场，充实市场的冷藏库工程；改进市场经营管理与交易制度；加强辅导农民组织共同物流销售等。此外，从 1987 年起，农产品市场信息服务全面以电传视讯系统取代传统电传打字机系统，大幅度扩充了市场信息的传播面。大体来看，台湾地区农产品物流销售体系从 20 世纪 70 年代初以来，经过了批发市场的传统物流销售、共同物流销售、产销基金会以及直销等类型，在几十年的发展过程中，农产品市场体系、流通中介组织、市场制度日益完善和成熟，建立了以农会、产销班、合作社、加工物流销售企业等多种流通中介为龙头的农产品物流销售体系。

（二）农产品销售制度

目前，台湾地区的生鲜农产品物流销售制度主要有批发市场制度、共同物流销售制度及直接物流销售制度。在这些物流销售制度安排下，不同的经营主体采取不同物流销售模式和流通渠道，共同组成台湾地区农产品物流销售流通体系。

1. 农产品批发市场制度

台湾农产品批发市场主要承担农产品的集中、分散和均衡功能。按经营产品类型划分，主要有果菜市场、肉品市场、鱼市场、花卉市场及综合农产品批发市场；根据区域功能划分，主要分为两类，一类是以集货为主要职能的产地批发市场，另一类是以分货为主要职能的消费地市场。

台湾当局为规范农产品市场的管理经验，先后颁布实施了一系列的市场管理规则和办法。1946 年颁布"台湾鱼市场管理规则"、1952 年颁布"台湾畜市场管理规则"、1955 年颁布"台湾蔬果批发市场管理规则"，1966 年将前述三种市场管理规则合并修订为"台湾批发市场管理规则"，1974年又改为"台湾农产品批发市场管理办法"，作为农产品批发市场经营管理的依据。在此过程中，台湾积极辅导兴建果菜市场，果菜市场数量持续增加。1982年，台湾公布实施"农产品市场交易法"，进一步巩固了批发市场在农产品交易中的核心地位。农产品市场交易法中规定"农产品第一次批发交易，应在交易当地农产品批发市场为之"，所以果蔬类、毛猪及鱼贝类产品，必须经由批发市场进行交易，除一些特殊情况例外。但是，由于共同物流销售的不断发展，加之20世纪80年代以后果菜直销业务的迅速扩展，部分地区果菜市场交易不再通过批发市场，果菜市场开始呈现向大区域中心集中趋势，区域性大型市场业务量扩增，而若干产地及消费地市场业务量萎缩，甚至停业，导致近年来果菜批发市场数量有所减少。无论如何，批发市场始终是台湾地区农产品从生产到达消费的主要渠道，特别是蔬果等生鲜、易腐农产品一直以来都主要通过批发市场来完成交易。根据2004年台湾地区农产品批发市场年报的统计，目前分布在台湾各地区经营的农产品批发市场共136处，其中综合农产品批发市场2处，果菜市场53处，花卉市场4处，肉品市场23处，鱼市场54处。"台湾农产品市场交易法"第十三条规定，批发市场的经营主体可以是农民团体。农民团体共同出资组织的法人。行政部门、乡（镇、市）公所及农民团体共同出资组织的法人。农民以及农产品贩卖商共同出资组织的法人。行政部门或乡（镇、市）公所出资组织的法人。行政部门或乡（镇、市）公所、农民团体及农产品贩运商共同出资组织的法人。2003年，台湾地区农产品批发市场年报的统计数据显示，在现有的137个农产品批发市场中，由当地农会及合作社经营的有61个，由公司经营的有76个。

早期台湾地区农产品批发市场的交易方式有拍卖、议价、标价交易和投标交易等，现在主要有拍卖、议价和拍卖议价相结合的三种交易方式。2004年，台湾地区农产品批发市场采用拍卖交易的有6个，包括蔬果市场3个、花卉市场3个；采用议价交易的有41个，全部为蔬果市场；同时采用拍卖与议价的有12个，包括蔬果市场11个、花卉市场1个。

2. 共同物流销售制度

共同物流销售也称为合作物流销售，是指农民团体共同办理物流销售，即通过农民合作组织将生产的农产品集中组织物流销售供应。为了解决小农生产方式下生产零星分散和大市场需求的矛盾，台湾注意发挥农民团体的作用，鼓励他们办理共同物流销售，使分散的个体农民获得一定规模和有序销售的能力。自1973 年开始，台湾由农政单位发展果菜共同物流销售，后来推广到毛猪、鱼货及蛋类等产品，由乡镇农会、农业产销合作社及合作农场承办。

早期的共同物流销售是由农民团体在产地集货后运到批发市场批售，随着零售超市化的发展，目前许多果菜共同物流销售货物已经延伸到超市、量贩店，逐渐形成一种新的物流销售制度。1974 年 12 月，台湾果菜物流销售公司（1984 年6 月改组为台北农产物流销售公司）成立，以台北市场为主要供应市场，近年来共同物流销售货源分散至台湾地区内其他市场，特别是进行蔬菜共同物流销售的组织已遍及主要蔬菜产区。目前，办理共同物流销售的组织有乡镇农会、合作社场、青果物流销售合作社、果菜合作社联合社等四大供应系统 400 多个单位。2004 年蔬菜物流销售 310711 吨，分别供应台北市场 243789 吨，占 78.46%；高雄市场 9668 吨，占 3.11%；省内其他市场（三重、基隆、桃园、桃农、台中、凤山、屏东）57254 吨，占 18.43%。

为了鼓励农民团体办理共同物流销售，台湾地区"农产品市场交易法"和"农民团体共同物流销售辅导奖励监督办法"，对农民团体办理共同物流销售的方式、参加的对象、优惠政策、经费管理等均做出了规定。如共同物流销售的方式分为以供应再贩卖或以加工为目的的批发市场交易和以供应直接消费为目的的零售交易两种；参加者以该农民团体的会员为限，货源以农民直接生产者为限；农民团体应与参加共同物流销售的成员及农产品批发市场建立合同，形成产销的相互关系；农民组织应邀请参加共同物流销售的农民代表组成物流销售小组，加强民主管理；批发市场对农民团体办理共同物流销售的农产品应优先处理；办理共同物流销售所需土地视同农业用地，免征印花税及营业税等，这些规定鼓励和规范了共同物流销售的发展和运作。

在共同物流销售制度的基础上，台湾地区农业界和学术界因应国际市场的变化需求，在 20 世纪 90 年代末开始提出并推行农业策略联盟的概念。这种在更大视野范围内的物流销售资源整合也许会成为台湾地区未来物流销售制度的主流形式，但目前还只是刚刚起步和试行阶段，对台湾地区农产物流销售制度的影响程度还不好预测。

3. 直接物流销售制度

直接物流销售有广义和狭义之分，广义的直销是指生产者或生产团体将所生产的产品予以包装或处理后，直接运送供应给零售业者（超级市场）或连锁零售业的包装配送中心和大消费户，借以减少不必要的中间费用，减少物流销售层次，缩减物流销售差价，从而使生产者与消费者共享其利。狭义的直销是指生产者将其产品直接售予消费者，不经过任何中间商。台湾地区所推行的直接物流销售主要是广义的直销。以蔬菜直接物流销售为例，其作业流程是由农民团体的共同连锁集货场将蔬菜包装处理后，直接运送到零售业者或连锁超级市场的包装处理中心，再由超级市场销售到消费者手中。直接物流销售的作业流程可表示为直接物流销售制度下生产者或生产团体将自己的产品直接送至零售终端，不经过批发市场交易，最多只经过包装配送中心即到达零售环节，可显著减少中间环节，减少物流销售费用。但直接物流销售必须具备一定的条件，一是超市或连锁店的发育程度要比较高，连锁超市经营规模足够大，有统一的包装配送中心完成集货和配送作业；二是生产者或生产团体要有足够的生产能力，能够满足超市或消费大户持续的供货需要，而且在数量和品质方面都要达到要求。台湾地区的超级市场从 20 世纪 80 年代初进入成长时期，现在已经发展相当成熟，为农产品直接物流销售提供了良好的市场基础。农产品直销通路短，可节约成本，提高农民所得，提高消费者利益，有非常好的发展前景。台湾地区的蔬果生产与消费规模零星分散，因此传统的物流销售必然要经过集货、均衡与分货的过程，才能到达消费者手中，而批发市场恰可以发挥这个作用。"农产品市场交易法"第二十一条规定"农产品第一次批发交易，应在交易当地农产品批发市场为之"，因此在一段时期蔬果农产品的批发交易基本上都是通过当地的蔬果批发市场进行，也是早期批发市场成为蔬果交易枢纽的重要原因。现在批发市场的业务虽然受到共同物流销售和直销发展的影响有所缩减，但批发市场日益完善的交易制度和治理结构，以及对蔬果产物流销售链条有效的衔接和组织，是其始终充当蔬果交易主要渠道的重要原因。

第一，台湾地区农产品批发市场建设具有健全的法制基础，促进了市场作用的发挥。在台湾地区，与市场运作和管理紧密相关的法律法规比较健全，主要有"农产品市场交易法"、"农产品市场交易法施行细则"、"农产品批发市场管理办法"、"农产品贩运商辅导管理办法"等。这些法律法规涉及批发市场建设、管理和运行的各个方面，明确了批发市场的性质、主管机关和运作方式。

"农产品市场交易法"（2006 年 6 月 14 日修订）第十二条规定"农产品批发

市场为公用事业，其设立及业务项目由各级主管机关规划，并得编列预算予以补助"；第十五条规定"农产品批发市场所需用之公有土地，政府应优先出租或依公告现值让售"；第十七条规定"农产品批发市场之土地及房屋，减半征收房屋税、地价税或田赋"；第二十条规定"农产品批发市场之供应人或承销人，在同一市场不得兼营承销及供应业务"等。"农产品市场交易法施行细则"（2007年3月28日修订）第十一条规定"果菜市场以每乡（镇、市、区）各设一处"；第十五条规定"农产品批发市场之经营，如有结余，除股息外，应以之充实设备、改善产销及经营业务，不得移作他用"；第二十三条规定"农产品批发市场管理费收费标准，蔬菜青果不得超过千分之五十"等。

"农产品批发市场管理办法"（1990年2月14日施行）第四条规定"果菜批发市场应具备基本设施：交易设施、搬运设施、公共设施、水电设施及卫生设施等，以及清洗、冷藏、晒场、脱水、加工、分级、批零、包装、整理、农残检验等附属设施及其他必要设施"。

这些政策规定对台湾地区农产品批发市场作用的发挥给予了有力的保障。在实际发展中，台湾地区许多批发市场除了具有法律所规定的有助于交易顺利进行的保障条件外，还在不断改进和完善市场交易环境。例如，一些批发市场除了具备农产品批发市场管理办法中规定的有关设备之外，还有停车场、电脑拍卖钟等，果菜批发市场还必须有农残毒检验设备。这些基础设施的投入，政府机构一般占40%左右，基本上不参与经营，只是收取少量的市场管理费，其他则由农会等农民团体完成投资并负责经营。

第二，台湾地区农产品批发市场管理机制越来越完善，不断巩固其在农产品物流销售中的主渠道地位。根据2002年农业部赴台考察团提供的情况反映，台湾地区绝大多数农产品批发市场具有很强的专业性，而且，批发市场的管理具体而细致。在商品的管理方面，要求入市商品进行分级、包装，在包装上标明供货商、品名、品级和数量等，这种分级和包装看起来只是对农产品的简单处理，但却是提升农产品质量的重大变革，对于农产品大量而快速地集散是非常必要的；在对客户管理方面，对供货商有统一的编码，有完备的资料，能够清楚供货商的基本情况，并确切地知道商品的来源；对承销人实行严格的资格审查，要求承销人有较好的信用、较大的经营规模和较强的经营能力。这些管理机制上的不断改进和完善，大大提高了农产品批发市场的运营效率，也增强了批发市场在农产品产销物流中的主渠道作用。

第三，推行拍卖现代交易方式，建立市场资讯系统，严格检测和控制产品质量，有效地提高了蔬果批发市场的现代化经营与服务水平。台湾地区的花卉、果菜、生猪、水产品等批发部分已采取拍卖的交易方式，并采用现代化的电子设备，改变了人工竞价方式，减少了"菜霸"等恶势力操控市场的可能，克服了管理者与交易者"暗箱操作"等人为因素的干扰，对维护市场秩序起到了很好的作用。农产品市场的资讯报道，包括农情信息和市场行情信息，一方面为生产者、物流销售业者和市场管理者之间能形成有秩序物流销售提供市场信息资料，另一方面可为决策提供依据，既可减少产销双方需求交易对象的成本，还可增加市场的竞争度，使价格更能反映市场的供需情况。目前，台湾地区的53个蔬果批发市场均设有农药残留快速检验室，对进场交易的果菜进行抽样快速检测，确定安全方能进场。

台湾地区的蔬果批发市场基本上由行政部门、农会、物流销售合作社、生产与物流销售业者共同投资组成，因此市场在不以盈利为目的的经营目标下，功能定位具有多元化特点。批发市场往往除了负责蔬果产品批发交易业务外，还有一整套辅导措施。以台北果菜批发市场为例，由台北农产物流销售股份有限公司经营，下设两个批发市场，是台湾地区规模最大、功能最多、最具代表性的批发市场。批发市场经常派人按蔬果生产季节到各地指导农民分级包装，调整优化品种结构；辅导产地健全产销班制度，以推动样品拍卖作业，缩短拍卖时间，增进农民收益，促进共同物流销售业务的发展；配合行政部门处理夏季蔬菜保价作业、购储蔬菜调节作业、稳定蔬菜供应和提高蔬菜品质作业等。总之，批发市场在促进蔬果产业发展，密切产销关系，增加农民收益，保证市场供应等诸多方面发挥了重要作用。

（三）蔬果物流中合作组织的作用分析

台湾地区的蔬果生产也是典型的小规模分散种植方式，小农经营与大市场之间的矛盾突出，但台湾地区在农产物流销售产业发展过程中，通过充分发挥农业合作组织的功能和作用，有效地解决了分散农户与市场的对接，实现了规模经济效益。

台湾地区的农业合作组织广义上包括四种类型：农会、农业合作社、合作农场和产销班，狭义上按国际合作社联盟（ICA）的定义，仅包括合作社和合作农场。介于台湾地区各类合作组织在农业产销中发挥的重要作用，本研究对合作组织的讨论依照广义划分，包括四种类型。在四类合作组织中，农会、合作社与合作农场分别是依据"农会法"和"合作社法"组织建立的具有法人地位的农民团体，而产销班是农民依据台湾地区农业发展需要，自然结合或由"农政"部门辅导建立的，不具有法人地位的台湾地区基层农民组织。在台湾地区农业合作组织中，合作农场与合作社的组织形式较为相似，只是合作社一般是以单一种类农产品产销为主的专业性业务为经营内容，如蔬菜合作社、水果合作社、花卉合作社等。合作农场的规模一般较大，成员需要具有相连成片的土地，经营内容也以综合性业务为主，可以兼营生产、物流销售、供给等业务。台湾地区农会组织是受到地方行政部门分级控制的农民团体，区别于一般的农业合作组织，台湾地区农会具有经济、教育、社会、政治的多重功能。按照台湾地区农业统计年报的统计，2005 年，参加农会的人数占到台湾地区农业总人口的 60%左右。台湾地区合作社和产销班的加入以户为单位，2005 年，参加合作社（场）和产销班的农户共计为 37 万户左右，约占台湾地区农家总户数的 51.2%。从以上两项统计可以看出，农业合作组织在台湾地区农业生产经营活动中占有重要地位。蔬菜和水果是台湾地区最大宗的生鲜农产品，因此相应的专业合作组织数量相对较多，通过合作组织进行共同物流销售和直销成为生鲜蔬果物流销售的主要形式，所占比例超过整体物流销售总量的 50%以上。

根据 2006 年底台湾地区"农粮署"的统计资料，台湾地区各类农业产销班共计 6159 个，其中蔬果产销班数量达到 4225 个，占到产销班总数近 70%的比重，远大于其他农产品的同类组织形式。蔬果产销班在业务主管部门的辅导下，申请获得台湾地区农业安全用药"吉园圃（GAP）"认证的比例也较高。2006 年底，获得认证的有 1850 个班，占蔬果产销班的 43.8%。经过吉园圃认证的产销班每年被要求不定期抽验农药残留，并举办蔬果展售和加强用药观念的宣传，目前已经获得台湾地区民众的普遍信任和接受。

台湾地区的农业合作组织作为蔬果产销的主要经营主体，其组织和经营模式对蔬果的流通效率有着重要影响。大陆在蔬果生产和物流销售方面与台湾地区面临许多相似问题，完全可以借鉴台湾地区的发展经验，鼓励和推动农民专业合作组织的发展，完善相关的制度建设，以克服蔬果生产农户规模小、经营分散的弊端，使其在蔬果物流销售中发挥积极作用。

二、食品物流

台湾地区的食品安全卫生管理体系建立在"食品卫生管理法"的基础之上。早在 1975 年，台湾地区便发布实施了"食品卫生管理法"，但其后整个食品安全卫生管理体系仍然相当脆弱。在经历了 1980 年的"多氯联苯事件"后，才加以改革、健全。经过反思、检讨，1981 年 7 月台湾当局通过了"加强食品卫生管理方案"，在卫生主管部门设立了食品卫生处，并于其后数年间在各县、市卫生局设立了食品卫生科（课），及大量增加食品卫生检验人员。至此，方才初步完成了台湾地区食品安全卫生管理体系的构建。

第六章　冷链在台湾地区便利店配送中的运用

一、台湾地区连锁便利店概述

（一）基本情况

台湾地区目前是世界上便利店最密集的地区，由于台湾地区中部山区大多人烟稀少，所以在城市中非常密集，每2378个人之中就有1家便利店借用台湾地区生产力中心数据说明竞争激烈程度，不到100米街道就有4家便利店。发展较快的原因：一是竞争激烈；二是开始时间早，初期学习日本。

在众多的便利店公司中，统一超商堪称元老，其在1979年与美国南陆公司签约，合作引进7-11便利店，目前该公司已经获得7-11在台湾地区的永久授权。1980年，第一家7-11门店在台湾地区开张，发展至今，统一超商已经拥有近4820家店铺，约占全球7-11门店总数的13%，仅次于美国和日本，排名第三。1988年，OK便利店在台湾地区成立，该便利店由丰全企业集团和美国Cirdelc合作，同年，日本全家也进驻了台湾地区，成立了全家便利店；1999年自营企业莱富尔也加入了阵容，从此台湾地区的便利店市场风起云涌。

便利店在激烈竞争中正在经历着功能创新、管理创新和业态创新。便利店在台湾地区的发展非常成功，发展速度也一直很快，但是由于台湾地区较小，便利店又众多，因此，连锁便利店在台湾地区的竞争也是非常激烈。由于竞争激烈，特许经营加盟成为便利店必然的发展趋势，目前统一超商加盟店的比例为85%，全家为 75%。这些数据今后只会增不会减，因为每一个加盟店都会自我加强营运，提高业绩，不但可以节省人力费用的支出，更可以实现快速展店，增加市场占有率。

除了积极拓展加盟店，各家连锁便利店也在不断加强后勤能力，整合改进物流配送系统以提升配送时效，降低门店、供应商和物流商三方面的作业成本，此外，还致力于 POS 系统的研究、开发和导入，使门店在订货决策、验收、退货及账务处理方面更有效率。

此外，为抓住消费者多变的口味，各大公司也加速新产品的开发，推陈出新。更有提供各种服务性的商品，如影印、传真、照片冲洗、资源回收、快递服务等。代收项目也在不断增加，从水电、煤气、电信到停车费等，账单都可以在便利店缴纳。统一超商甚至提供目录购物与宅配服务。除此之外，各家便利店公司纷纷推出自有品牌产品，如包装饮用水、三明治、饭团、热狗、凉面等。

（二）主要便利店介绍[①]

1. 全家便利店

全家便利店为台湾地区第二大便利店系统，目前在台湾地区有 2832 家，在大陆有近 1000 家（上海、苏州、杭州 800 多家，广州 100 多家，成都刚刚起步）。通过 KIOSK 提供多种服务，包括高铁车票，每月销售达五六万张，在发车前 1 小时就可购票。每年代收单据 1 亿张，每月店铺配送（宅配）约 100 万件。

2. 莱尔富便利店

莱尔富（Hi-Life）便利店，是台湾地区第三大便利店公司，次于 7-11 和全家，1989 年开第一家店，目前总店数 1280 家，包括学校型、医院型等。注重鲜食产品开发，占销售量 50%~60%，现做面包的策略较为成功，"面包优先 bread first" 成为店内面包品牌。门店遍布城乡，除在台北有大量门店外，在阿里山还有其最高便利店。

3. 7-11 便利店

据台湾地区生产力中心统计，7-11 在台湾地区 1978 年开设第一家店，目前有 4820 家，85% 为加盟店，全部为自行配送。其主要理念是，最大的竞争者不

---

① 台湾地区物流经典案例。

是同行业，而是变化的消费者需求。7-11 近年来追求差异化创新，主要是在快餐产品上，增加了品种和数量；在店内设置就餐区域，让消费者能够坐下来吃早中晚餐，增加了 7% 的业绩；投入功能性店标，上面标识有 ATM、洗手间等信息。

台湾生产力中心成立于 1955 年，当时台湾地区各种产业正处于萌芽阶段，在官方推动下，由 50 家单位共同捐助成立，全名为"财团法人中国生产力中心"，其主要使命在于协助企业提高生产力。是隶属于台湾地区经济主管部门的财团法人组织，也是华人最早成立、最具专业能力与规模最大的经营管理顾问机构，在推动台湾地区国际贸易、促进企业"走出去"中，起到了积极的作用。目前在职人员 600 人，在流通业、制造业、农业、教育等方面开展服务。

（三）第三方物流企业介绍

1. 全联社高雄物流中心

全联社是目前台湾地区最大的超市企业之一，公司成立于 1998 年，前身是具有合作社性质的 68 家门店，通过并购和直接开店，目前已有 600 多家门店，全部为直营。

北部桃园配送中心和高雄配送中心分别于 2012 年 3 月和 5 月正式投入运营。高雄配送中心主要采用日本三菱的技术，据称是台湾地区现代化程度最高的零售配送中心，库存约 1 万个 SKU，有亚洲最长的自动化分拣系统。有 91 条滑道，配送南部 183 家门店。日处理最高达 15 万箱，95% 为越库配送（在库时间不超过 24 小时），EPC 和 RFID 拣货相结合，但以 EPC 拣货为主。使用笼车的效率很高，并且区分食品和用品。

2. 立益物流中心

立益早期是纺织企业，台湾上市公司，后因纺织行业不景气，利用厂房厂地资源，开展物流业务。早期曾在昆山设立纺织厂，目前已在昆山选址设立物流中心，前期主要用于中草药的集货服务。

位于桃园的物流中心，1.6 万坪（1 坪=3.3 平方米），为开放性物流，50 多家客户（包括存储疫苗的仓库，要求库温 2℃~8℃；也有电视购物的仓库，最多实现一日三配；还包括食品类、电器用品类、光学类、药品类、服饰纺织类、汽车零件等，配送客户范围涵盖量贩店、连锁店、便利店、药局、个人宅配等），有的仓储和配送完全由自己完成，有的没有自己车队，委托第三方承担。

各个仓库都有独立控制系统，实现温度+湿度的实时监控。客户可实时通过网络查询温湿度和即时库存；也可为客户提供代抽样送检。

二、台湾地区的超市物流配送

在台湾地区 11 家超市中，生鲜物流的配送多由生鲜中心接手操作，如顶好惠康、台北农产运销公司、惠阳超市、远东百货超市、兴农生鲜超市、美村生鲜超市、丸九生鲜超市等；只有少数几家是由厂商负责配送，如善美的、裕毛屋生鲜超市、大统超市等。

在干货和低温配送方面，除了有物流中心、统仓、生鲜中心做配送外，厂商也扮演了举足轻重的角色；尤其是低温物流配送领域，除了惠康是自主配送以外，其他几乎都少不了厂商的配送。由此，可以看出，生鲜中心在超市业态里占有相当重要的地位。

在配送频率方面，生鲜全都是一周配送七天，个别产品有一日配送 3~4 次的情况，而干货部分，多则一周配送七天，少则一周一配，平均一周配送 3~4 次。低温配送，一周配送 1~4 次的企业皆有，但仍以一周七天配送的比例最高，牛奶属于鲜度要求严格的商品，几乎都是天天配送。

在配送时间方面，生鲜出车的时间大都比干货早，而且在中午以前就出完车。

超市的面积虽说比便利商店大，但其连锁体系却没有便利商店的数量多，因此，超市业者拥有自属的专业物流中心的比较少。

在 11 家超市业者里，在生鲜配送方面，有 7 家超市由自属的生鲜中心做配送；在干货部分，由自己的物流中心做配送的有 4 家，而自己拥有低温物流中心做低温冷冻、冷藏配送的，只有拥有 96 家店的顶好惠康统一超市。

上述这种现象也许是因为超市的连锁店数较少的缘故，这种情形，证明了超市连锁店数要达到相当规模时，业者才有可能发展完整的超市物流配送体系，包括自属专业的生鲜中心、干货物流中心、低温物流中心。反观店数呈现个位数的超市业者，正由于规模较小，较难整合物流配送，因此，由厂商来配送的概率就大了很多。

由此可见，超市物流配送与便利商店物流配送最大的差别是超市就其所在地发展较健全的生鲜中心，但在干货与物流配送体系方面，还是比便利店缓慢些。但经营一家自属的专业物流中心，其硬件设备、资讯系统、土地取得等的巨额投资以及人事的管理、车队的配送素质要求也是经营者必须要绞尽脑汁、投入相当心力之处。因此，超市业者采用何种渠道配送，其成本的评估是不得不谨慎考虑的。

三、台湾地区便利店的经营策略

从经营策略上划分，台湾地区目前主要的便利店分为三组，分析如下：

第一组是指由垂直整合的物流配送系统，且门店分布区域为整个台湾地区，主要为统一超商、OK 便利店等。

第二组是指无垂直整合的物流配送系统的区域性连锁便利店。

第三组是区域性的连锁便利店，但他们有整合的物流配送系统。

(一) 第一组的经营策略

由于第一组的规模已经很大，因此，如何维持经营效率是这一组便利店公司的主要管理课题，管理者致力于管理上的改良，配送系统的整合，强调综合绩效以改善经营效率。

此外，在台湾地区市场容纳能力有限及竞争激烈的情况下，各便利店连锁公司无不尽力抢占市场占有率，提高企业的社会形象，因此，都尽力强化企业形象，加快扩店速度。

第一组中的便利店连锁公司主要从以下几个方面加强了管理：

1. 对物流配送、销售、订货的管理

统一超商等都已经导入了 EOS 电子订货系统、POS 销售时点信息系统，EOS有助于提升订货的效率，简化订货的作业流程，使门店的人员在订货上不需要特别的训练，POS 可以使总部得到门店的销售信息回馈，分析商品的生命周期、单品销售状况以及顾客来店时段、单价、层次等因素。引进适当的商品、调整商品结构，并可以将消费者需求信息给予供应商，强化与供应商的联系。

对于便利店卖场小、商品周转率高的经营特色，门店自动化有助于便利店公司整合销售点、商品供应商、总公司间信息的连接及协调各个不同的活动，还有助于存货的控制、订货的准确度、配送的效率以及商品组合等信息的取得。

2. 整合物流配送系统与规模经济

连锁便利店公司经营的成功与否在于有无强大、有效的物流系统，其中以配送系统为最重要。便利店因为卖场不大、商品种类多，所以库存必须压缩到最小限度，以节省空间，而消费者需求多样化，在商品供应便利店时必须掌握时效、多样、便利等特点，因此，如何善用物流配送系统是连锁便利店经营制胜的关键。

有鉴于此，许多便利店经营者投资成立自己的物流中心或是与知名物流企业合作，来掌握有效率的物流配送系统，为便利店带来竞争优势，由于第一组中的公司门店数目都达到了一定的规模，因此，有能力把物流配送系统独立出来，通过垂直整合物流配送，便利店公司可以更加有效地掌握配送的效率和价格，进而创造出更多的价值。

3. 快速、密集地开店

第一组中的公司都采用快速、密集的开店策略，因为多点的经营可以提升便利店在采购方面的规模经济，增强谈判力，并且因为有较多的门店，可以增强消费者对公司的印象，提高企业的知名度，并可以借此规模分摊在渠道、广告、信息系统等各方面的成本。

4. 加强企业形象

第一组中的连锁便利店公司为了维护企业形象，纷纷利用广告宣传、CIS、积极参与公益活动，增强市场竞争力，以此为策略的基本方向，让消费者对便利店产生认同感，提高消费者的满意度。

例如 7-11 利用广告优势，让消费者产生 7-11 是你的好邻居，"有 7-11 真好"的印象，提升消费者来店率。全家便利店于 1993 年导入全新的 VI 形象，以星星和月亮为商标，象征 24 小时不分昼夜的服务精神，蓝色和绿色组合表示清爽、舒适的购物环境，全家期望通过这些设计创造出良好的企业形象。

5. 集团内信息共享的绩效

第一组中的便利店公司非常重视信息共享，便利店通过信息系统或是各种销售信息的积累，可以向集团内的制造商或是有良好关系的供应商和物流配送商提供销售信息及消费需求情报。

供应商可以利用这些信息，研发出更符合顾客需求的产品，而成功的新产品也可以刺激便利店销售量的增长和周转率的提高，这样就可以共创双赢的局面。

（二）第二组的经营策略

第二组中的便利店公司为了避免与第一组的便利店公司的强势竞争，并快速抢占市场份额，因此，他们往往致力于创造区域的相对规模的优势，为此必须能快速展店，基于配送专业化的考虑，他们通常将配送业务外包给第三方物流企业。

第二组中的便利店主要从以下两个方面加强了管理：

1. 创造区域优势

在第二组中的企业都是本土化的企业，其落点的策略为"农村包围城市"，中日以中部为扩展的中心、界扬以高雄为主要的经营范围、富群以台北县为主，这些企业都避开最主要的竞争地区，此组企业门店数已达一定的水准，其主要的策略是以区域性的经营使其在区域的相对规模变大，在区域内取得较高的竞争地位。

2. 配送业务外包

第二组中的企业，其规模还没有大到可以在配送上产生规模经济，而且物流配送系统的建立也需要相当的技术及庞大的资金，因此，这些企业将配送这项价值活动外包给专业的物流企业来经营，本身只需专注门店的经营与扩张，这样有利于门店数目的扩充。

（三）第三组的经营策略

第三组中的便利店公司在便利店产业中处于最弱势的情况下，致力于差异化，以求得生存空间。因此，在商品组合方面，第三组的企业结合母公司的产品形成产品特色，期望在区域中创造出局部优势。

第三组中的便利店连锁公司主要从以下几个方面加强了管理：

1. 结合母公司产品的复合店

这一组中的便利店都有从事食品制造的母公司，因此，在商品组合上结合母公司的产品形成了产品特色。如新东阳最大的优势在于拥有集团雄厚的资源，且新东阳便利店展店灵活，与开店场所结合，不同性质的地区做不同的商品组合，有利于母公司对产品信息的掌握，期待以差异化的商品组合开发市场取得获利空间，使本身小型的规模能够立足于激烈的竞争中。例如，加油站型、捷运站型、医院型、百货店型等。

2. 创造地区局部优势

第三组的企业都是母公司的企业从事物流配送，多数企业进入便利店经营的时间较晚，因此，开店的地理范围以统一区域为主，以此产生相对规模、在配送上更有效率，例如，福客多 1998 年以开店 200 个为目标，在开店区域上以台北地区为主，经营形态由直营逐渐转向加盟，以加盟店的增长为主要考虑内容。

综上所述，便利店经营中占据领先地位的企业，在物流配送、销售、订货的管理、供应商的整合程度、企业形象、开店速度等方面都有较好的表现。为维持其竞争优势，第一组中的便利店公司不断快速推出新商品，加快展店速度，以期在台湾地区这样一个有限的市场范围内，抢占最大的市场占有率，压缩其他便利店公司的获利空间，稳固并扩大获利及市场地位。

第二组的便利店公司在经营绩效上比第三组的公司强，而且这一组内的企业扩店的策略都是避开主要的竞争区域，期望在低竞争下迅速扩张店数规模，以区域性的经营，增强其在区域内的相对规模，在稳定的状态下快速抢占市场占有率，但其市场占有率却是与第三组便利店公司相争，无法动摇第一组企业的市场占有率，在各企业中，以富群发展最为迅速，市场占有率快速上升。

第三组中的企业由于先期发展并不顺利，致使其规模在三个组中处于弱势，第二组中的企业快速发展，压缩了此组企业的生存空间，因此这一组的企业的重要任务是如何维持市场占有率，确保生存空间，各企业都结合其集团母公司的产品，力求差异化。

第七章 台湾地区低温食品物流管理作业指南

　　冷冻食品、冷藏食品等须温控的低温食品和其他加工食品最大的不同在于，采用"低温控制技术"加工以及全程低温（冷冻食品-18℃以下；冷藏食品7℃以下，冻结点以上）监控的仓储、运输和陈列与零售，达到保存食品原有质量（包括色、香、味、口感、营养），以及卫生安全（抑制微生物生长）的效果等，使食品保存与流通的时间得以延长。强调的是以低温控制的技术和原理，来达到维护和确保产品卫生安全和最佳质量的目的，因此产品的质量和卫生监控就必须涵盖加工制造和出厂以后的仓储、运输和陈列与零售等过程，甚至是消费者购买后的储存和食用。[①]

　　其中，低温食品制造后成品的仓储、运输和陈列与零售等物流部分的质量监控则在强调品温控制和维持，即必须要使用具有制冷效果的冷冻、冷藏库来储存，并以冷冻、冷藏车来配送及食用冷冻、冷藏柜来陈列与零售。冷冻、冷藏等低温食品的品温需要加以控制，亦即监控低温链的全程是否断链，此即冷冻、冷藏食品的T-T-T（Time-Temperature-Tolerance）因子。

　　台湾卫生主管部门为了协助企业建立完善的低温食品物流系统，确保冷冻、冷藏食品的质量及卫生安全，提供满意的饮食生活环境，委托中华CAS优良食品发展协会进行模范低温食品零售店评鉴工作。20世纪90年代起更将范围扩大至物流业者，针对低温物流业者倡导正确的低温物流观念，例如，冷冻食品在装载配送时，冷冻车厢必须先降至-10℃以下，才开始装货，同时装货时间不得延滞过久，装货后在配送过程中还要维持车厢温度在-18℃以下，以免冷冻食品在环境温度下暴露过久或与冷冻车厢的温差过大而造成品温回升，影响产品质量。

---

　　① 邓汝春.冷链物流运营实务［M］.北京：中国物流出版社.

至于陈列零售过程中，基于冷冻、冷藏等低温食品的 TFT 因子，除了陈列柜必须控制在能够维持产品品温于－18℃以下（冷冻食品）或 7℃以下冻结点以上（冷藏食品）外，冷冻、冷藏食品的陈列销售亦不得超过其陈列柜的最大装载量，陈列方式也不能影响到冷风的循环，同时还要定期理货，将冷冻、冷藏等低温食品推陈出新，如此才能确保低温食品的质量与卫生安全。

以下为收集相关数据汇整后提供低温食品物流业界参考的"低温食品物流管理作业指南"内容。

一、目的

本指南提供各种低温食品于制造完成后，成品的仓储、运输、陈列销售及消费等过程的储运销设备及作业标准，以使低温食品与仓储、运输配送、零售等物流销售阶段，能一直保持低温食品的良好质量与卫生安全，并作为低温食品制造业者、仓储运输配送业者、展售业者以及使用低温食品的膳食团体，如学校、医院、饭店餐厅等直接用户处理低温食品的参考。

本指南系参照台湾地区卫生主管部门公告的食品良好卫生规范内容中有关第五章食品物流良好卫生规范以及第六章食品零售业者良好卫生规范相关内容制定，故业者应于符合食品良好卫生规范相关规定的前提下，参考实施本指南。

二、适用范围

本指南中所称之低温食品系指台湾地区卫生主管部门公告之食品良好卫生规范中第二十三条所称的冷冻、冷藏食品，以及食品卫生标准中所称的食用冰块、冰淇淋、冷冻水果等冰类制品，必须在良好的低温控制的仓储（含简易组合包装）、运输与陈列零售等冷冻、冷藏链系统下处理方能确保食品的卫生安全与质量者。

生鲜果蔬除有低温障碍者，依生鲜果蔬个别的储存温度特征，适当地控制在低温状态来储运和陈列零售。

本指南可应用于低温食品制造以及从事低温食品储存、运输、陈列、零售等处理作业者。

三、本指南用词定义

低温食品。包括冷冻食品（食品中心温度须维持在-18℃以下）和冷藏食品（食品中心温度须维持在7℃以下冻结点以上），以及食品卫生标准中所称之使用冰块、冰淇淋、冷冻水果等冰类制品。

物流。物流是一种物的实体流通活动行为，在流通过程中，通过管理程序有效地结合运输、仓储、装卸、包装、流通加工、信息等相关物流机能性活动。

低温食品物流系指在低温食品流通过程中，通过管理程序有效地结合低温环境操作的运输、仓储、装卸、包装、流通加工、信息等相关物流机能性活动。

冷冻食品系指以一种或一种以上的农、水、畜产品为主原料，经适当的加工处理、急速冻结、保持冷冻状态下妥善包装，并应维持产品品温于-18℃以下储存、运输、零售的食品。

冷藏食品系指以一种或一种以上的农、水、畜产品为主原料，经适当的加工处理后，快速冷冻、妥善包装，且在7℃以下冻结点以上的温度范围内储存、运输、零售的食品。

低温障碍又称冷伤，系指某些水果、蔬菜在储存中，温度降低至某一界限以下的低温时，虽然并无冻结，但表面或内部却发生变色、凹陷或正常的后熟作用被妨碍，生理缺陷者，称为低温障碍，如香蕉置于12℃以下的温度储存时所发生的果皮黑变。

低温仓库系指冷藏库及冻藏库的统称。

冷藏库系指具有制冷装置，可维持库内温度于4℃以下，且能维持产品品温于7℃以下冻结点以上能力的储存库。

冻藏库系指具有制冷装置，可维持库内温度-23℃以下，且能维持产品品温于-18℃以下能力的储存库。

产品品温系指产品之任何部分与储存温度达成平衡的温度，一般系指产品中心温度。

中心温度系指低温产品内部温度最高点所显示的温度，一般指产品中心位置的温度。

低温食品展售柜系指任何用来陈列和展示冷冻、冷藏食品以及零售的设备。

冷冻（藏）柜系指低温食品在制造完成后，经储存、运输配送、零售到消费者手中的一贯过程，其作业处理均可以使低温食品品温分别维持在7℃到冻结点之间或−18℃以下，确保低温食品的安全和质量的系统。

最大装载线系指冷冻（藏）展示柜内食品堆放最高限制的标记线，通常以红线标示。

最大装载量系指冷冻（藏）仓库、展示柜或配送车辆内可堆放食品的最大容积量。一般建议冷冻（藏）仓库、展示柜或配送车辆内可装载低温食品的最大装载量为总容量的80%。

运输系指低温食品从一仓储中心或制造厂之冷冻（藏）库运输送到另一个仓储中心的冷冻（藏）库内的过程，通常指距离较长或者长途少站的输送方式。

配送系指低温食品从区域性仓储中心的冷冻（藏）库输送到零售店的冷冻（藏）库或低温食品展售柜上零售的过程。通常指距离较短或短距离多站的输送方式。

理货作业区系指仓储中心内按客户订单的品项及数量等需求，将储存货品依序点货整理，再依据送货的先后顺序加以排列堆积，以利于后续货（柜）车装载的处理场所。

装载、卸货区。将装载于货（柜）车内的低温食品移入仓储中心或零售场所，或是从制造厂商、仓储中心内将低温食品装载于货（柜）车内等作业场所。

四、低温食品仓储之管理作业指南

低温食品仓储作业企业应建立完善的仓储管制作业程序，包括低温仓库的温度管制、仓储作业管理以及所有产品进货、储存、搬运、理货和出货等相关管理系统和应有的记录窗体，并据以执行。

低温仓库应有足够的容量，且应装配适当的冷冻、冷却制冷系统，使库内温度可以维持在-23℃以下冻藏条件，或4℃以下冻结点以上的冷藏条件的能力，以维持冷冻食品中心温度可以控制在-18℃以下，冷藏食品中心温度可以控制在7℃以下冻结点以上。

低温仓库应具备适当的设备，如出入门扉及遮蔽棚设备，能与运输商运输配送的厢体紧密结合，以降低装卸货时外部温湿空气的进入。

低温仓库内每一储存空间内均应设置温度测定装置，其灵敏度及显示刻度至少可达1℃或更佳，且应能正确反映该区域的平均空气温度，并依据规划持续（每天至少三次或采取连续式）记录库温的变化，且保存温度记录一年以上。

低温仓库应有适度的照明，照明设施应有安全设计。

低温仓库的出入库区宜有避免暖空气直接进入的设计，及避免低温食品暴露于暖空气过久而产生结露的缓冲区设计。

低温仓库应由适当的堆积栈板货架，货架排列及栈板堆栈方式应能使产品热量迅速去除，且不会影响到库内冷风的循流。

低温仓库的仓储操作应能使产品温度维持在制造业者所设定的食品储存温度。

低温仓库内装载、卸货及理货作业区应力求密闭，除非是作业上的必要，各作业场所的门扉应保持关闭，内部的任何拆箱理货、搬运作业或堆栈作业应迅速，以避免低温食品暴露于高温、多湿的环境中过久，而使产品温度提升及表面冷凝水的产生。

低温仓库应避免低温食品品温的过度变化，并降低其发生频率。物品的存放不宜置于出入门扉及人员进出频繁的附件区域。

低温食品和冷却器表面的温差应尽可能降至最低，且应避免过度的冷风循流。

未冻结、部分冻结或未冷却的产品不宜直接置于低温仓库内。冷藏食品与冷冻食品不可混合存放，同时具有强烈、独特味道的低温食品应单独存放，且应有换气设备。

低温食品堆栈时宜使用标准栈板（1.0m×1.2m，高度15cm），货品堆栈应稳固且有空隙，并利于冷风循流及维持所需的温度。同时不能紧靠墙壁、屋顶或与地面直接接触，离墙离地应有适当距离（建议在10cm以上）。

低温仓库应定期除霜，以确保其制冷能力，进行除霜作业期间，应尽量避免冰、水滴到低温产品上。

低温仓库应定期清扫，库内不能有秽物及食品碎片，相对高湿度的低温仓库应避免其内壁长霉。

用于搬运、储存低温食品的载具、运输车辆、栈板等应定期清洗和维持清洁，低温仓库仓储人员应记录每批产品的入库温度、时间、产品有效日期，以及堆栈位置等，同时依食品良好卫生规范保管产品，并保存温度记录至该批食品有效日期的后六个月。

低温食品验货时，产品温度一旦异于制造厂商所设定的产品保存温度时，不论是高或是低，仓库管理员应马上通知货主并要求处理。

每一批低温食品储存前，应有明显的产品标示，以便能有效辨识。

低温食品仓储业者应依先进先出原则，并按产品有效期限排定出货顺序。

装载、卸货及理货作业区内的环境温度应依低温食品的特性加以控制，原则上均应维持在15℃以下，各区应有适当区隔及管理。

温度计或温度测定器等用于测定、控制或者记录的测量器或记录仪，应能发挥功能且须准确，并定期矫正。

低温食品仓储业者执行简易组合包装时应以不破坏原始食品的完整包装为原则，从事简易组合包装人员亦应遵守食品良好卫生规范的相关规定。

低温仓库内部应装置警铃、警报系统，使作业人员在危机状况或者系统设备出现故障时，可迅速获得帮助。

低温仓库应装设温度异常警报系统，一旦制冷系统发生故障或温度异于所设定的警戒线时，可迅速由专业人员加以维修和处理。同时应备有紧急供电系统，以便于停电、断电、跳电等突发状况发生时，维持低温仓储的正常运作。

五、低温食品运输配送的管制作业指南

1. 运输车辆的要求

从事低温食品储运业者除应有本指南第五章第二款所列之低温仓库以及相关设施外，同时应备有足量可维持低温食品在-18℃以下的冻藏条件或7℃以下冻结点以上的冷藏条件的低温运输配送车辆。

2. 设备要求

低温食品运输设备应与运输配送的低温食品所需的条件相符，并应有符合装载及卸货期间作业条件、运输期间冷风循流的温度计所需运输时间等要求的设备。

3. 低温食品运输车辆厢体构造和设施应符合的条件

（1）结构良好、可密闭及有效地隔热，且装设适当的制冷系统和冷风循流系统，在运输期间装载货品均能维持产品温度在产品标示的储运温度下。

（2）应于低温运输配送厢体内适当位置装设温度感应器，以显示运输厢体内正确的空气平均温度，且应有温度自动记录设备，该设施的指针或数字显示部位应装设于厢体外运输配送作业人员容易看到的位置。

（3）应装设厢体防漏实施，包括紧密关闭的车扉、减少门扉开启时内部冷气损失装置以及适当的排水孔密闭装置，以防止空气泄漏。

（4）棚架、枝条、调节板等构造应能保持装载货品周围空气循流的畅通（使用蓄冷板或相似构造者除外）。

4. 低温食品运输车辆的厢体内部构造、材质选用应注意的事项

（1）所有可能和食品接触之表面必须使用不会影响到产品风味及安全性的材质。

（2）厢体的内壁必须使用平滑、不透水、可防锈、能耐腐蚀及清洁剂和消毒剂的材质。内部各板材的接缝少，且须用充填材料填入接缝。

（3）载运低温式的货柜厢体的热传导系数（K 值）应低于 $0.2W/(0.2w/cm·K)$。

（4）厢体底部应有沟道，以确保空气的循环流动。

（5）厢体内应有安全装置，以防人员被反锁。

（6）除了厢体内部设备及固定货物所需的设施外，不应放置具有突状物或尖角的设施或物品。

（7）若使用的制冷系统可能对人体有害时，应有警语标示及安全的作业措施以确保人员安全。

（8）制冷系统泄漏时，应特别注意到所使用之冷媒的成分及毒性程度。

（9）假如使用对人体安全有影响的消耗性冷媒时，厢体出入门扉附近明显处应有适当的警语标示，以防人员在未经适当换气以前进入厢体内。

低温食品运输配送厢体应定期检查和保养维修，避免厢体伤害导致破坏其隔热层的密闭性，应确保其隔热及冷风循流系统良好，所有温度的量测装备及仪表亦应每年至少委托具有公信力的机构校正一次，并做成记录。

运输配送厢体的制冷系统不能使用或出现故障时，不得装载低温食品。

运输配送作业时，厢体内应随时保持清洁，不能有秽物、碎片或其他不良气味或异味，以防止产品受到污染，同时应维持良好的卫生条件，用于载运低温食品的厢体不可载运会污染食品或有毒物质。

低温运输配送厢体于装载前，应检查车辆及运输装备以及制冷系统和除霜系统是否处在良好状态，厢体内应无结霜产生且与装载区结合的门扉应保持良好无损坏。

装载低温食品前，厢体应予遇冷，至内部空气温度达10℃以下才能开始装货，同时对装载区的作业时间、能量消耗、温度均应适当控制。

低温食品的装载、卸货及运输配送等作业应在最短时间内完成，使产品暴露于温湿环境的时间降至最低，同时亦应有适当的措施以降低低温效果的损失，确保产品温度应能保持在制造厂商所设定的产品温度。

低温食品的堆积排列应稳固，厢体内的冷风能在所载的低温食品周围循环顺畅，冷风的出入口应避免迂回现象产生，致使循流的空气量不足，同时循流的空气温度各点的温差应在3℃以内。

运输配送人员应具备检测产品温度的能力，一旦产品温度未达规定温度时，应予以适当处理。

低温食品的品温在装载、卸货前均应加以检测及记录，并保存记录至该批食品的有效日期后六个月。

运输业者应记录装卸货的时间、冷风循流的回风温度、运输配送期间制冷系统运转时间等。运输配送期间，作业人员应该经常检测和记录厢体冷风温度，并保存记录至该批食品的有效日期后六个月。

运输期间检测的温度应记录在装卸货物的运输文件上，以利接货验收人员的查看，同时验收人员亦应确实检测，一旦检测结果超过验收标准设定的温度时，应退货，免遭误用。

温度检测的位置应由货主及运输业者或运输业者及验收人员共同决定，并针对同一样品，在低温仓库内的环境条件下加以完成。

有关低温食品品温以及外观质量的检测只有在低温的环境下方可进行。

运输配送期间，厢体门扉开启频率应降至最低。

一旦装载或卸货作业中断时，低温厢体门扉应保持关闭，且制冷系统应保持运转。

运输商配送的车辆或者厢体重要部位意外损坏时，应进行货品的损坏调查，并安排适当的运输工具及良好的运输配送厢体进行后续的运送作业，如有卸货及再装载的作业，亦应尽快完成，并测试产品温度计记录结果。

六、低温食品展售的管制作业指南

低温食品零售业者应具有足够空间，且可维持低温食品品温于-18℃以下及7℃以下冻结点以上的低温食品展售柜和低温仓库（储存柜），以便于库存控制。

低温食品于低温仓库储存期间应遵循本指南低温食品仓储管理作业指南的相关规定。

低温食品展售柜或低温仓库应备有冷风循流系统，且应有维持柜（库）内温度于-23℃以下及4℃以下冻结点以上的能力。

低温食品展售柜应具有除霜系统，以维持其冷冻能力。

低温食品展售柜应有适当的措施，如货架或隔板、夜间遮蔽罩等，以利冷风循环以及防止外界的温湿空气进入柜内。

低温食品展售柜均应装置准确的温度计（建议准确度可达1℃以上），以确实显示柜内温度。温度计的感应部分应设于蒸发器冷却盘管的回风循流的位置上。

低温食品展售柜应具有清楚辨识低温食品的装载限制线，即最大装载线的符号。

低温食品展售柜内装设的货架或隔板应有足够的孔洞，以确保冷风能在柜内充分循流。

低温食品零售店有权拒收产品温度高于制造厂商设定的产品保存温度的低温食品。

低温食品于展售柜储存期间，应能保存产品品温于-18℃（冷冻食品）或7℃

（冷藏食品）以下。

低温食品不得置于低温柜最大装载线以外的区域。

展售的低温食品应遵守先进先出的存量管制并定期翻堆。

低温食品从运输配送厢体到展售柜的实际延迟应降到最低。

非低温食品的品项或温度较高的产品不宜陈列于低温展售柜内，以免影响低温展售柜的低温效能。

售价标示作业应在不会影响低温食品品温的环境下进行。

低温展售柜不可设置于通风口、阳光直接照射、热源等设备或其他可能会降低其功能等因素的位置。

低温食品展售柜内应保持干净并维持冷风循流的通畅。

每天应记录低温展售柜之温度至少三次以上，如有异常应采取必要的矫正措施。

低温食品展售柜的温度应每年至少委托具有公信力的机构校正一次，并做成记录，以维持正常的功能。

温度的检测不应在除霜期间完成，除霜的时段应能在低温展售柜上清楚显示，作业上许可的话，包装产品内的品温也必须加以测试及记录。

低温展售柜的空气冷却器和冷冻机应定期清洗，同时除霜系统亦应定期检查，每天应定期除霜，以维持其冷冻能力，同时除霜水的出口应保持干净通畅。

低温展售柜发生故障或电源中断时，应停止零售，并采用各种保护措施，一旦障碍排除，应立即测定产品品温，若有解冻现象，则产品不得零售。

零售店应自备有小型发电机（足够所有的低温设备使用的电力），以备电源中断时使用。

低温食品零售店的管理人员应具有检测产品温度的能力，并确实执行进货时的验收温度管理。

第八章 台湾地区对大陆发展冷链物流的启示

台湾地区冷链物流在运营管理、体系设计、运输配送、信息技术方面已经取得了很好的成绩，对于大陆发展冷链物流有一定的借鉴意义。

一、建立完善冷链物流体系

台湾地区经过多年的发展，已建起了水运、铁路、公路、民航共同发展的综合冷链物流体系，各种运输方式之间实现了较好的衔接和配合，形成了与世界经济发展相匹配的冷链物流网络，深化了冷链物流的延伸服务及经营模式。

大陆目前公路、铁路、水运和航空等冷链运输发展迅速，但是多种运输方式的结合还有待提高，需要实现无缝衔接，从而达到全程冷链、不断链的要求。

二、打造冷链物流发展模式

台湾地区冷链物流业取得的成绩并不是一蹴而就的，而是从传统储运单一功能逐渐向现代物流转化，主要得益于物流界人士学习了发达国家的先进经验后对冷链物流的经营理念有了深刻的认识，然后结合台湾地区实际，实现本土化后出现了质的飞跃。

因此，发展冷链物流并没有固有模式可以照搬，需要结合大陆实际情况进行，在经营理念、运作模式、作业流程等方面因地制宜发展冷链物流，在台湾等地的经验借鉴和影响下，建立出适合大陆发展的冷链物流模式。

三、构建基于供应链的冷链物流

冷链是一条特殊的供应链，整个供应链中由多个环节组成，从农产品的种植、采购、加工、流通和配送，直至零售和消费的全过程，涉及许多企业，是一个复杂的系统工程。为了保证农产品的质量，减少农产品的损耗，防止农产品的变质和污染，农产品在从生产到消费过程中的各个环节上始终都应处于低温环境中，其中一个环节出现问题就会导致整个供应链失败，所以要求各个环节参与者应具有很高的组织协调性，以保证冷链运作的成功。大陆农业产业化程度和产供销一体化水平不高，供应链上下游之间缺乏整体的规划与协调，农产品供应链上存在严重的失衡和无法配套的现象。因此，农产品供应链上的各方应共同配合，引入供应链管理思想，冷链各环节的参与者结成战略伙伴关系，构建基于供应链的冷链物流网络，特别是建设冷链物流网络中的配送中心。在农产品供应链的上下游之间建立冷链物流配送中心，可以形成高效的冷链物流运作模式，以促进农产品供应链各方冷链物流运作的有效对接。

第四部分　全球篇

第一章　全球冷链物流发展现状

冷链物流在欧美、日本等国经历了近百年发展，已经有了较为完善的标准、较为成熟的管理经验和市场。在印度、大陆等国家或地区，冷库建设及其相关的行业投资在近五年大幅增长，受到政府的重视和支持，当地的冷链物流企业迅速发展，外来冷链投资商、运营商也不断涌入这些新兴市场。而在另外一些欠发达国家和地区，冷链发展落后，特别是疫苗的冷链运输和配送成为非常棘手的问题。

一、全球冷链物流发展概况

（一）欧洲和美国冷链发展已比较成熟

冷链起源于 19 世纪上半叶的欧洲和美国，以冷冻机的发明和电冰箱的出现、各种保鲜和冷冻食品进入市场和家庭为标志。随着以家用电冰箱为代表的家庭冷藏设备的普及与多样化，超级市场的出现促使易腐且具有高营养、高品质的食品以冷藏商品的形式进入市场，加之以微波炉为代表的家用解冻和热加工设备的问世及普及，推动了食品冷链的发展和完善。

20 世纪 30 年代初，欧洲和美国的食品冷链体系已经初步建立，从生鲜食品的预处理、加工、包装、储藏、运输到配送、销售在内各环节形成一种低温连环式结构。20 世纪 40 年代，欧洲的冷链在第二次世界大战中被摧毁，但战后又很快重建。50 年代冷冻食品直接以商品形式出现。而后到 20 世纪末期，各类低温食品冷链达到基本完善程度，医药冷链也得到发展。

进入 21 世纪，欧美发达国家的冷链体系进一步完善。通过在政府立法、审核认证、协会行业标准及企业的标准体系、管理体系、产品召回等各个环节的改进，涉及生产、加工、分拨、仓储、配送、售后等全程冷链物流体系完善。

目前，全球冷链市场最大的国家和地区当属美国，其冷链物流发展达到世界领先水平。随着冰鲜及冷冻食品需求的增加和全球化背景下食品交易活动的大幅增加，以食品为例，近 50 年美国低温食品产量增长了 1379 倍，冷冻食品的年产量达 2000 万吨，品种 3000 种，产值超过 500 亿美元，人均年占有量 60 公斤以上。欧洲国家、日本位居其后，在欧洲，冷冻食品年消费量远远超过 1000 万吨，人均占有量近 30 公斤，德国是冷冻食品发展最大的市场之一；日本消费量 3000 万吨左右，人均占有量接近 20 公斤，近 20 年来速冻食品产量增长了 53 倍。由于技术改进，最大的水果、蔬菜和乳制品生产商正在使更多的冷冻食品走出国门。

（二）冷链产业向印度、中国大陆等新兴市场转移

2010 年后，在全球经济不景气情况下，冷冻食品行业却因为大量投资而表现出良好的发展态势，政府所采取的各种措施也给这个市场带来活力。由于欧美国家，市场基本饱和，处于技术更新，设施、设备改造优化阶段，行业巨头便把投资逐渐转向新兴市场，如亚洲和拉丁美洲。这些国家或地区庞大的人口基数，消费者的喜好、口味的改变和对食物品质要求的提高，让世界冷链巨头看到了巨大的市场容量和空间。其中，印度和大陆是全球冷库建设最快的地区。在进入方式上，欧美等国家的行业巨头一般通过收购规模较小的本地公司，进入要开发的市场。

二、全球冷链设施建设现状

（一）全球冷库能力分析

据国际冷藏库协会数据库统计，2010 年全球冷库总容量为 4.58 亿立方米左

右，其中3.1亿立方米是公共仓库（租用），2008~2010年新增加冷库容量约1.92亿立方米，其中有5.5亿立方米为公共冷藏库，全球公共冷藏库容积保持20%以上的年增长率、10%左右的年均复合增长率。根据2010年的数据显示（如图4-1-1所示），全球冷库建设总容量最大的国家为美国、印度和中国大陆。冷库容量大不意味着冷链物流水平高，衡量一个国家或地区冷链物流水平还要将冷链设施能力与人口、土地面积、经济水平结合分析。

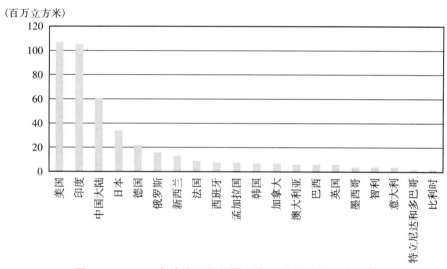

（百万立方米）

图4-1-1　2010年冷库总容积最大的20个国家冷库容积[①]

如图4-1-2所示，近年以来冷库容积增长最快的是印度、哥斯达黎加、巴西等国，日本、丹麦、美国等国保持缓慢增长。

表4-1-1提供了2008年和2010年各国冷库总容积和城镇人口人均冷库容积的完整数据。图4-1-3和图4-1-4更为直观，分别表示城镇居民人均冷库容积大于等于0.1立方米和小于0.1立方米的国家的冷库拥有量。2010年，城镇居民人均冷库容积前三名的国家为荷兰、芬兰、美国，而排名最后的为马来西亚、土耳其和阿根廷，中国大陆、英国、瑞典等国处于中等水平。见图4-1-3、图4-1-4。

2012年，荷兰继续成为人均冷库容量最高的国家，每人拥有冷库容量1.14立方米。人均拥有冷库容量为0.30立方米的国家有冰岛、丹麦、英国、美国、

---

① 摘自RIAW，因2010年部分数据无法获得，所以以2008年数据替代。

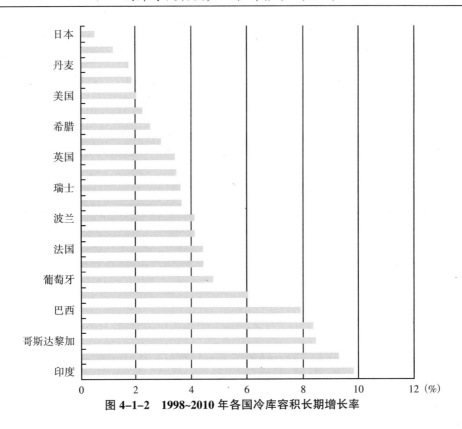

图 4-1-2　1998~2010 年各国冷库容积长期增长率

表 4-1-1　2008 年和 2010 年各国冷库总容量与人均容量表（百万立方米 & 立方米）

国家	2008 年		2010 年	
	总容积	城镇居民人均①	总容积	城镇居民人均
阿根廷	0.5	0.014	—	—
澳大利亚	6	0.315	—	—
奥地利	0.8	0.142	—	—
阿塞拜疆	—	—	0.308	0.067
孟加拉国	7.76	0.179	—	—
比利时	2	0.193	—	—
巴西	4.5	0.028	5.711	0.034
加拿大	6.89	0.257	—	—
智利	0.872	0.059	4.007	0.263
中国	15	0.025	61.391	0.097

---

① 根据世界的普遍情况，具有冷冻食品等消费能力的中产阶级人口普遍集中在城市或城镇，因此统计城镇人口。

续表

国家	2008 年		2010 年	
	总容积	城镇居民人均	总容积	城镇居民人均
哥伦比亚	0.12	0.004	0.088	0.003
哥斯达黎加	0.09	0.031	0.352	0.118
丹麦	1.9	0.404	—	—
萨尔瓦多	—	—	0.233	0.061
芬兰	1.8	0.543	—	—
法国	8.5	0.177	—	—
德国	13.4	0.221	21.8	0.361
英国	5.6	0.102	—	—
希腊	0.9	0.129	—	—
危地马拉	0.07	0.011	0.326	0.046
印度	18.58	0.055	105.138	0.295
爱尔兰	1.7	0.63	—	—
意大利	3.5	0.086	—	—
日本	28.381	0.334	34.06	0.4
马来西亚	0.013	0.001	—	—
毛里求斯	0.03	0.055	—	—
墨西哥	1.35	0.016	4.075	0.048
摩尔多瓦	—	—	0.769	0.521
纳米比亚	0.04	0.051	—	—
荷兰	12.6	1.154	—	—
尼加拉瓜	—	—	0.213	0.064
挪威	1.5	0.384	—	—
巴拿马	—	—	0.446	0.17
秘鲁	0.08	0.004	0.416	0.019
南非	0.44	0.015	—	—
韩国	—	—	7	0.175
西班牙	8.2	0.236	—	—
瑞典	0.9	0.118	—	—
瑞士	1	0.193	—	—
土耳其	0.4	0.008	—	—
美国	70.741	0.291	107.476	0.433
委内瑞拉	0.35	0.013	—	—

德国、挪威、乌拉圭和澳大利亚。上述国家之间的食品贸易非常发达，这就是他们拥有较高冷库容量的原因之一。

在 4 个新兴市场国家中，俄罗斯、印度和中国大陆已经达到了中等冷库市场

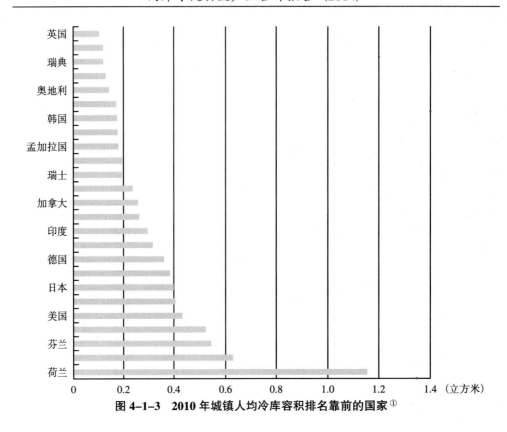

图4-1-3　2010年城镇人均冷库容积排名靠前的国家①

水平，加拿大、法国和其他一些欧洲国家也达到了中等水平。在这些国家中，人均冷库容量从0.10立方米到0.30立方米不等。区别产生原因主要是城镇化率的高低：中国大陆仅为45%，而其他国家为70%~80%。当然，由于中国大陆正处于城镇化发展的阶段，与其他城镇化率稳定的国家相比，它拥有冷库发展的巨大潜力。

人均冷库容积小于0.07立方米被称为冷库行业最不发达，包括埃塞俄比亚、印度尼西亚、坦桑尼亚、孟加拉国、秘鲁和哥伦比亚。秘鲁、哥伦比亚和巴西正快速发展冷库市场。

表4-1-2显示了可统计和可查到的各国公共、私人和国有冷库容积，巴西、中国大陆、日本、德国、美国等国存在相对大比例的公共（出租）冷库，而印度、尼加拉瓜、智利等国则是私人冷库占绝大部分。

---

① 城镇居民人均冷库容积≥0.1立方米。

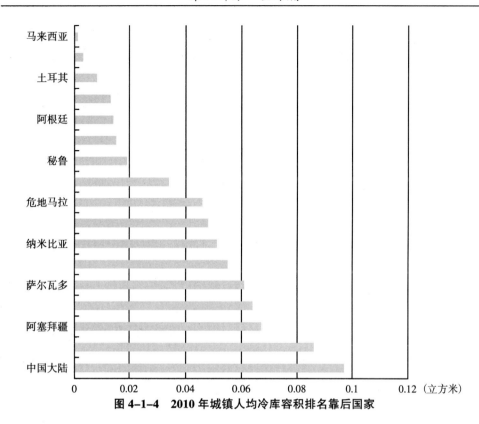

图 4-1-4 2010 年城镇人均冷库容积排名靠后国家

表 4-1-2 2010 年各国冷库结构、经济和人口情况统计表

国家	总冷库容积（百万立方米）	公共（出租）冷库容积（百万立方米）	私人冷库容积（百万立方米）	国有冷库容积（百万立方米）	人均生产总值（美元）	家庭消费增长率（%）	人口（百万）
阿塞拜疆	0.31	0.31	—	—	8752	0	8.78
巴西	5.71	5.43	0.001	0.28	9455	0.8	19.3
智利	4.01	1.01	2.99	—	13057	0.6	17.1
中国大陆	61.37	54.07	7.32	—	6200	19.2	1312.5
哥伦比亚	0.09	0.004	0.05	—	8135	-0.5	46.9
哥斯达黎加	0.35	0.05	0.3	—	10085	-3	4.66
萨尔瓦多	0.23	0.03	0.2	—	6020	-9.8	6.21
德国	21.8	15.3	6.5	—	32255	0.4	82.9
危地马拉共和国	0.33	0.05	0.27	—	4286	0.7	14.4
印度	105.14	0.46	100.65	4.03	2970	5.6	1184.1
日本	34.06	28.81	5.25	—	29692	-0.2	126.8
墨西哥	4.07	1.63	2.44	—	6099	-6.1	107.4
摩尔多瓦	0.77	—	—	—	2592	-13.5	3.6

续表

国家	总冷库容积（百万立方米）	公共（出租）冷库容积（百万立方米）	私人冷库容积（百万立方米）	国有冷库容积（百万立方米）	人均生产总值（美元）	家庭消费增长率（%）	人口（百万）
尼加拉瓜	0.21	0.01	0.2	—	2398	−2	6.6
巴拿马	0.45	0.05	0.4	—	11857	0.7	3.5
秘鲁	0.42	0.23	0.19	—	7836	2.3	30
俄罗斯	16.12	—	—	—	13611	−17.9	141.7
塞尔维亚	1.29	—	—	—	9968	−3	7.3
韩国	7	—	—	—	25493	0.2	49.5
美国	107.48	82.14	25.33	—	41761	−0.9	309.6

人均国民生产总值和城镇人口人均冷库容积不存在明显的正、负相关的关系，除经济因素以外，一个国家或地区的冷库规模可能与饮食习惯、政府的重视程度、领头企业等都有一定关系。而根据各国家庭消费增长率，中国、印度的家庭购买力大幅增长，而俄罗斯等国的家庭消费能力则在降低。

（二）全球冷藏车辆概况

根据美国 2010 年的行业数据显示，全球每年大约生产 80000 个远洋冷藏集装箱，其中约有 6700 辆铁路冷藏集装箱。

在公路运输方面，欧美国家冷藏保温车的发展较早，目前已成为专用汽车的主要种类之一。美国冷藏保温车约占全国货车保有量的 0.8%，其中冷藏保温挂车和半挂车，占货车总数的 9.7%；法国现有冷藏保温车挂车和半挂车占全国运输汽车总数的 1%；德国冷藏保温车、半挂车占全国货车总数的 2%。英国冷藏保温车占全国货车总数的 2.8%；日本年产冷藏保温车 2 万~3 万辆，冷藏保温车保有量近 9 万辆；俄罗斯冷藏保温车约占货车总量的 2.3%。这些国家冷藏保温车结构、工艺先进，拥有完善的性能试验体系，欧洲早已建立了冷藏运输工具的试验基地和试验中心，例如，奥地利维也纳亚森纳尔试验站、意大利的帕多瓦和罗马试验站、德国的慕尼黑试验站和法国的安东尼试验站。

在铁路运输方面，印度、中国大陆等一些国家或地区还在使用冰冷车、机冷车等冷藏车型，而欧美等一些发达国家已经逐渐淘汰了这类车型，而采用冷藏集装箱，自 20 世纪 80 年代后期开始，冷藏集装箱以每年 15% 的速度增长，目前这些国家已广泛采用机冷式冷藏集装箱，另外还有通风、气调、液氨、保温、冷板等多种类冷藏箱，极大地促进了冷藏运输的发展。

三、全球重点领域冷链物流发展概述

（一）农产品和食品——冷链物流发展最早的领域

1. 农产品和食品冷链物流的意义

由于农产品和食品属于"食物"的范畴，国际上的概念往往将农产品和食品（经过加工、失去原材料物理特性的食物）放在一起，作为"food"。农产品冷链物流是指使肉、禽、水果、蔬菜、水产、蛋等生鲜农产品从产地采收（或屠宰、捕捞）后，在产品加工、贮藏、运输、分销、零售等环节始终处于适宜的低温控制环境下，最大限度地保证产品品质和质量安全、减少损耗、防止污染的特殊供应链系统。

农产品和食品冷链的三大意义已经得到世界的认可：

（1）保障食品安全。2000 年，食物导致的疾病 2/3 是由于存储温度控制不当造成的，根据世界疾病预防控制中心 2001 年的统计，大概有 7700 万个由于食物存储温度不当致病的病例。在食品供应链体系中，安全风险随时间和距离加大，在运输和供应链流程中感染（主要是细菌）呈几何级数增长。生的和即食的产品导致了主要的饮食不当的疾病，未煮过的产品则是交叉污染的来源。

（2）保证农产品营养价值。实验证明，果蔬在同样储存 5 天的情况下，常温储存的叶绿素、糖分只有冷链状况下的 25%。这就意味着我们吃掉的水果内只剩下纤维素，大部分营养成分早已丧失。

（3）获得经济效益。冷链物流可以减少食物的耗损，高效的冷链网络将有助于防止近 40% 的腐败，可缓解世界粮食紧张的问题；同时由于果蔬产品产销地的分离，果蔬产品在当地价格较低，而建立冷链体系后，农产品可以运到全球各地进行销售，价格也将成倍增长，冷链体系对于农业产业增值、发展及农村地区人口增收有重要意义。不断发展的速冻产业也成为重要的轻工业之一。

肉食品中的微生物

肉制品的安全性与微生物有着密切关系，可以说，只要微生物在生长，就会对肉食品安全构成威胁。健康的家禽与人一样，具有自身的免疫系统，其内部组织是无菌的。但在屠宰之后，这一道防御体系就被打破了，肌肉组织中所含有的适合微生物生长的丰富营养物质，使得微生物在其中得以大量生长。而之后的加工、运输、贮藏等环节，又使得肉食品与外界"有菌环境"频繁接触，进一步导致了肉食品被微生物"污染"，所以说，市场上销售的肉食品中都有微生物的存在。

肉食品中的有害微生物可分为腐败微生物和病原微生物两大类：

腐败微生物是指在贮藏过程中，可利用肉食品中的营养成分产生特殊腐败臭味，造成肉食品腐败变质的一类微生物。如大肠菌群、乳酸菌、假单胞菌、热死环丝菌等，是导致肉食品气味、色泽、质地等变化的主要原因。

● 大肠菌群是一组与粪便污染有关的细菌，它的高低反映了食品受粪便污染程度的高低，也反映了对人体健康危害性的大小。

● 乳酸菌能在酶的催化作用下将葡萄糖转化为乳酸，可导致食品品质的变坏。

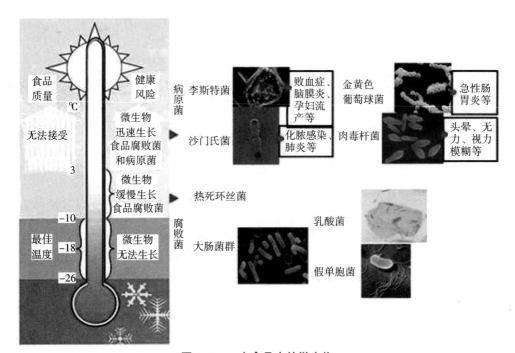

图 4-1-5 肉食品中的微生物

● 假单胞菌能在5℃的低温下生长，具有很强的产生氨等腐败产物的能力，是冷藏食品腐败的重要原生菌。

● 热死环丝菌是冷藏温度下引起真空包装肉及肉制品腐败的主要微生物。

病原微生物顾名思义是指那些会引发食源性疾病的微生物，在猪肉中常见的病原微生物有肉毒杆菌、沙门氏菌、李斯特菌、金黄色葡萄球菌等。

● 肉毒杆菌产生的A毒素是一种强烈的神经毒素，对人的大脑神经系统有很严重的影响，容易引起人的头晕、无力、视力模糊等症状。

● 沙门氏菌感染则容易引发人的急性肠胃炎等疾病。

● 金黄色葡萄球菌是人类化脓感染中最常见的病原菌，它能通过降低人体的抵抗力而引发相关疾病，如局部化脓感染、肺炎等，严重的则会引发败血症、脓毒症等全身感染。美国疾病控制中心报告，近年来该菌引起的感染占第二位，由该菌引起的食物中毒占整个细菌性食物中毒的33%。

● 李斯特菌是冷藏食品中的主要生长菌，主要表现在容易使人出现败血症、脑膜炎、孕妇流产等，严重者甚至死亡。2008年，加拿大枫叶食品厂由于肉食品被李斯特菌污染，导致了12人死亡，而早在1999年美国食品中毒事件中，就因为李斯特菌导致了14人死亡，97人患病，6名孕妇流产，可以说，李斯特菌对食品安全的危害已经十分严重。

2. 食品冷链主要技术

下面主要讨论冷链特有的技术，不再赘述常规的物流技术。

（1）预冷。所谓预冷（Precooling Treatment，预冷处理），是指果蔬在贮藏或运输之前，迅速将其温度降低到规定温度的措施。预冷处理可以迅速消除果蔬采摘后自身存在的田间热（或者叫生长热），降低果蔬温度，抑制果蔬采后依然旺盛的呼吸，从而达到减缓新陈代谢的活动，最大限度地延长果蔬生理周期，降低采后出现的失重、萎蔫、黄化等现象，提高果蔬自身对机械伤害、病虫害的抵抗作用。有关研究表明，延迟预冷会导致鸭梨内部褐变的增加。据报道，番木瓜在12.5℃下预冷4天，可减轻贮藏在20℃下的冷害。香蕉经过15℃处理3天，贮藏在6℃下，比未经过预冷处理的果实延迟3~5天发生冷害。

常见的预冷技术包括空气预冷、水冷却、差压预冷、包装加冰冷却、冷库预冷、真空预冷等。其中真空预冷技术是目前国际上最先进的预冷方法，它的基本原理是利用真空系统降低待冷却物的环境压力，使待冷却物内水分沸点降低而蒸发，从而吸收待冷却物自身热量而得到降温。

（2）运输。指本身能维持一定的低温环境，并能运输低温货品的设施及装置。根据运输方式包括陆上冷藏运输（公路冷藏运输、铁路冷藏运输）、水上冷藏运输和航空冷藏运输。常见的食品冷链运输设备包括冷藏车、厢体、改装冷藏车、冷藏机车、货柜、货架、保温车、冷冻包装盒、保温箱、冷藏包、冰袋等蓄冷材料、车用冷藏机组及部件、移动冷库等。目前，发展势头最好的是冷藏集装箱，它能实现多种运输方式联运（在国内尚不能实现）、方便装卸、装载效率较高。

在农产品和食品冷藏运输发展过程中，积累了丰富的经验：冷冻温度并不是越低越好，一般冷冻肉类的温度在-23℃，乳制品为-20℃；冷冻运输设备的制冷能力只用来排除外界侵入的热流量，不足以用来冻结或冷却食品，冷冻运输设备只能用来运输冷冻加工食品；运输冻结食品时，为减少外界侵入热量影响，要尽量密集堆放；运输新鲜水果蔬菜时，果蔬有呼吸热放出，为了及时排出呼吸热，货堆内应留有空隙，以利于冷空气在内部循环。

（3）仓储。冷库按使用性质分为生产性冷库、分配性冷库、零售性冷库；按规模大小分为大型冷库、中型冷库、小型冷库；按制冷剂分为氨冷库和氟冷库；按温度分为冷却库（0℃左右）、冻结库（-20℃~-30℃，-18℃~-25℃用于储存肉鱼等）、冷藏库（4℃~-2℃用于储存果蔬和乳蛋等食品）。

冷库仓储管理工作主要是控制冷库的温度、湿度和空气成分。一般通过控制制冷剂的蒸发速度控制冷库的温度；冷库常因冷却管系统结霜影响冷却效应，并因结霜导致库内湿度较低，一般需要定期升温除霜，或采用淋湿和喷雾调节冷库湿度。冷库一般通过空气净化器、烧碱等方法通风换气，降低二氧化碳含量。

低温给仓库管理和操作带来难题。由于计算机等设备无法在低温下工作，需要被安置在保护区；操作人员身穿笨拙的防护服不利于键盘操作，不利于无线射频技术的使用，未来语音识别技术的推广将解决这些问题。

3. 市场分析

农产品冷链在欧美国家属于农业的必要组成部分，在农业生产环节占首要位置，冷链产业化率很高。如美国农业总投入30%用于生产，70%用于产后加工保鲜，意大利、荷兰农产品保鲜产业化率为60%，而日本则大于70%。产后产值与采收时自然产值比，美国为 3.7：1，日本为 2.2：1，而大陆仅为 0.38：1。

食品冷链主要有两种运营模式：一是以企业为主体的食品冷链体系，日本 7-11 是其中的代表；二是平台导向型，以产地和销售地的批发市场、超市为主体，如沃尔玛等超市。

（二）生物医药——冷链物流最前沿的领域

1. 冷链物流在生物医药领域的意义

各类咨询、研究机构的报告纷纷认为，随着医药冷链的重要性突出，将成为冷链物流行业新的增长点。

（1）价值 20 亿美元的药物要通过冷链流通。目前适用于冷链的医药品包括疫苗产品、血液制品、临床检测、诊断试剂、原料药、普通药品等。医药冷链物流的关键是要实现全程温度控制，确保降低医药品的损耗，最大限度保证品质，以满足消费者需求。AA Cargo 总裁 Dave Brooks 说："25%的药品、65%的生物技术产品以及 100%的疫苗需要温度控制。"根据医疗配送管理协会的统计，在接近 200 亿美元的流通中的药品，约 10%对温度敏感，即 20 亿美元的药物要通过冷链流通。如果这些药物一旦遇到任何意外的温度变化，将对患者变得无效甚至有害。如 2012 年在巴基斯坦的拉合尔，120 个心脏病患者死于变质药物。特别是随着药品出口，温度变化更大、运距更远、运输方式更复杂，给医疗产品的温控带来更多困难。高价值、供不应求的疫苗、血液等产品，也必须进行精细化的运输。

（2）医药冷链市场规模 2017 年将达到 670 亿美元。世界领先的研究和咨询公司之一 IMARC 集团，预计全球医疗冷链物流服务市场的总规模到 2017 年达到 670 亿美元。这些高价值、对温度敏感的药品、疫苗和生物制品，从制造厂到医生，再到患者的各个环节通常需要在全球范围内运输，因此也需要特殊的处理和保护。据统计，高达 30%的制造商分销成本都消耗在储存和运输过程中可能发生的产品损坏上。因此，对医药冷链物流的要求之高，也非一般货物可比。目前，医药冷链已经从起步迈入高速成长阶段，成为物流业一个新的增长点。

（3）医药冷链市场价值每年将会增长 10%。根据 Pharmaceutical Commerce 出版的《2010 生物医药冷链原始资料集》中的数据，在 2008~2014 年，医药冷链市场价值每年将会增长 10%。在 2008 年 10 种全球最畅销的医药产品中，有五种需要冷链运输，这个数字在 2011 年上升至 6 种，2012 年达到 7 种。该报告补充说，生物制药物流服务的增长速度高于平均水平，而这主要受益于新兴国家或地区的贸易增长。北欧和欧洲的增长率将会达到约 19%，亚洲正在向 50%的增长率迈进，而世界其他国家和地区的增长率约为 33%。通过慈善活动推广的一些疫苗接种方案也推进了生物制药物流服务的增长，例如比尔与默林达·盖茨基金会承诺在未来十年将捐赠 100 亿美元用于疫苗的开发和接种。

2. 医药冷链管理技术

虽然医药物流市场前景喜人，但制药公司、货运代理和航空公司必须面对以下挑战：跨越各种不同的气候，以具有低成本优势将高价值、温度敏感型药品交付至全球的客户。医药产品在一次完整的冷链运输过程中，通常都会经历许多不同的环境，温度波动会非常明显。特别是在全球范围内利用海空联运时，所面临的挑战会更大，因为不仅外部温度变化显著增加，而且冷链中的多式联运参与方的数量也发生明显变化——冷链中的参与方越多，温度波动的可能性就越大。医药冷链相比食品冷链物流，流通环节更复杂、对全程温控的要求更高，因此对冷链管理的要求更高。

（1）先进的设施设备。从国外药品冷链物流的发展来看，运输、仓储、配送、搬运等环节的高效运作及冷藏链之间的有效衔接都需要完善的设施设备支撑。在冷藏运输方面，欧洲道路设施发达，运输效率高，依托便捷的交通网络，可实现冷链药品的"门到门"服务。在药品储存方面，国外的企业大都建有现代化的医药冷藏库，如英国 Marken 在新加坡有现代化的临床试验供给仓库，该仓库设施先进，可提供零下 80℃到室温之间各温度段的安全存储条件；UPS 在北美有超过 22 家保健配送中心，中心内配备有自动分拣机、制冷机、温度监控器等基本的设备。同时，国外医药冷链物流企业还注重新技术设备的采用，美国药品冷链运输中通常应用 RFID、GPS 配备温度控制系统两种最新的技术，来对各环节进行实时温度监测。此外，部分企业购置了世界上最先进的自动控温与监控的"三段式"冷藏运输车，利用专门的温度记录仪全程记录温度。

（2）完整的记录。世界卫生组织（WHO）在其工作文件《药品优良运销作业规范》中规定，涉及医药产品运销的各方应分担对于产品质量和安全的责任。根据产品类型以及各国政策和法律，所有实体的责任都应是可以追溯的。世界卫生组织主张，运输和分销都需要书面程序和记录，以确保产品的可追溯性。生产商、配送中心、分销商、运输公司、货运代理、航空公司和海运公司、货车运输公司和其他服务供应商需要采取预防措施，确保温度符合要求，并认真记录测量结果。

（3）风险评估和内部控制。美国注射药物协会（PDA）指出，冷链需要进行严谨的评估和控制，监管链的每一步都需要遵循既定的规章，因此准确的手续和记录起着至关重要的作用。

一条完整的冷链是商业惯例、文件、电子信息处理和风险管理的集成，需要事先对冷链解决方案进行全程的、严密的风险评估。无论医药产品通过长途或短途航班运输，或运抵的货物需要使用卡车在美国或欧洲内配送，或货物运输需要历经非洲、亚洲或拉丁美洲的极端温度和不同设施，都需要具有一个完整的24小时质量体系控制，以满足业界不断变化的要求。对于向炎热地带、交通网络不发达的边远地区的诊所运送疫苗时，这显得尤其重要，因为即使是轻微的冷链中断，也有可能会导致严重的后果。

（4）企业整合。以欧洲国家为例，欧洲国家冷链药品销售的主要渠道为批发企业—零售药店—病人。企业整合是促进欧洲医药物流市场发展的根本动力，冷链药品流通作为医药物流的重要组成部分，与整个行业的发展道路相同，先后经历了3个阶段：第一阶段为医药企业和药店、药房等销售终端的内部整合以及销售企业的品牌化经营；第二阶段为医药企业向物流企业的转型，并构成了利润和成本两大中心体系；第三阶段为VMI模式的广泛采用，重点是信息的全方位整合。目前，欧洲的医药冷链物流依靠企业标准化操作、先进的技术手段以及遍布各市场区域的分销网络，实现了物流系统的高效率运作。

3. 市场分析

不同的医药冷链物流模式决定了行业的不同发展道路，但无论何种模式，只要选择恰当，都会推进整个行业的发展。比如美国、日本和欧洲所采用的物流模式就不尽相同，而医药冷链物流的发展却同样处于国际前列。美国的医药冷链物流以大型制药企业和药品批发企业为中转枢纽，日本则是采用一种多渠道、区域性强的流通模式，欧洲国家流通模式是批发企业—零售药店—病人。

许多医药产品需要在严格的温度控制环境中运输或储存，否则将无法保证质量和完整性。因此，识别和管理必要的数据不仅需要熟悉药品运输的商业环节，而且需要了解供应链的运营规则。对于许多制药公司来说，完全掌握整个流程并不现实。因此，他们选择将整个供应链的运转外包给专业公司，例如货运代理和第三方物流供应商，从而在全球范围内将货物配送给客户。

实践证明，市场机制引导下形成的龙头企业对于促进行业发展具有重要的作用。当前国际上医药冷链物流的领军企业，如 World Courier、Nagel、FedEx、UPS、DHL、Allergan 等，都建有综合性的药品冷库，并提供诸如药品封装、温度电子监控、物流咨询、全球分销仓储网络、冷藏箱配置等业内领先的物流服务。市场经济下的优胜劣汰法则促使企业不断提高自身服务水平和管理能力，形成良好的竞争机制，进而推动行业的繁荣发展。医药冷链物流在发达国家的快速发展也正得益于龙头企业的带动作用。

目前，这些领军企业正依靠其先进的技术和管理进军发展中国家的市场，2012 年 8 月，DHL 宣布将在印度投资 8000 万欧元建设医疗配送网络，进一步拓展公司全球生命科学和医疗产业服务网络。无独有偶，另外一家全球快递巨头 UPS 也宣布，新设中国区医疗保健和合同物流总监职位，负责中国区医疗保健和合同物流业务。

四、主要国家冷链发展情况和特点

（一）美国冷链物流发展概况

美国冷链物流发育充分，已形成了完整的食品冷链体系，建立了包括生产、加工、储藏、运输、销售等在内的新鲜物品的冷冻、冷藏链，肉禽冷链流通率达到 100%，蔬菜、水果冷链流通率达 95% 以上，水果蔬菜在流通环节的损耗率仅为 1%~2%。美国食品与药物监督管理局（FDA）将冷链定义为"贯穿产品从生产到使用的、连续的、全过程中维持正确的温度，以阻止产品质量的变化"，可见在美国的冷链概念强调供应链的全程性即完整性。

1. 美国冷链理念

2002 年成立的美国冷链协会由航空公司、卡车运输商、地面搬运商和设备生产商组成，主要研究运输温控货物制订标准的指导原则。2002 年，美国冷链协会发布《冷链质量标准》，涵盖了包括冷藏药品、冷链物流在内的各个行业。这一标准可用来测试运输、处理和储存冷链运输企业的可靠性、质量和熟练度，并为整个冷链产品供应链的认证提供基础，涉及产品的生产、加工、销售、包装、运输、储存、标签、品质等级、容器和包装等各个方面，以及冷藏车尺寸、托盘尺寸、冷库尺寸标准。

此外，美国 FDA 制订了药品冷链标准准则。美国药典 USP（1079）中"Good Storage and Ship-ping Practice"指出："在运输和保存过程中，必须维持产品相应的保存环境，以保证产品的品质，直到产品最终到达用户。在产品运输过程中的风险包括暴露在超过范围的温度、湿度、光照和氧气下。"所有州的法律都采纳了 FDA 药品冷链物流标准条例，要求产品必须储存在7℃以下（包括7℃）。

2. 美国农产品冷链

美国的蔬菜物流是世界上最先进、最具有代表性的农产品冷链物流，蔬菜从田间采摘到进入终端消费者始终处于所需的低温条件，实现了产前、产中和产后全程、全方位社会化服务（见图4-1-6，图4-1-7），较好地解决了蔬菜均衡供应的问题，且物流环节的损耗率极低。发达国家的果蔬损失率普遍控制在5%以下，美国果蔬在保鲜物流环节的损耗率仅为1%~2%。鸡蛋等肉奶蛋禽食品，一律自动化生产、加工，并且时间不超过一周，然后全程冷链运送到配送中心。农产品批发市场的全部商家是带有制冷设备的大型冷藏库，车直接与库体衔接后进行装卸，为节省时间、提高车辆的效率，很多冷藏挂车只有冷藏车没有车头，在销售配送一侧，也都是封闭的中小型货车，都带有制冷设备。从冷链采用的车辆来看，美国的标准化做得非常好，统一标准的冷藏挂车和拖车，能够提高车头的利用率。

图 4-1-6　美国某超市冷冻食品专柜

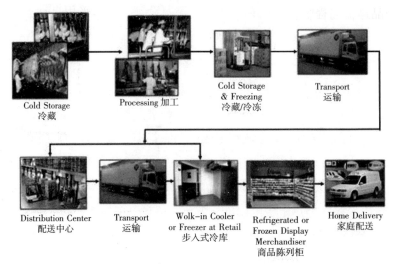

图 4-1-7　美国肉产品冷链流程图

3. 美国食品冷链

在美国，速冻食品已成为方便食品和快餐业的支柱行业。国际上速冻食品的品种多达 3000 多种。其中美国有 2700 多种，目前美国的人均冷冻食品消费量在 60 千克左右。美国生产的预制食品品种繁多，从早餐、午餐、晚餐到各式点心、馅饼、汤料、民族风味餐、海鲜餐、各式小菜、菜泥、面包卷以及各种甜食，应有尽有，其中意大利馅饼和面条等由于物美价廉十分流行、非常畅销。美国的预制食品还分为普通的、儿童的和各类低盐、低糖、低脂肪的健康餐等多种多样。美国是世界上发展速冻食品最早、产量最高、花色品种最多、人均速冻食品消费量最高的国家。

4. 美国医药冷链

美国的医药冷链物流以大型制药企业和药品批发企业为中转枢纽，药品由制造企业集中到批发企业的物流中心，各医院和医药零售连锁店直接向批发企业提出配送要求，并由物流中心为各销售终端进行最终配送，资金的结算则由总公司和批发企业统一完成。同时批发企业还为客户提供"库房到库房"配送和"直接配送"的服务。在这种模式下，批发企业的配送中心负责为药品生产和销售企业提供经济合理的流通和销售方式，避免企业直接面临小额订单，降低了流通企业的管理成本和运营成本，长期发展有利于提高市场集中度。

药品冷链物流标准化层次较高，美国药品冷链物流技术的发展相当成熟，保证了在药品运输过程中，不仅有自动温度控制设备，还要采用自动温度检测设备和报警设备，实时记录、监控冷藏箱内的温度变化，保证药品不会发生质变。美国药品冷链物流技术主要采用的是 RFID 温度标签、导航星测与测距全球定位系统技术和无线通信技术、温度传感技术结合。美国药品制造商在生产出药品后就使用 RFID 技术，药品出库时在冷藏箱中放置带有温度传感器的 RFID 标签，将货物信息包括药品温度实时地储存在 RFID 芯片中。同时，每辆运输车安装 GPS 无线传输系统终端。在冷藏车辆运输全程中，车厢内的 RFID 温度标签将车厢内温度的变化数据信息，定时或实时通过 GPS 网络传送到企业的冷链信息管理系统平台。一旦运输存储途中温度出现异常，企业终端的信息系统就会自动报警。货物到达后，通过手持型读写器批量读取货物及温度信息，实现了全程的温度信息瞬间获取，降低了人工成本及出错率。

5. 美国冷链物流发展经验

美国的冷链物流发展水平较高，主要有以下经验值得借鉴：一是注重对食品的监督和管理，由食品药品管理局负责，从预防开始采取安全措施，落实企业责任，在冷链中确定风险后由专门部门检查预防措施，并进行干预。在检查中发现问题后，通过有效的反应机制做出快速响应。二是注重采取先进技术装备。设施充足，如使用气调贮藏苹果已占冷藏总数的 80% 以上，且冷链系统运作稳定；通过信息技术建立电子虚拟的农产品冷链物流供应链管理系统，对各种货物进行跟踪，对冷藏车的使用进行动态监控，实现冷链物流的全程温度控制管理等。三是加大冷链物流投入和政策扶持。在农业领域的总投入中，用于生产部分投资占 30%，用于产后加工保鲜投资占 70%；产后产值与采收时自然产值比为 3.7∶1；实行农业免税政策、农业出口补贴政策、公路运费政策以及燃油价格政策等。四是建立可追溯测量系统。建立家畜追溯体系，要求零售商、加工厂商和农民认真做好家畜跟踪记录，以便建立家畜标识，帮助消费者了解家畜的出生、养殖和屠宰加工过程。

（二）日本冷链物流发展概况

1. 日本冷链物流理念

日本从 1980 年开始从国外进口农产品，1985 年进口数量大幅上升，冷链技术随之引入。

日本《明镜国大辞典》定义冷链为"通过采取冷冻、冷藏、低温贮藏等方法，使鲜活食品、原料保持新鲜状态由生产者流通至消费者的系统"，该大辞典将冷链描述为"低温流通体系"。在日本的冷链定义中冷链是一种"流通体系"或"流通系统"，强调要采用冷冻、冷藏、低温贮藏等冷链技术。从日本冷链的具体发展来看，他们注重采用新的"流通方法"——为了提高鲜活农产品的附加值，日本建立高度自动化的立体仓库，使用先进的装卸搬运设施。

2. 日本农产品冷链物流概况

作为亚洲农产品冷链物流的先驱者，日本交通运输设施发达，农产品保鲜、冷藏、运输、仓储、加工等物流装备和技术先进，农产品物流服务体系完备，已形成了从"田间到餐桌"的一整套农产品冷链物流体系。为了实现生鲜农产品采后的高效保鲜，提高附加值，日本在全国生鲜农产品主产地建设了高密度、专业化的冷库，采用先进的冷藏、冷冻技术及设备，减少农产品在储运过程中的损耗，实现物流与市场的有机结合。日本已拥有保温冷藏车 12 万辆，98%的农产品通过冷链流通，损耗率为 5%，形成全程温度控制的高效冷链流通网络。在日本，果蔬在流通过程中有 98%是通过带有制冷系统的运输设施完成的。此外，日本还建立了以农业合作组织为主、以中心批发市场为核心的农产品冷链物流体系，有效保障城市的生鲜农产品供应。农产品生产总量的 80%~90%，经由批发市场送达最终消费者。

以果蔬冷链物流为例，日本从如下几个方面依靠技术创新提升农产品冷链物流的整体水平：①产地加工企业采用真空预冷技术和冰温预冷技术，有效延长了果蔬的保鲜期；②采用自动化冷库技术，使鲜活果蔬贮藏保鲜期比普通冷藏延长 1~2 倍；③冷藏运输朝着多品种、小批量和标准化方向发展，节能和注重环保是冷藏车技术发展的主要方向，冷藏集装箱与铁路冷藏车配套使用的物流模式大大提高了铁路冷藏运输的质量；④运用信息技术建立电子虚拟的果蔬冷链物流供应链管理系统，对农产品的产、贮、运、销全过程进行动态监控，同时实现物流信息在全国范围内的实时传递。

3. 日本食品冷链物流发展概况

日本是一个资源缺乏的岛国，虽然现代工业很发达，但食品自给率只有 39%，因此日本非常依赖冷冻食品。在日本 70%的速冻食品用于快餐与团体伙食。日本的社团法人——日本冷冻食品协会，在进行"冷冻食品利用状况实态调查"时发现，冷冻食品在日本的人气度正显著上升。有八成人表示便当食材会选择冷冻食品。① 除因保鲜技术进步提高了冷冻食品的保鲜度与食品质量外，更重要的一个原因就是"可以省钱"。日本速冻食品协会发布的数据显示，在2011年，日本速冻食品的国内出货量较前一年增长了3.3%，达到8640亿日元。日本的冷库布局：大型城市占37%，中型城市占17%，渔港占16%，其他地区占30%，冷库最多的是神奈川（147万吨）、东京（137万吨）、大阪（113万吨）、兵库（84万吨）等地。按温控区间分类，日本冷库−2℃~10℃的低温库占11%，−2℃~20℃的冷藏库占4%，−20℃以下的冷冻库占85%。

4. 日本药品冷链发展概况

在药品冷链运输的研究、管理和技术方面，日本冷藏药品的供应链系统已初具规模，管理十分成熟。上游商品的供应商和分销商可实现信息共享，而且条形码技术在药品物流行业应用广泛，使物流中心实现了标准化、规范化，再加上高自动化程度的储存和拣选设备，操作简便、功能强大的仓库管理，保证冷藏药品物流作业高效率的同时还可降低物流成本。物流中心非核心性工作以"外包"的形式进行管理，普遍采取分级配送的配送方式：当营业范围、业务量不大时，物流中心可直接对客户进行配送，而业务量不断增大时，必须采取分级配送方式。

日本低温药品流通市场的区域性强，国内药品批发企业几乎没有一家可以在全国范围运营，药品制造商和零售商所面对的是一种多渠道的商业流通模式。批发企业在供应链中需要承担部分非流通领域的职能，比如管理信贷业务、收取资金等。日本冷藏药品市场有独特的流通体系和准入制度，国内基本没有进口药品，成熟的供应链管理思想促使大部分药品的进货直接面向制造商，收发货周期的可控性强。

5. 日本冷链物流发展经验

日本冷链物流发展的独特经验是其独特的冷库运营模式。日本实行政府投资、委托专业机构管理的冷库投资运营模式。日本冷库的一类投资人为各级政府与政策性银行以及大型商社等。政府投资公共仓储业有利于高效利用社会资源，节约社会成本，避免在土地等稀缺资源方面的恶性竞争；产业链的升级需要相当

---

① 日本久代敏男社长（Maruha-Nichiro）做了一项关于"便当食材"的调查报告，本次调查主要选择20~59岁女性人群，共计1000人，结果显示，有八成人表示便当食材会选择冷冻食品。

时间的培育，政府等方面介入可以解决企业一次性投放所背负的沉重压力。最为关键的是，冷链物流基础平台是关系国计民生的基础设施，是国家食品安全的基础保障，必须由国家资本介入并有一定的控制权，最终也可以保障国家每年在产业发展方面的补贴性投放的效率与所产生的效益最大化。这一模式可以概括为，政府、大型企业、金融机构成为"仓储地产"的投资人，政府不参与具体经营，托管于专业机构进行管理，经过培育期最终以房地产投资信托基金（REITs）[①] 的方式退出。

（三）加拿大冷链物流发展概况

1. 加拿大冷链物流特点

加拿大冷链物流业的发展已有一百多年的历史，达到了世界先进水平。加拿大农产品冷链物流损耗仅为 5%，是我国的 1/6；物流成本不足 30%，是我国的 1/2。

在长期的发展中，既有以北美地区效益最好的铁路运输企业——国家铁路公司（CN）和加拿大最大的花椰菜产地加工企业 Melvin Farms 为主体的冷链物流模式（产地加工企业模式），也有以北美最大的农产品批发市场 Ontario Food Terminal Board 与加拿大最大的配送中心 Sobeys 为主体的冷链物流模式（批发市场与配送中心模式），还有以加拿大最大的第三方物流公司 Thomson Group 为主体的冷链物流模式（第三方物流模式）。加拿大第三方物流公司 Thomson Group 除了拥有容量大、自动化程度高的冷藏设施外，还拥有目前世界上最先进的强制供电器驱动、自动控温与记录、卫星监控"三段式"冷藏运输车，可同时运送三种不同温度要求的货物。

加拿大冷链物流的发展特点与其人口、经济分布及经济结构有密切关系。首先是人口因素。加拿大幅员辽阔，但人口总数仅 3200 万，并集中分布在美加边境一线，其 50% 以上的人口集中在十大城市之中。与人口分布相对应，形成了加拿大相对集中的区域经济结构特点。经济结构的这种特点决定了加拿大的冷链物流业主要集中在经济发达的城市地区，如多伦多、蒙特利尔、温哥华、渥太华和

---

① REITs（Real Estate Investment Trusts）是一种以发行收益凭证的方式汇集特定多数投资者的资金，由专门投资机构进行房地产投资经营管理，并将投资综合收益按比例分配给投资者的一种信托基金。

魁北克等，形成了有效连接各大城市的长距离运输通道。同时，加拿大的原材料产地与加工业中心距离往往较远，也要求加拿大必须有一个良好、高效的冷链物流体系。其次是国际贸易。国际贸易在加拿大经济中占很大的比重。在出口贸易中，美国占 83.6%，欧洲占 5.5%，日本占 3%；在进口贸易中，美国占 71%，欧洲占 8%，日本占 3.2%。大量的进出口贸易要以发达的、高效的冷链物流体系为基础。

2. 加拿大农产品冷链物流概况

加拿大农产品冷链物流经过多年的发展，已建起了水运、铁路、公路、民航共同发展的综合冷链物流体系，各种运输方式之间实现了较好的衔接和配合，形成了与加拿大经济发展相匹配的冷链物流网络。主要有三大冷链运输走廊：一是以哈利法克斯港和蒙特利尔港为中心的东海岸运输走廊，覆盖大西洋的主要海运业务；二是以温哥华为中心的西海岸运输走廊，主要处理加拿大与亚太地区和国家的贸易事务；三是以五大湖地区为中心，由公路和铁路组成的跨越美加口岸的南北运输走廊，联系美国和加拿大之间的贸易往来。此外，东西海岸间形成了沿美加边境、贯穿东西的加拿大铁路公司（CN）和太平洋铁路公司（CP）的铁路运输通道和畅通发达的高速公路运输网络以及连接五大湖地区与东海岸的圣劳伦斯水道系统。

以蔬菜冷链物流为例，加拿大早在 19 世纪末就开始蔬菜冷藏运输，目前社会化、专业化、规范化的蔬菜冷链物流已经取代了产地和市场间的"点对点"运输，使得蔬菜贮存、运输的成本更低、效率更高，也更便于检测和监管。为了更好地保障蔬菜安全，加拿大食品检验局建立了 6 个有关蔬菜等植物性食品质量检验的通用模型，在全国范围内推广应用。

3. 加拿大医药物流概况

加拿大卫生部健康安全和食品分部于 2005 年颁布了《温控药品储存运输指南（0067 号）》。

加拿大在医药领域严格推行包括冷链要求的 GS1 标准。经过加拿大用药安全作业协会、加拿大患者安全协会、加拿大编码组织和医疗卫生企业的共同努力，市场上流通的 30000 多种药品已使用条码实现医药系统的自动识别技术。通过使用机器可识读的条码，医疗卫生组织和相关专业技术人员可以提高内部效率，更重要的是提高患者的安全。为实现这一目标，条码必须以标准的方式被配置在药品的各个包装上，同时也要被各种医疗系统的软件和硬件所识读。GS1 系统可以实现以上的所有需求。

4. 加拿大冷链物流发展经验

在硬件设施、软件管理、法律体系建设等方面加拿大积累了许多宝贵经验，主要表现如下：严格的认证制度、行业协会的参与、市场竞争机制。加拿大实行标准认证制度，按照国际通行的危害分析和关键控制点（HACCP）原理制订了食品安全督促计划（FSEP）。该计划不但在肉类和家禽加工厂普遍实行，而且在乳品、蜂蜜、鸡蛋、蔬菜水果加工业内也广泛应用。国内初级产品协会投入专家力量开发发展战略和必要的工具，实现从初级产品生产到最终产品零售的多部门、跨行业的食品安全协作，最终实现从农场到餐桌包括冷链物流全过程的食品安全控制与管理。政府对各种运输方式进行私有化和民营化改造，通过下放港口和内河运输的经营权、国家铁路公司民营化等措施，使企业真正自主经营，充分发挥龙头企业的作用，建立起不同运输方式间的竞争机制。

（四）印度冷链物流发展概况

1. 印度冷链物流的前景

印度的经济是以农业为基础，印度超过 52% 的土地是可耕地，而全球平均水平则为 11%。印度每年生产 6350 万吨水果和 12589 万吨蔬菜，每年生产 6.5 万吨肉类和家禽，610 万吨鱼，印度也是最大的牛奶生产国，生产量每年约 1.05 亿吨，易腐产品交易量约为 230 万吨。虽然印度有成为世界上主要食品供应商之一的潜力，但其冷链效率低下，产品腐败达到农业生产总量的近 40%。2010 年印度各类冷库存储能力见表 4-1-3。

表 4-1-3　2010 年印度各类冷库存储能力

货物种类	存储能力（百万吨）
马铃薯	9.282
果蔬	0.107
肉类	0.009
鱼类	0.073
鱼肉混合	0.015
奶制品	0.068
其他	0.036

印度的农业部门正在经历从传统农业到现代农业的巨大转变，新鲜以及加工水果蔬菜的需求随着城市人口的上升和消费习惯的变化而增加。由于这种需求的增加，多元化和附加值成为当今印度农业发展的关键，加上外商投资的刺激，一个新的产业蓬勃崛起。印度冷链产业的总价值估计高达 30 亿美元，并且保持每年 20%~25% 的速度增长。预计 2015 年通过增加投资、现有设施的现代化、建立新的私营及政府合资企业，冷链产业总价值将达到 80 亿美元。

2. 印度冷链发展的阻碍

印度农业供应链集成程度不高，在冷链发展的每一步都有挑战，尤其是系统、能力和集成方面还存在巨大差距。冷藏运输和农场基础设施等关键联系几乎是不存在的。尽管印度冷链物流产业在政府的大力支持下有明显的改进，但私人投资仍然供不应求。

（1）缺乏专有技术和训练有素的人力资源。尽管越来越多的基础设施项目正在进行，但具备适当技能的现代技术人员仍然严重缺乏。

（2）缺乏补充冷链的上下游联系。

对解决易腐烂产品的质量和市场销售问题，还需注意上下游的配合。运用冷链运输和储存的商品，应该有足够的市场价值来吸收所增加的成本。

（3）缺乏对于冷链项目的投资动力。

冷链项目在投资者眼中仍然是投入资本高、流量低，同时需要很长的投资回收期。冷链项目还涉及积极的市场营销和投资上下游的联系，再加上该领域缺乏成功的示范项目，使潜在的投资者望而却步。高端冷链设施的初期建设需要很高的资本，从而使这种类型投资的吸引力进一步降低。缺乏机构投资者来帮助提高冷链产业，是建设真正有效的冷链设施和运输公司的一个障碍。

（4）运营成本高。印度对农业部门提供了高额补贴，但冷链产业并不享受此种优惠，并且电费标准为工业电费。这明显地增加了冷链运营商的运营成本，也是抑制增长的一个很大的因素。

（5）冷藏运输优化问题。缺乏双向货物移动和运输，洲际壁垒，城际、地方税，道路质量等问题，均增加了经营成本，延缓了及时交货。

3. 印度冷链物流建设措施

印度政府现在认识到，对于印度食品加工行业升级，冷链的发展是十分重要的步骤。在 2011~2012 年的国家预算中，印度政府宣布了一系列的措施，以减少农业部门生产和供应链的"瓶颈"，促进现代化建设，吸引外资。

（1）根据基础设施状况做调整，将农村基础设施建设基金从 2011 年的 3.5 亿美元增加到 2012 年的 4 亿美元，额外拨款将致力于创造仓储设施。

（2）空调制冷设备和设立冷链设施的隔板已于 2012 年开始免征消费税，传送带、冷链市场和冷库也将免征消费税。

（3）以公私合营方式创建的可增加 1500 万吨的存储容量的项目可以进入快速通道。

（4）国家园艺协会已经批准了总容量为 14 万吨的 24 个冷库工程，总容量超过 50 万吨的 107 个冷库项目得到国家园艺协会批准。

（5）承诺全面豁免冷库和冷藏室（包括用于提前冷冻、保存的冷却设施）的服务税，承诺全面豁免具备冷链设施的货车和卡车的消费税。

（6）对农业实现"一揽子"措施，以促进存储和仓储设施建设，激励食品加工。

（7）政府宣布将设立 15 个大型的国家食品基地。

（8）积极改革农业生产营销法，以改善供应链。

（9）国家粮食安全条例草案将提上议会讨论。

（10）农业流动信贷从 84 亿美元增长到 107 亿美元，确保资金不限制该行业的增长。

五、主要冷链产品提供商

（一）全球排名前 25 位的公共仓库

2012 年 5 月 22 日，国际冷藏库协会（IARW）发布了 2012 年前 5 个月仓储量排名全球前 25 位的公共冷藏仓库。报告显示，2012 年前 5 个月，全球排名前 25 位运营规模为 3.15 亿立方英尺（89.28 百万立方米），与 2011 年同期相比，实现了 7% 的增长。

国际冷藏库协会成员的冷藏库总空间，包括全球排名前 25 位和北美排名前

25 位的成员，为 4.03 亿立方英尺（114.09 百万立方米），比 2011 年同期增加了 1.8%。

国际冷藏库协会成员遍布世界各地的 65 个国家和地区。全球排名前 25 位的名单中包括阿根廷、澳大利亚、加拿大、中国大陆、丹麦、芬兰、法国、德国、意大利、日本、墨西哥、荷兰、新西兰、挪威、波兰、瑞典、越南和美国等。

（二）第三方物流提供商

第三方冷链物流服务提供商包括以下几类：综合集团、综合物流服务商、专业物流冷链服务提供商、冷库运营商、冷链设备技术提供商等。下面介绍代表性的企业。

1. 综合集团

三井物产（MITSUI & CO，LTD.）是日本商界领头企业三井财团旗下的核心企业。物流业是其 15 大营业本部之一，投资运营物流基础设施并提供综合物流服务，在大陆低温仓库物流业务是该营业本部的四大重点项目之一。三井物产物流营业本部还是国际连锁便利超市 7-11 的冷链综合物流服务提供商，在北京、上海、重庆等地与当地企业合作成立物流公司，从事冷冻冷藏保鲜食品储藏运输及市内配送。

太古集团（Swire Group）总部设于英国，其历史可追溯至 1816 年，在全球雇用员工约 12.5 万人，业务遍及五大洲，业务门类丰富，其中农业、饮料、冷库运营、制作与分销是其四大核心板块。太古是澳大利亚、越南最大的冷库运营商，在美国排名前 5 位，并在中国大陆、斯里兰卡积极拓展冷藏业务，在全球拥有超过 50 座冷库。因为太古在澳洲冷链业务发展成绩突出，因此太古在中国被认为是澳洲企业。

2. 综合物流服务商

联邦快递（Fedex）是全球最具规模的快递运输公司，为全球超过 235 个国家及地区提供快捷、可靠的快递服务。在 2012 年 9 月推出了针对医疗保健产品的"无国界医疗"国际运输解决方案：应用基于传感器技术的 SenseAware 新一代产品优化了 GPS 功能和无线网络功能，并延长了电池寿命，以维持更长的运输时间。使用 CryoPort 冷藏技术快递货物，可以将货物温度控制在 -150℃ 以下长达 10 天，而且不需要像干冰运输那样在运输过程中不断更换干冰，更没有传统干冰运输中温室效应气体排放和垃圾填埋处理的问题。Fedex 获得 2013 年欧洲冷链物流卓越奖。

敦豪快递（DHL）是全球快递、洲际运输和航空货运的领导者，也是全球第一的海运和合同物流提供商，在全球的员工数超过了 26 万名。其中，在亚洲的员工数量超过 6 万名，而且亚洲业务占全球业务的 25%。2010 年 DHL 的冷链运输服务已覆盖 30 多个欧洲国家或地区，约有 500 部特殊车辆专门为温敏性货物提供运输服务。在货物运输过程中，货物的温度信息能够随时通过先进的 IT 系统测量并传送。对于"冷链物流"的温控问题，公司已发明一种智能传感器，可利用 RFID 技术传送到中央 IT 监控系统并主动警报。

3. 专业物流服务和冷库运营商

夏晖集团（HAVI Group）于 1974 年成立于美国芝加哥，在供应链管理和冷链物流方面拥有领先地位，借由麦当劳数十年友好合作的伙伴关系，夏晖集团建立了在食品业提供完整供应链管理的能力。夏晖集团在 44 个国家或地区拥有 7600 名员工，在美国、欧洲、中国（包括香港地区和台湾地区）及东南亚地区为 8000 多家麦当劳餐厅提供高质量的供应链管理服务，其中也包括多温层食品物流服务。近年来，夏晖集团更将业务扩展到一流的连锁咖啡店、现购自运式卖场、酒类及高级食品及其他的快餐连锁系统。

美冷（Americod）是全球领先的温控仓储和物流运营商，1931 年开始经营冷链，总部位于佐治亚州亚特兰大，拥有 12000 名职员，在全球拥有管理 180 多座冷库，库容总量为 11 亿立方尺（3100 万立方米），主要提供温控仓储、运输（包括拼箱和多供应商运输）、供应链解决方案等服务。2010 年，Americod 与招商局国际成立招商美冷。

普菲斯（Preferred Freezer Services），1989 年成立于美国，是全球第 5 大冷库运营商及北美最大港口冷库企业，在美国提供先进、全方位的冷库运营服务。目前拥有 27 个冷库，超过 1000 名雇员，总库容量达 600 万立方米。并逐步在中国大陆、越南等世界各地拓展全球冷链服务体系

4. 冷链设备技术提供商

英格索兰（Ingersoll Rand）是冷链设备提供商，位列世界 500 强。截至 2008 年底，英格索兰在全球拥有近 64000 名员工，英格索兰全球的制造装配工厂有 47 个分布在美国。提供用于食品和其他易腐货物的加工、储藏、运输、销售的

设备和服务，为运输和固定制冷提供解决方案。产品品牌包括在运输温控系统上领先世界的冷王（Thermo King），用于生产制冷与大型超市食品零售设备的哈斯曼（Hussmann）以及英格索兰（Ingersoll Rand）品牌的快速制冷解决方案。其核心产品冷王为全球运输业提供运输温控解决方案，市场包括对温度敏感产品的冷藏运输，公共交通和公共运输工具的气温控制，长途和短途的地面冷藏运输以及越洋冷藏运输。

Delta TRAK 公司位于美国，是率先在食品和生物科技行业里生产便携式测试仪器的领导性企业。Delta TRAK 公司的 In-Transit Flash Link Data Loggers 广泛地被沃尔玛及其供应商使用，帮助他们管理易腐烂食品。在仔细研究市场上大量的温度记录仪之后，沃尔玛在其每个食品分销中心预冷食品每次出货前，都必须使用数据记录仪。自 1989 年始，Delta TRAK 公司就生产高质量的便携式测试仪器和软件，监控和记录温度、湿度和 pH 参数。其产品和服务销售到全球 40 多个国家和地区。

第二章 全球冷链物流发展趋势

一、全球冷链物流的巨大需求和发展空间

（一）冷链关系到全球"吃饭"问题

世界粮农组织估计 2050 年世界人口将达到 90 亿人，为了保障充足的食物工业，食物产量需要增加 70%。必须探索一切方法来保证食物产量增量，而防止食物腐败则是有效途径之一。特别是在发展中国家，全球 1/4 的食物产量养活全球 80% 的人口，而由于缺乏冷链体系或者冷链体系不完整，每年有 4 亿吨的食物损失。仅食物一项，就说明冷链在未来全球发展战略中的位置将越来越重要。

（二）医药行业越来越依赖冷链

全球第二大冷链包裹速递公司 Marken 的分析数据显示，至 2016 年，对温度敏感的医药类生物科技产品的销售价值预计增长 48%，市场规模高达 1920 亿美元，市场份额将从 18% 增长至 21%；在最畅销的前 100 种药品中，有冷藏温控要求的生物科技产品销售份额预计将从 2002 年的 15%，2010 年的 33%，增长至 2016 年的 45%；在全球销售额排名前 10 位的药品中，8 种产品有 2℃~8℃ 冷藏温控要求，预计到 2016 年，其销售额可达 554.52 亿美元，约占排名前 10 位药品总销售额的 83%。

（三）2017 年全球冷链市场销售收入将达到 1.5 亿美元

世界知名市场调研公司 Markets and Markets 的报告指出，2011 年全球冷链市场销售收入为 75565.0 万美元，预计 2017 年达到 157142.2 万美元，2012~2017 年年复合增长率为 13.2%。北美占据冷链市场总收入的 40%，2012~2017 年年复合增长率约为 12.0%。欧洲占据冷链市场总收入的 30%，2012~2017 年年复合增长率约为 10.8%。亚太地区预计占 22%的冷链总市场，2012~2017 年年复合增长率为 17%，将是冷链发展最快的地区。

二、专业化——第三方物流与精细分工

冷链的专业化趋势与第三方物流企业的发展、冷链技术和管理的复杂性、冷链行业竞争加剧密不可分。

（一）冷链比普通供应链要求更高

冷链物流向专业化方向发展的趋势相比传统物流更加明显，由于食品冷链是以保证易腐食品品质为目的，以保持低温环境为核心要求的供应链系统，所以它比一般常温物流系统的要求更高，也更加复杂。冷链建设要求把所涉及的生产、运输、销售、经济和技术性等各种问题集中起来考虑，协调相互间的关系，以确保易腐食品、药品在加工、运输和销售过程中的安全，它是具有高科技含量的一项低温系统工程，对设备和管理的要求很高，门槛、成本较高。

（二）消费者对产品的质量要求变高

随着人们消费水平的提高，人们的冷链服务的要求更高。例如，人们在肯德基消费时，不再仅仅是对食品口味加以评论，同时也会关注肯德基使用的鸡肉在鸡的饲养过程中是否环境较好、屠宰过程是否人性化、流通过程是否健康科学，这都说明人们对于食品质量要求的范围在不断扩展。质量有保障的商品的原材料、加工和流通过程都是高水准的，人们关心的不单是商品的物理结果，同时也关心它的制作和流通全过程。

（三）技术进步刺激冷链专业化

层出不穷的需求刺激了技术的发展，一批批满足客户需求的新产品、新企业不断出现，随着新市场的饱和，行业竞争加剧，冷链物流企业感受到来自成本、技术、渠道各方面的压力，开始寻找擅长的具有核心竞争力的细分领域精耕细作。

（四）第三方冷链物流服务商涌现

从物流活动主体构成的形态来看，全球物流运作正在朝专业化方向发展。很多农业、制造型企业为了强化自身的物流管理，降低物流活动总成本，开始将企业的物流职能从其生产职能中剥离开来，成立专业子公司或通过第三方物流企业来提供专门的物流服务，为此一大批物流子公司和专业物流公司应运而生，逐步形成物流产业。随着技术进步，世界一流的制造公司专注于自己的核心竞争力，通过外包的物流功能来降低他们的资本/营运成本。第三方物流（3PL）服务势必在未来蓬勃发展。

（五）冷链物流市场竞争更加激烈

不断扩大的需求意味着越来越多的国家或地区和国际监管当局更密切地关注着温控药品的运输管理方式，而这将会使供应链流程更加严格。无论是正在改进冷链服务效率的航空公司的数量，还是第三方物流服务供应商以及包装和储存企业的数量，都反映了这一点。现在，UPS、FedEx、DB Schenker、DHL、德迅以及大部分其他第三方生命科学产品供应商，都开始提供专业的冷链服务。提供专业冷链服务的航空公司包括 American Airlines、Continental、Delta 以及天合货运联盟的其他成员、国泰航空、Singapore Airlines、Swiss、Air Canada 和 Emirates。冷链集装设备（ULD）制造商（例如 Envirotainer 与 Csafe）与越来越多的包装和仪器仪表制造商也纷纷加入竞争行列，希望从冷链行业中获利。

三、智能化——RFID等技术的应用

随着技术的不断进步，以 RFID 为主要代表的 GPS、SAS、EDI 等技术将进一步普及和推广。

（一）RFID 技术的应用和推广

温度 RFID 标签，在冷链运输温度监控方面得到了广泛的应用。冷运专业车辆定位管理系统是一个集成 GPS、温度检测技术、电子地图和无线传输技术的开放式定位监管平台。温度 RFID 标签在对冷藏车厢内温度数据的采集传输、记录和出现超限温度报警的同时，还对冷藏车资源进行有效的跟踪定位管理。物流运输由卸装、包装、保管一直到输送都必须有实时可视化的温度控制，才能维持原来的价值，让用户吃得放心、用得舒心。冷链物流中完整记录物资所处环境的温度，对于其保鲜以及问题原因的调查有着积极的作用。为整合冷链一体化智能管理，节省系统成本，带着温度传感器的 GPRS 温度探头放入冷库内固定，通过固定在冷库外面的 GPRS、GSM 模块进行温度数据的传输。针对不正常的升温或降温，通过后台监控报警后，工作人员迅速采取降温或升温措施，从而降低或避免损失。

德国物流巨头 DB Schenker 采用具有温度记录功能的 RFID 标签对敏感的医疗物资在被运到美国的过程中所处的环境进行全程追踪监控。该温度追踪应用程序用于通过空运、海运、陆运和铁路运输贴 RFID 标签的产品。

（二）ASRS 技术的成熟

自动存储和检索系统（ASRS）可能不会是一个新的技术，但 ASRS 推广一直很慢。据 ASRS 商业发展的供应商德马泰克公司的董事杰夫·海格斯估计，8000~10000 个货盘的工作使用自动化设施，可以节约 50%~75% 的劳动力成本和节省 60%~80% 的能源开支，工作的位移至少减少 40%~50%。并能减少环境破坏、减少房租、减少产品损坏、提高服务质量。并非所有的设施都适合自动化，德马泰克公司代表在"PRW 北美自动化准备研究"15%~30%的配电搬运设施（约 62~125 个）适合自动化，特别是对改造项目。根据这项研究，"似乎是一个相当大的市场自动化解决方案，可加装到现有的设施"。

（三）WSN 技术的创新

无线传感网络（Wireless Sensor Network，WSN）是综合应用传感器、嵌入式计算技术的分布式信息处理技术，可以在任何时间、地点和环境条件下采集海量数据，特别适用于工业控制和环境监测。目前无线传感网络在精细农业特别是温室控制、精确灌溉、动植物生长监测等领域的应用在国内外已有相关研究。该技术应用于冷链物流信息监测也成了必然趋势。通过这些环境系统，监测者可以对冷链物流仓储和运输的全过程进行监控。国内外已经有很多人尝试设计开发这种传感网络，在实际使用上起到了很好的效果。

四、标准化——地区间和国际接轨趋势

（一）全球冷链标准化发展不均衡

目前，欧美等国家或地区已经建立了较完备的冷链标准法规。欧美等国的冷链物流标准，涵盖了温度记录与跟踪、温度设备控制、商品验收、温度监控点设定、运作系统 SOP 的建立等领域。即便是在手工劳动的微小环节也有标准把关。比如，在搬运货物的时候，搬运人员并不是直接与货物接触，而是将货物放在托盘上，进行整体性的搬运。这样做，不仅能避免人员接触对食品的污染，而且能快速搬运大量物品，从而也保证了在严格控制时间内完成装卸货的任务。

一些冷链相对落后的国家或地区，在发展冷链过程中，也遇到了无标准，标准笼统，国家标准与行业、企业标准自相冲突等问题，给企业的冷链物流经营管理带来了很大困惑，也极大地影响了产品的国际竞争力。

在欧美等冷链物流先进国家，协调冷链各个环节是个艰苦的任务，特别是涉及高价值和对人的健康甚至生命相关的货物时，一旦失败则代价很大。保健类货物如血液、医药、生物企业受到监管机构的管制，但是随着冷链产品产销体系遍及世界后，却缺乏规范性的指导文件。冷链标准的国际化问题目前很棘手，但却是未来冷链发展的最大趋势。

（二）主流的国际冷链行业标准

目前，以下机构发布的冷链标准，对全球冷链物流业较有影响力，且对其他国家和地区具有指导意见。

USP 美国药典，是美国制定医疗保健产品制造、销售、配送环节的标准权威机构，USP 的很多标准是全世界公认的。其制定的《USP1079 号通则》用于指导医疗产品配送实践，对于冷链一章有详尽的说明，《通则 1079》是产品低温配送的基本规则，也是掌握冷链流程的入门文件。

WHO 世界卫生组织负责全球卫生标准和政策的制定，它制定了专门的冷链物流工作手册"QAS/04.068"，这个标准强调全程冷链，对产品提出了全过程的温度和湿度要求，要求全程检查、监测和记录。

PDA（肠外药物协会）的成员代表负责制订生物制药行业的惯例，其中该组织有个冷链兴趣小组（以下简称 PPCIG），PPCIG 发布了《PDA 第 39 号技术报告——医药冷链指导》，2007 的最新修订版已成为该领域最具影响力的标准之一，《第 46 号技术报告——最后一英里》，则更侧重妥善处理冷链后阶段——销售、配送阶段的问题。

国际协调会议（简称 ICH）是汇集欧洲、日本、美国的医疗保健相关监管机构。其颁布的《ICH 工业指南：Q1A（R2）医药产品的稳定性测试》是药品配送的指导文件，核心观点是在温度变化的环境下，如何使产品保持稳定性是检验冷链有效与否的关键。

国际航空运输协会（简称 IATA）颁布的《易腐货物规则（PCR）建议》要求航空公司使用时间和温度检测标签，并在 2013 年强制要求所有货物使用标签。

国际安全运输协会（简称 ISTA），在 2010 年发布了《ISTA 标准 20》，设计了资格认证程序的框架，为整个冷链解决方案进行操作和性能测试提供指导，《ISTA 标准 70》配合《ISTA 标准 20》的实施，但侧重于冷链包装。

ASTM 美国测试材料协会参与研发、推广标准化的温度测试和运输容器，其

"ASTM 的 D2102"发行于 2007 年，用于热绝缘包装性能的评估，目前被广泛应用。

五、低碳化——低碳、环保理念的实际应用

（一）冷链发展与低碳的矛盾显现

冷链在快速发展的同时，又迎来了世界低碳时代的到来，虽然冷链可以提高食品的安全性和新鲜度，但其对温度的控制又需消耗更多的能源，世界 1% 的二氧化碳是由冷链环节产生的，全球 15% 的能源消耗在冷冻设备及空调上，这些设备运行时产生的二氧化碳不可谓不惊人。冷链发展与以"低碳"为主题的发展产生了一定矛盾，在国际上实行碳交易以及开始征收碳税的环境下，将减少碳排放引入到整个供应链管理策略中，作为物流行业中耗能和碳排放最高的业务之一，如何让冷链适应经济发展的低碳要求，更好地进行权衡，是值得研究和思考的问题。

（二）与国际低碳措施接轨

目前，在欧盟排放交易计划下，一些行业已经实行了碳交易，企业为排出的二氧化碳等温室气体进行付费将成为今后的一个趋势，而这项举措也将促使企业改变其供应链运营的方式。20 世纪一些普遍的做法，如长途空运、小批量、及时制的概念以及在低环境标准的国家进行能源密集型生产等，可能将在经济和政治上被否定，而涌现出新的措施。相关的冷链措施将被应用在国家的冷链战略和企业的日常经营管理中。

（三）低碳冷链新技术的应用

一些新技术的出现给冷链低碳化发展指明了方向，如食品冷藏的保养系统将减少能源消耗，门封条和门窗帘采用新技术，可以确保门可以关得更紧，清洁冷凝器显著降低能源消耗。大型冷库已被证明应用新技术可以大幅减少碳排放，比

如应用液体增压水泵、除霜优化、吸液热交换器安装、新的替代制冷系统如三联供、空气循环、吸附、吸附系统、热电、斯特林循环、热声磁制冷等。燃料电池的推广也为低碳冷链带来希望，燃料电池可以在不燃烧的情况下发电，大大提高运行效率，减少碳排放，目前沃尔玛已经开始在加利福尼亚的 17 个店里，使用6.8 兆瓦的燃料电池，燃料电池有望进一步推广。

第三章　全球冷链物流对两岸合作的经验借鉴

一、两岸合作的必要性——基于全球冷链发展形势

（一）全程冷链的重要性和难点

全过程的冷链对于食物、药品的保值是非常重要的，生鲜农产品在低温状态下骤然进入高温环境时，常会出现呼吸异常增大而使生鲜农产品品质严重劣变。从低温到高温的出汗（在产品表面出现结露）现象所产生的大量水滴，直接会对生鲜农产品产生水渍伤，同时在高湿高温条件下加重微生物的感染而导致腐败，常出现不经过低温处理更为严重的后果。反应性化学物质暴露在高温或严寒发生变化时，可能会导致一种化合物变异，甚至引起爆炸。疫苗和药品如果不按照规定的温度保存会使他们失去其有效性。因此，中途变温是低温流通过程中进行保鲜的大忌，在冷链流通中任何一个环节脱离低温状态均会影响保鲜效果。

在实际运行中，一些问题给全程冷链的实施带来很大的压力和阻碍。

1. 经济全球化给全程冷链带来的压力

近年来随着国际贸易的发展，发达国家经常出口一些易腐产品和珍贵药品到发展中国家，而发展中国家的基础冷库、冷藏车设施极度缺乏，给冷链业务带来极大难度。更为普遍的是，跨国的生产贸易量越来越大、种类越来越多，如美国需要来自南美洲的鲜花，中国人希望吃到泰国、越南的水果，而全程冷链物流从生产、包装、运输、配送、销售的整个环节需要跨国、跨洲，而每个国家的冷链

基础服务水平、产品标准不尽相同。

2.管理和成本的压力

冷链三要素，即设备、流程和管理。尽管很多人都认为冷链很"贵"，设备非常重要，设备虽然很重要，但是设备仅是冷链的 3 个重要因素之一。流程也很重要，为什么冷库很好、冷藏车也很好，但还是经常会出问题呢？操作者在收货、卸货时如果在没有温度管理的环境下时间会到达或超过 30 分钟，会导致产品的温度波动，所以流程也是非常重要的要素。人员要素也很重要，物流的驾驶员都要受到专业培训，但并不是所有企业都是这样。很多企业把采收下来的水果直接放在冷藏车里运输，运输至目的地后发现有腐烂，便抱怨机器不好，运输车有问题。其实不然，由于水果露天采收后，环境温度可能达 35℃，没有经过预冷直接装到车厢里导致产品的实际运输温度并非实际适宜的冷藏运输温度，这就是人为的操作问题。

如何在可接受的成本范围内，解决设备、流程、人员管理等各种问题，这不是单独依靠一家物流公司、一个国家可以成功监管的。

（二）政府支持政策的重要性

在发达国家的冷链发展过程中，政府的支持是必不可少的。美国通过食品药品管理局负责监督和管理，从预防开始就采取安全措施，落实企业责任，在冷链中确定风险后，由专门部门检查预防措施，并进行干预。加拿大政府通过对国家铁路公司补贴、改制和相关政策扶持，使国家铁路公司扭亏为盈，通过注入启动资金扶持，使 Ontario Food Terminal 成为北美最大的农产品批发市场。日本从中央政府到地方政府都很重视物流产业的规划与建设，并提供一定的优惠政策。不仅大力支持物流业的发展，还由政府出资 80% 对出售前农产品进行包装，施行低温储存与运输，推进冷链物流。荷兰政府对于建立面向全欧洲的配送中心建设的企业给予选址、规划及经营方向的指导，并给予一定比例的资金支持或贷款贴息。

近年，印度、赞比亚、泰国等也发布了对冷链发展的资金、技术支持政策。印度政府建立了国家冷链建设中心，解决冷链的资金、标准等问题，促进行业交流。

（三）技术推广与应用的重要性

冷链是随着冷链技术的出现和改进不断发展起来的，一项新的冷链技术可能决定着冷链未来发展方向。未来全球冷链发展的趋势，不论是专业化、标准化，还是智能化和低碳化，都严重依赖冷链技术的发展。冷链技术涉及物理、药学、化学、机械、生物、计算机、电信、工业工程等各个领域，是当前世界最复杂、最活跃的技术领域，新的技术层出不穷。一项新的冷链技术的发明，往往需要大的科研机构、集团的支持，需要许多科学家、科研工作者的努力。特别是许多时候，对于发展中国家而言，不得不依靠广泛的合作和新技术的引进，谋求新技术的突破。

对不同的产品维持不同的温度特别具有挑战性。通用的温度标准包括发冷（2℃）、冷冻（−18℃）以及深度冷冻（−29℃）。根据特定产品和相应标准，以及不同的过境时间、装运的规模、外界温度，来选择使用不同类型的容器和制冷方法是必需的。

二、合作策略启示——来自全球冷链合作成就的经验

（一）国际重要冷链行业协会的启示

1. 国际冷藏库协会

国际冷藏库协会的前身是成立于 1891 年的美国仓库业主协会，以促进全球冷库和冷链物流业的发展为己任，通过行业研究、教育、评选等手段开展工作，服务于协会成员，会员可以利用各种博览会、论坛、杂志了解行业资讯，也可以借助《全球冷链指南》等相关媒介进行宣传。国际冷藏库协会经过了一百多年的发展历史，在发展中积累了许多经验。目前国际冷藏库协会设置有教育和标准规范委员会、财政和管理委员会、政府事务委员会、保险与冷库法律委员会、冷库运作委员会等 10 个专业委员会。所有国际冷藏库协会成员的公用冷藏库业主同时也是制冷研究与教育基金会的成员，并为它提供基金。

国际冷藏库协会 IARW 机构和职能设置

教育和标准规范委员会——把教育放在首位，在国际冷藏库协会及世界食品物流组织的战略规划中，充分意识到公共冷藏库行业中培训的重要性。该委员会负责为此规划了各种培训计划。包括研讨会、世界食品物流组织及地区性的培训计划和远程教育。该委员会还负责确定、研究和开发各种标准和实践规范。

财政和管理委员会——管理资金。有效地运作财政和管理委员会的中心工作，收集和交流与工业有关财政和管理信息。它检查营运成本报告，调查薪水和利润、工业基准测试报告、财产税评估程序和其他工业项目。

政府事务委员会——制定和遵守法规、规章。该委员会负责监督和影响与美国公共冷库有关的联邦立法和规则，包括美国农业部和其他政府机构的检验计划，也监测影响肉类和家禽产品销售过程的国际规则和影响冷冻产品进出口的相关问题。成员包括政府代表、法律顾问和国际冷藏库协会的合伙人。

保险与冷库法律委员会——为了给成员公司提供最恰当的承保范围和风险管理，该委员会研究和审查国际冷藏库协会的保险程序，并且审议和更新《危机处理手册》。成员包括国际冷藏库协会的合作伙伴洛克敦（Lockton）公司及法律顾问。

制冷技术和能源服务委员会——关注运行的效率。有效地利用能源并审视国际冷藏库协会的能源服务计划。实现高效率的、有效的、可靠的、安全的经济制冷，修订《节能手册》。成员包括能源和制冷技术方面的专家和其他相关工业的代表。

建筑及其规范委员会——为提高生产力建设冷库。主要工作放在起草和评审技术出版物，遴选工业成员提交的技术问题，并且处理冷库建设过程中所有问题，包括设计、造价、材料、规范。成员包括负责审核规范的官员和提供服务或者提供产品的国际冷藏库协会合作成员。

调查和商品委员会——与公共冷库的研发保持同步，推荐和监控世界食品物流组织的研究项目，并推荐教育培训计划给教育和标准规范委员会，使成员掌握食品科学的最新科学理论，审议修订《商品贮藏手册》和《常见问题问答手册》。成员包括科学家和其他食品专家。

冷库运作委员会——业务的核心。这个委员会主要工作是收集信息并答复工业运作方面的各种问题，回答成员的问题，监督并修订《国际冷藏库协会运作手册》。除了其他委员会专门负责的内容以外，关于冷库运作的所有问题，都归该委员会负责。此外，雇员安全和食品安全也是它工作的范围。

2. 全球冷链联盟

全球冷链联盟（Global Cold Chain Logisties Alliance）成立于 2007 年。虽然成立仅六年，联盟已经成为全球冷链领域的重要交流、研究、教育平台，发挥着冷链行业代言人的作用。目前，全球冷链联盟代表在超过 65 个国家和地区的 1300 个成员公司。全球冷链联盟的工作包括以下 5 个主要方面：①培训和研讨会，提供教育方案，交流冷链实践和学术经验；②可行性研究和基础设施发展规划，为公司或组织提供深入的业务和财务分析，提高投资和基础设施建设的安全性；③输出协会管理经验，全球冷链联盟与当地产业协会或合作以改善或扩充业务；④评估和研究，以研究为导向，以市场分析为导向，通过评估研究，提供对目前冷链基础设施和能力的全面报告；⑤技术援助，通过技术专家协助解决冷链技术问题。全球冷链联盟近年来与我国行业协会进行了合作。

3. 欧洲冷库和物流协会

欧洲冷库和物流协会（Europeah Cold Starage and Logigtics Association）。在市场上的不同环节，为冷链物流商、冷库运营商、科研机构提供个性化服务。除了资讯、培训、研究、数据库等会员福利外，欧洲冷库和物流协会在布鲁萨尔安排了全职游说者，围绕环境、能源效率、食品安全和冷藏运输 4 个主题，要求立法，为总容量为 40 多万立方米的上万个冷库争取利益。

4. 日本冷冻食品协会

日本冷冻食品协会成立于 1969 年，主要工作包括：向民众宣传食品安全知识、对冷冻食品质量安全管理提供技术指导、进行行业调查研究和统计、对会员定期提供刊物等信息服务、向政府机关呈报实施意见。1970 年，日本冷冻食品协会制定了"关于冷冻食品品质卫生的自主指导"，1971 年又制定了"冷冻食品自主操作标准"，这些标准涵盖了预处理、迅速冻结过程及之后的包装过程生产、储藏、运输、销售的操作标准。日本冷冻食品协会与中国合作密切，对我国冷冻食品行业有较深的影响。

（二）政府间的合作

政府间的合作主要分为两种类型：一种是慈善捐助性质的，一般发生在疫苗等药物领域；另一种是技术资本输出型的，一般是冷链发展成熟（市场较为饱和），由政府牵头搭桥，向需要发展冷链的国家传输先进的冷链技术、标准、管理经验，进行资本投资，实现双赢。

1. 捐助性质的政府合作

非洲发展中国家，由于没有足够的冷链设备来存储疫苗和药物，使成千上万的儿童失去了接种疫苗的机会。西非国家毛里塔尼亚 2012 年全国疫苗接种率为40%，而 2012 年正是该国根除脊髓灰质炎和控制麻疹的最后阶段。地广人稀和恶劣的高温天气条件给疫苗工作带来更大挑战。这个问题促使儿童基金会与日本政府合作为非洲一些国家提供新的冷链设备。目前日本政府已为毛里塔尼亚、尼日利亚等多个国家捐款数百万美元，支持其采购冷链设备、发展医药冷链系统，特别是落实新生儿、儿童的疫苗接种工作。

2. 技术资本输出型的政府合作

为了提高印度"从农场到市场"的流通效率，美国贸易发展署宣布其支持的十二项事务和贸易代表团从印度到美国的政府代表重点介绍现代冷链技术和美国的冷链经验和标准。虽然印度是世界第二大食品生产国，但缺乏一个全面和有效的冷链网络，这种贸易代表团，将有助于推动印度的冷链运输基础设施建设，进而加强印度食品安全。印度代表团实地考察美国的冷库设施、先进的冷链设备制造商、冷链行业协会，最大限度地了解美国的实践经验、标准和技术。

（三）企业间的合作

1. 主要合作模式

在发达国家，冷链产业进入成熟期，冷链企业开始通过股权介入项目公司，通过业务合作等形式进行冷链业务的整合和优化，并迅速占领发展中的国际市场。冷链企业之间的合作事件几乎每天都在发生，主要有第三方物流服务模式、横向协同物流战略、纵向协同物流战略三种模式。

（1）第三方物流服务模式。通过协调企业之间的物流运输和提供物流服务，第三方物流服务商可以把企业的物流业务外包给专门的物流管理部门来承担。它提供了一种集成物流作业模式，使供应链的小批量库存补给变得更经济，而且还能创造出比供方和需方采用自我物流服务系统运作更快捷、更安全、更高服务水准，且成本相当或更低廉的物流服务。

（2）横向协同物流战略。横向协同物流战略是指同产业或不同产业的企业之间就物流管理达成协调、统一运营的机制。企业在承认并保留各企业原有配送中心的前提下，实行商品的集中配送和处理；各企业放弃自建配送中心，通过共同配送中心的建立来实现物流管理的效率性和集中化。

（3）纵向协同物流战略。该战略的实施需要企业在流通渠道的不同阶段相互协调，形成合作性、共同化的物流管理系统。

2. 不同参与者之间的合作

（1）物流公司和运输公司。日本航空公司与日本邮政集团旗下的日本邮便公司两公司联手合作，2013 年 4 月 1 日起推出国际特快专递（EMS）的冷藏邮递业务"coolEMS"试运项目。"coolEMS"将采用可在 80 小时内保持一定温度的专用冷藏容器，于第二天或第三天送达。此项业务可将生鱼片等日本海产品及水果等新鲜食材送往各地。预计居住在海外的日本人及当地富裕层将成为该业务的主要客户群。

（2）冷链物流公司与冷链物流公司。由于每个冷链企业的业务范围、擅长技术、重点区域不尽相同，冷藏公司之间并不是死对头。基于这种认识，北美第九大冷库运营商新世界集团建立了冷链最持久的协同关系。新世界集团的会员必须是国际冷藏库协会和世界食品物流协会的成员，并有相关认证资质。新世界集团将对成员业务进行撮合，以顺利分工、共享市场；同时，成员之间还提供冷链运营管理和技术咨询服务。

（3）物流企业与 IT 企业。物流巨头 DHL、实时定位系统（RTLS）提供商 AeroScout 及车辆追踪、船舶资产管理方案提供商 Microlise 共同开发了一套冷链解决方案，用于追踪药品在供应链的流通，确保药品在运输过程中符合相关的规定。这套方案结合了有源 RFID 技术、温度传感器和 GPS 系统，可以实时定位药品位置和监控药品温度。

（4）冷藏公司与食品公司。都乐食品公司是全球最大的新鲜水果和蔬菜的生产和销售商，也是一个主要的冷藏客户。公司能够同时提供产品和设施以及能够照顾进口商和种植者，同时使冷库运营更加高效，这是一个真正的战略合并。

附　件

附件1　冷链物流概念及分类

1. 冷链物流概念

目前，国家对冷链物流有了明确的定义，物流术语（GB/T18354-2006）将冷链定义为根据物品特性，为保持其品质而采用的从生产到消费的过程中始终处于低温状态的物流网络。物流是指物品从供应地向接收地的实体流动过程。根据实际需要，将运输、储存、装卸、搬运、包装、流通加工、配送、信息处理等基本功能实施有机结合。

冷链物流是指以冷冻工艺为基础、制冷技术为手段，是冷链物品从生产、流通、销售到消费者的各个环节中始终处于规定的温度环境下，以保证冷链物品质量，减少冷链物品损耗的物流活动。

2. 冷链物流的分类

（1）按温度适用范围划分，可分为以下五类：①超低温物流，适用温度范围在-50℃以下。②冷冻物流，适用温度范围在-18℃以下。③冰温物流，适用温度范围在-2℃~2℃。④冷藏物流，适用温度范围在0℃~10℃。⑤其他控温物流，适用温度范围在10℃~25℃。

（2）按所服务的物品对象划分，可分为以下九类：①肉类冷链物流，主要为畜类、禽类等初级产品及其加工制品提供冷链物流服务的形态。②水产品冷链物流，主要为鱼类、甲壳类、贝壳类、海藻类等鲜品及其加工制品提供冷链物流服务的形态。③冷冻饮品冷链物流，主要为雪糕、食用冰块等物品提供冷链物流服务的形态。④乳品冷链物流，主要为液态奶及其乳制品等物品提供冷链物流服务的形态。⑤果蔬花卉物流，主要为水果、蔬菜和花卉等鲜品及其加工制品提供冷链物流服务的形态。⑥谷物冷链物流，主要为谷物、农作物种子、饲料等提供冷链物流服务的形态。⑦速冻食品冷链物流，主要为米、面类等食品提供冷链物流服务的形态。⑧药品冷链物流，主要为中药材、中药饮片、中成药、化学原料药及其制剂、抗生素、生化药品、放射性药品、血清、疫苗、血液制品和诊断药品等物品提供冷链物流服务的形态。⑨其他特殊物品冷链物流，主要为胶卷、定影液、化妆品、化学危险品、生化试剂、医疗器械等提供冷链物流服务的形态。

附件 2 冷链物流标准汇编

一、冷链物流基础标准

分类	标准编号	标准名称	类别	发布日期	实施日期	规定范围
基础	审查通过（国标）	物流企业冷链服务要求与能力评估指标	基础	预计 2015 年		本标准规定了从事农产品、食品冷链服务的物流企业为满足客户需求所应具备的特定的温度控制能力，冷链物流信息采集、监控与追溯能力以及配套人员资质、制度建设和其他保障措施
	审查通过（国标）	药品冷链保温箱通用规范	基础	预计 2015 年		本规范主要是针对药品冷链保温箱设计与生产中的通用要求、技术、质量保证等活动的统一规定。本规范规定了生物医药冷链保温箱的要求、质量保证、交货储等事项。本规范适用于冷藏药品运输中所使用的冷链保温箱
	已正式立项	冷链物流从业人员职业管理	管理	预计 2015 年		本标准提出了冷链物流从业人员的基本要求、冷链物流师等级以及具备的资质水平。本标准适用于对冷链物流从业人员进行评价、考核的依据，物流从业人员以及相关领域
	GB/T18517-2012	制冷术语	基础	2012/11/5	2013/3/1	本标准界定了制冷术语。本标准适用于制冷专业的产品制造、工程设计、施工、维护管理以及科研、教育等领域

续表

分类	标准编号	标准名称	类别	发布日期	实施日期	规定范围
基础	GB/T28843-2012	食品冷链物流追溯管理要求	管理	2012/11/5	2012/12/1	本标准规定了食品冷链物流追溯管理的总体原则和食品冷链物流中运输、仓储、装卸环节的追溯管理要求。本标准适用于食品冷链物流的追溯管理
	GB/T28577-2012	冷链物流分类与基本要求	基础	2012/6/29	2012/10/1	国家标准规定了冷链物流的分类和冷链物流的基本要求。适用于冷链物流管理
	JB/T7249-1994	制冷设备术语	基础	1994/7/18	1995/7/1	本标准规定了制冷设备中使用中的主要术语及其含义
	GB/T14440-1993	低温作业分级	管理	1993/6/10	1994/1/1	本标准规定了低温作业环境冷强度大小及其对人体机能影响程度的级别。本标准适用于对低温作业实施劳动保护分级管理

二、冷链物流设施设备标准

分类	标准编号	标准名称	类别	发布日期	实施日期	规定范围
冷库	GB/T30134-2013	冷库管理规范	管理	2013/12/7	2014/12/1	
	GB/T30103-2013	冷库热工性能试验方法	技术	2013/12/7	2014/11/1	
	GB/28009-2011	冷库安全规程	管理	2011/12/30	2012/12/1	规定了冷库设计、施工、运行管理及制冷系统长时间停机时的安全要求。适用于以氨、卤代烃等为制冷剂的直接制冷系统及间接制冷系统的冷库。其他类型的冷室出售产品不适用于室内装配式冷库
	GB/50072-2010	冷库设计规范	技术	2010/1/18	2010/7/1	本规范适用于采用氨、氢氟烃及其混合物制冷剂为制冷系统，以钢筋混凝土或砌体结构为主体结构的新建、改建、扩建的冷库，不适用于山洞冷库、装配式冷库、气调库
	GB/T24400-2009	食品冷库HACCP应用规范	管理	2009/9/30	2010/3/1	本标准规定了食品冷库建立和实施HACCP体系的总要求以及文件、良好操作规范(GMP)、卫生标准操作程序(SSP)、标准操作规程(SOP)、有害微生物检验和HACCP体系的建立、实施和相关的评价活动。本标准适用于食品冷库企业HACCP体系的建立、实施和相关的评价活动

续表

分类	标准编号	标准名称	类别	发布日期	实施日期	规定范围
冷库	SBJ/16—2009	气调冷藏库设计规范	技术	2009/4/2	2009/12/1	本规范适用于以氨或以氢氟烃、氢氯氟烃及其混合物为制冷剂的制冷系统及公称体积大于或等于 500m³ 的土建和装配式气调冷藏库
	SBJ/17—2009	室外装配冷库设计规范	技术	2009/4/2	2009/12/1	本规范适用于冷藏间公称容积 500m³ 及以上，以氨、氢氯氟烃和含氢氟烃为制冷剂的压缩式制冷系统并储存食品的单层室外装配形式的冷库
	SBJ/11—2000	冷库库建筑工程施工及验收规范	技术	2000/6/21	2000/8/1	
	JB/T9061—1999	组合冷库	技术	1999/7/12	2000/1/1	本标准规定了组合冷库产品分类和型号、技术条件、性能试验方法、检验规则、标志、包装和贮存的要求。本标准适用于以硬质聚氨酯或聚苯乙烯酯泡沫塑料为隔热层，金属材料为面板材料的大中小型组合冷库和组合气调冷库。其他面板材料可参照本标准
	CB/3040—1978	冷藏库舱口盖	技术		1979/7/1	冷藏库舱口盖用于室内甲板上通孔的冷藏库
	调研阶段（行标）	冷链运输车辆应用选型技术规范	技术			本规范规定了冷链运输车辆的基本技术要求、安全要求和专用冷链运输车辆的特殊要求。本规范应适用于易腐食品和生物制品冷链运输道路车辆
冷冻冷藏设备	WB/T1046—2012	易腐食品道路机动车辆冷藏运输要求	技术	2012/3/24	2012/7/1	标准提出了易腐食品道路机动车辆冷藏运输的技术要求及操作、设备维护要求。适用于易腐食品冷藏运输活动
	QC/T449—2010	保温车、冷藏车技术条件及试验方法	技术	2010/8/16	2010/12/1	本标准规定了保温车、冷藏车的技术要求、试验方法、检验规则、标志、使用说明书、随车文件、运输、贮存。本标准适用于采用定型汽车底盘改装的保温车、冷藏半挂车，其他类型的保温车、冷藏车亦可参照执行
	GB/T21001.3—2010	冷藏陈列柜第 3 部分：试验评定	技术	2010/8/9	2010/12/1	本部分规定了用于销售和陈列食品的冷藏陈列柜的安全和性能的试验评定方法和评定依据标准。本部分适用于用于销售和陈列食品的冷藏陈列柜，以及利用干冷自动冷货机和利用干餐饮用于零售的非零售饮用的冷藏柜
	NY/T1623—2008	兽医运输冷藏箱（包）	技术	2008/5/16	2008/7/1	本标准规定了兽医运输冷藏箱（包）的技术要求、试验方法、检验规则、标志、包装和贮存。本标准适用于不同类型的兽医运输的冷藏箱（包）
	GB/T21278—2007	血液冷藏箱	技术	2008/1/21	2008/9/1	本标准规定了内部温度范围为 2℃~6℃，环境温度为 16℃~32℃，最高相对湿度为 75%，带制冷装置的、用于存放血液和血液制品的血液冷藏箱的要求、试验方法及标志、标签和包装要求。本标准适用于存放和运输血液用血液冷藏箱

续表

分类	标准编号	标准名称	类别	发布日期	实施日期	规定范围
	SN/T1995–2007	进出口食品冷藏、冷冻集装箱卫生规范	管理	2007/12/24	2008/7/1	标准规定了进出口食品冷藏、冷冻集装箱卫生规范。本标准适用于进出口食品冷藏、冷冻集装箱检验
	JB/T4783–2007	低温液体汽车罐车	技术	2007/8/28	2008/2/1	本标准规定了低温液体汽车罐车罐体的技术要求、试验方法、检验规则、包装、标志和标识等要求
	JB/T4784–2007	低温液体罐式集装箱	技术	2007/8/28	2008/2/1	本标准规定了低温液体罐式集装箱的技术要求、试验方法、检验规则、包装、标志和标识等要求
	GB/T21001.1–2007	冷藏陈列柜第1部分：术语	技术	2007/7/27	2007/12/1	本部分规定了用于销售和陈列食品的冷藏陈列柜的术语和定义。本部分不适用于制冷自动售货机和拟用于制售的非零售用的冷藏陈列柜
	GB/T21001.2–2007	冷藏陈列柜第2部分：分类、要求和试验条件	技术	2007/7/27	2007/12/1	本部分规定了用于销售和陈列的冷藏陈列柜的结构、特性和性能的要求，同时也规定了冷藏陈列柜的试验条件、分类方法、试验方法和由制造商提供的产品标志及产品特性信息。本部分不适用于制冷自动售货机和拟用于制售的非零售的冷藏陈列柜；也不包括在陈列柜内展示的食品种类
冷冻冷藏设备	YY/T0086–2007	药品冷藏箱	技术	2007/7/2	2008/3/1	本标准规定了药品冷藏箱的主要技术要求、试验方法、检验规则、标志、运输、贮存等要求；适用于容积为600L以下、箱内温度范围为2℃~14℃电机驱动压缩式全封闭型制冷系统的冷藏箱。该产品供医院、科研部门储存药品和生物制品
	YY/T0168–2007	血液冷藏箱	技术	2007/7/2	2008/3/1	本标准规定了血液冷藏箱（简称冷藏箱）的主要技术要求、标志、运输、贮存等要求。本标准适用于容积600L以下，箱内温度为4℃±1℃的电机驱动式全封闭式压缩机制冷的冷藏箱。该产品供医疗、科研部门储存血液
	GB/T20154–2006	低温保存箱	技术	2006/3/6	2006/11/1	本标准规定了低温保存箱的分类与命名、要求、试验方法、检验规则、标志、包装、运输、贮存。本标准适用于封闭式电动式电动机驱动压缩式低温保存箱
	JT/T650–2006	冷藏保温厢式挂车通用技术条件	技术	2006/2/20	2006/5/1	本标准规定了冷藏保温厢式挂车的术语和定义、技术要求及试验方法。适用于在道路上使用的冷藏保温厢式挂车
	GB/T10942–2001	散装乳冷藏罐	技术	2001/2/2	2001/9/1	本标准规定了散装牛乳或羊乳冷藏罐的设计、结构和性能要求及有关的试验方法。结构和性能要点对集中乳量的一次挤乳量（24h）和四次乳量（48h）自动控制的固定式或散装移动式散装乳冷藏罐

分类	标准编号	标准名称	类别	发布日期	实施日期	规定范围
冷冻冷藏设备	JB/T244-1994	食品冷柜	技术	1994/7/18	1995/7/1	本标准规定了食品冷柜的术语、产品分类、技术要求、试验方法、检验规则、标志、包装、运输及贮存。本标准适用于电动机驱动压缩机的食品冷柜。本标准中的食品冷柜包括冷柜陈列冷柜
	TB/T1805-1986	加冰冷藏车通用技术条件	技术		2004/4/1	

三、冷链物流技术、作业与管理标准

分类	标准编号	标准名称	类别	发布日期	实施日期	规定范围
通用类	GB/T24616-2009	冷藏食品物流包装、标志、运输和储存	作业	2009/11/15	2010/3/1	本标准规定了冷冻食品物流过程中的包装、标志、运输和储存要求。本标准适用于冷冻食品的物流
	GB/T24617-2009	冷冻食品物流包装、标志、运输和储存	作业	2009/11/15	2010/3/1	本标准规定了冷冻食品物流过程中的包装、标志、运输和储存要求。本标准适用于冷冻食品的物流
	GB/T22918-2008	易腐食品控温运输技术要求	技术	2008/12/31	2009/8/1	本标准规定了易腐食品控温运输的相关术语和定义、运输基本要求、装载要求、运输途中要求、卸货要求和转运交接要求。本标准适用于易腐食品的公路、铁路、水路及上述各种运输方式的多式联运的运输管理
	SB/T10428-2007	初级生鲜食品配送良好操作规范	管理	2007/7/24	2007/12/1	本标准规定了初级生鲜食品配送组织的质量管理体系、资源管理、配送过程控制和产品召回等方面的要求。本标准适用于初级生鲜食品配送组织
	JB/6898-1997	低温液体贮运设备使用安全规则	管理	1997/3/4	1997/10/1	本标准规定了液态氧、低温液氮液体贮运设备以下简称运输设备（简称容器）及槽车的低温液体贮运设备的安全要求和措施安放处理。本标准对于二氧化碳液体贮运设备可参照使用

续表

分类	标准编号	标准名称	类别	发布日期	实施日期	规定范围
水产品	SC/T3043-2014	养殖水产品可追溯标签规程	管理	2014/4/3	2014/6/1	
	SC/T3044-2014	养殖水产品可追溯编码规程	管理	2014/4/3	2014/6/1	
	报批阶段（国标）	水产品冷链物流服务规范	作业			本标准规定了水产品冷链物流服务的基本要求，接收地作业、运输、仓储作业、加工与配送、装卸与搬运、货物交接、包装与标志、投诉处理的要求和服务质量的主要评价指标
	GB/T27638-2011	活鱼运输技术规范	技术	2011/12/30	2012/4/1	本标准规定了活鱼运输的术语和定义、基本要求和充氧水运输、保湿无水运输、亲鱼、鱼种和鱼苗的运输要求。适用于商品活鱼的活体流通运输，亲鱼、鱼种和鱼苗的运输可参照执行
	GB/T27624-2011	养殖红鳍东方鲀鲜、冻品加工操作规范	管理	2011/12/30	2012/4/1	本标准规定了养殖红鳍东方鲀（Takifugu rubripes）加工的基本条件、专用设施、原料、暂养、包装、检验以及标识、运输和贮存。适用于养殖红鳍东方鲀鲜、冻品的加工
	GB/T26544-2011	水产品航空运输包装通用要求	管理	2011/6/16	2012/11/1	本标准规定了航空运输水产品包装的基本要求、包装材料、包装容器和包装方法。适用于有特殊要求的水产品包装。不适用于水产品航空运输包装
	DB44/T576-2008	水产品流通管理技术规范（广东）	技术	2008/12/31	2009/4/1	
	SC/T6041-2007	水产品保鲜储运设备安全技术条件	技术	2007/12/18	2008/3/1	本标准规定了冷冻、冰鲜、活体水产品储运装备在设计、制造、安装及操作等的安全技术条件。本标准适用于冷库、冻结机、输送机、制冰机、冰柜、海上收鲜船、活鱼运输箱、活鱼运输车船、以及增氧装置、杀菌装置等水产品保鲜储运设备
	SC/T9020-2006	水产品低温冷藏设备和低温运输设备技术条件	技术	2006/7/10	2006/10/1	本标准规定了水产品低温（-70℃～-30℃）冷藏、运输设备的技术条件。本标准适用于水产品低温（-70℃～-30℃）冷藏、运输设备的设计、制造以及产品检验
	SC/T3006-1988	冻鱼肥藏操作技术规程	技术	1988/11/1	1989/4/1	

续表

分类	标准编号	标准名称	类别	发布日期	实施日期	规定范围
肉类	NY/T2534—2013	生鲜畜禽肉冷链物流技术规范	技术	2013/12/12	2014/4/1	
	SB/T10748—2012	牛肉及牛副产品流通分类与代码	管理	2012/8/6	2012/11/1	本标准规定了牛肉及牛副产品的分类原则及方法、代码结构、编码方法、分类与代码、统计、产品生产、采购、销售、出口、研发等环节
	GB/T9959.2—2008	分割鲜、冻猪瘦肉	技术	2008/8/12	2008/12/1	本标准规定了分割鲜、冻猪瘦肉的相关术语和定义、技术要求、检验方法、检验规则、标识、检验。本标准适用于以鲜、冻片猪肉按部位分割后、加工成的冷却鲜（鲜）或冷冻的猪瘦肉
	GB/T9961—2008	鲜、冻胴体羊肉	技术	2008/8/12	2008/12/1	本标准规定了鲜、冻胴体羊肉的相关术语和定义、技术要求、检验方法、检验规则、标志和标签、包装、贮存及运输。本标准适用于冷却肉的生产与加工的鲜、冻胴体羊肉
	GB/T17239—2008	鲜、冻兔肉	技术	2008/8/12	2008/12/1	本标准规定了鲜、冻兔肉相关的术语和定义、技术要求、检验方法、检验规则、标志、标签、包装、贮存的要求。本标准适用于健康活兔经屠宰、加工的鲜兔肉或冻兔肉
	GB/T22289—2008	冷却猪肉加工技术要求	技术	2008/8/12	2008/10/1	本标准规定了冷却猪肉的相关术语和定义、加工技术要求、标志、标签、包装、贮存和运输要求。本标准适用于冷却猪肉的生产与加工
	GB/T9960—2008	鲜、冻四分体牛肉	技术	2008/6/27	2008/10/1	本标准规定了鲜、冻四分体牛肉的相关术语和定义、技术要求、检验方法和检验规则、标志、标签、贮存和运输。本标准适用于健康活牛经屠宰加工、冷加工后，用于供应市场销售、肉制品及罐头原料的鲜、冻四分体牛肉
	GB/T17238—2008	鲜、冻分割牛肉	技术	2008/6/27	2008/10/1	本标准规定了鲜、冻分割牛肉的相关术语和定义、产品分类、技术要求、检验方法、检验规则、标志、包装、运输和贮存。本标准适用于鲜、冻带骨牛肉、冻带骨牛肉按部位分割、加工的产品
	GB/T21735—2008	肉与肉制品物流规范	管理	2008/5/7	2008/12/1	本标准规定了肉与肉制品在商业物流各环节及其与食品安全有关的技术要求。本标准适用于肉与肉制品在商业物流各环节全过程的质量控制
	SB/T10408—2007	国家储备冻肉储存冷库资质条件	管理	2007/1/25	2007/3/1	本标准规定了国家储备冻肉储存冷库在质量管理体系、环境、设施设备、管理、安全、人员及资质管理等方面的要求。本标准适用于承担国家储备冻肉储存任务的冷库

续表

分类	标准编号	标准名称	类别	发布日期	实施日期	规定范围
肉类	GB/T20799-2006	鲜、冻肉运输条件	管理	2006/11/28	2007/3/1	本标准规定了直接用于销售或进一步加工的可食用鲜、冻肉的相关术语和定义，运输时的包装要求、温度和时间、卫生条件等内容。本标准适用于鲜、冻肉的运输管理
	GB/T20575-2006	鲜、冻肉生产良好操作规范	作业	2006/9/14	2007/1/1	本标准规定了鲜、冻肉的动物饲养要求，用于生产鲜、冻肉的动物，屠宰动物的运输要求、屠宰厂、肉品企业设施、设备要求，卫生要求、过程控制，检验检疫制的要求等内容。本标准适用于供人类消费的鲜、冻猪牛羊肉产品，包括售出后直接或经加工后供食用的鲜、冻猪牛羊肉产品，但不包括其他法规规定的家禽、鱼类与野生动物
	GB16869-2005	鲜、冻禽产品	技术	2005/3/23	2006/1/1	本标准规定了鲜、冻禽产品的技术要求、检验方法、检验规则和标志，包装、贮存的要求。本标准适用于经包装活禽等屠宰、加工、包装的鲜禽产品或冻禽产品，也适用于经包装的鲜禽产品或冻禽产品
	GB/9959.1-2001	鲜、冻片猪肉	技术	2001/7/20	2001/12/1	本标准规定了鲜、冻片猪肉的术语、技术要求、检验方法、检验规则和标志，贮存、运输。本标准适用于生猪经屠宰、加工的鲜、冻片猪肉
	NY/T2380-2013	李贮运技术规范	技术	2013/9/23	2014/1/1	
	NY/T2381-2013	杏贮运技术规范	技术	2013/9/23	2014/1/1	
	NY/T2320-2013	干制蔬菜贮藏导则	管理	2013/6/3	2013/8/1	本标准规定了干制蔬菜入库前要求、包装、入库、贮藏管理、出库及运输。本标准适用于热风干干制蔬菜的贮藏
	审查阶段（行标）	餐饮冷链物流服务规范	作业			本规范规定了从事餐饮冷链服务应具备的基本条件。本标准适用于餐饮冷链物流服务管理
果蔬类	GB/T25870-2010	甜瓜贮藏和冷藏运输	技术	2011/1/10	2011/6/1	本标准规定了甜瓜（Cucumis melo L）在冷藏和冷藏运输前的处理，冷藏运输的技术条件。适用于早、中、晚熟甜瓜的栽培品种
	GB/T25876-2010	根菜类贮藏和冷藏运输	作业	2011/1/10	2011/6/1	标准规定了新鲜根菜类蔬菜的冷藏和冷藏运输的技术条件。适用于无茎的根菜类蔬菜在大容量冷藏库中进行长期冷藏和冷藏运输。不适用于带叶的根菜类蔬菜，其只能做短期贮藏。适用于萝卜、胡萝卜、菊牛蒡、根甜菜和根菜类作物
	GB/T26432-2010	新鲜蔬菜贮藏与运输准则	作业	2011/1/14	2011/6/1	本标准规定了新鲜蔬菜贮藏与运输前的准备，贮藏与运输的方式和条件，贮藏与运输的贮藏准则。本标准适用于新鲜蔬菜贮藏与运输，包括加工配送用的新鲜蔬菜

续表

分类	标准编号	标准名称	类别	发布日期	实施日期	规定范围
果蔬类	SB/T10572-2010	黄瓜流通规范	管理	2010/12/14	2011/3/1	本标准规定了黄瓜的术语和定义、商品质量基本要求、等级、包装、标识和流通过程要求。本标准适用于密刺型黄瓜密刺型黄瓜的流通可参照执行
	SB/T10573-2010	青椒流通规范	管理	2010/12/14	2011/3/1	本标准规定了青椒的术语和定义、商品质量基本要求、商品等级、包装、标识和流通过程要求。本标准适用于鲜食牛角型青椒和甜牛角型青椒和甜牛角型青椒的经营和管理，其他品种青椒的流通可参照执行
	SB/T10574-2010	番茄流通规范	管理	2010/12/14	2011/3/1	本标准规定了番茄的术语和定义、商品质量基本要求、商品等级、包装、标识和流通过程要求。本标准适用于毛粉番茄和硬果番茄的经营和管理，其他品种番茄的流通可参照执行
	SB/T10575-2010	豇豆流通规范	管理	2010/12/14	2011/3/1	本标准规定了豇豆的术语和定义、商品质量基本要求、商品等级、包装、标识和流通过程要求。本标准适用于青皮、白皮豇豆的经营和管理，紫皮豇豆的流通可参照执行
	SB/T10576-2010	冬瓜流通规范	管理	2010/12/14	2011/3/1	本标准规定了冬瓜的术语和定义、商品质量基本要求、商品等级、包装、标识和流通过程要求。本标准适用于黑皮冬瓜的经营和管理，其他种类冬瓜的流通可参照执行
	SB/T10577-2010	鲜食马铃薯流通规范	管理	2010/12/14	2011/3/1	本标准规定了鲜食马铃薯的术语和定义、商品质量基本要求、商品质量等级、包装、标识和流通过程要求。本标准适用于马铃薯、彩色马铃薯不适用于本标准薯、彩色马铃薯不适用于本标准
	GB/T16870-2009	芦笋贮藏指南	技术	2009/11/15	2009/12/1	本标准规定了保存芦笋的条件及达到条件的办法。本标准适用于贮藏后的芦笋直接消费，生产加工
	LY/T1841-2009	猕猴桃贮藏技术规程	技术	2009/6/18	2009/10/1	本标准规定了孙猴桃的采收与质量要求、贮藏前准备、采后处理与入库方式与贮藏管理、贮藏期限、出库，包装与运输等
	LY/T1833-2009	黄毛竹笋在地保鲜技术	技术	2009/6/18	2009/10/1	本标准规定了黄毛笋在地保鲜的术语和定义、在地保鲜技术、分级、包装。本标准适用于黄毛竹笋在地保鲜
	GB/T23344-2009	水果和蔬菜气调贮藏技术规范	技术	2009/3/28	2009/8/1	标准规定了水果和蔬菜气调贮藏的规程与技术。本标准适用于各种果蔬，特别适用于呼吸跃变型果，如苹果、梨，香蕉和蒜等的气调贮藏

续表

分类	标准编号	标准名称	类别	发布日期	实施日期	规定范围
果蔬类	GB/T1034-2009	芒果贮藏导则	作业	2009/3/27	2009/10/1	本标准规定了薄膜包衣种子技术要求、质量检验以及标志、包装、运输和贮存。本标准适用于小麦、水稻、玉米、棉花、大豆、高粱、各子等农作物的薄膜包衣种子，其他农作物薄膜包衣种子可参照执行
	DB51/T899-2009	柑橘留树保鲜技术规程	技术	2009/3/5	2009/3/10	
	DB63/T762-2008	蚕豆青荚保鲜技术规程	技术	2008/12/26	2009/1/24	本标准规定了鲜食苹果冷藏用果的入贮果质量要求和贮果质量要求、预冷、入库要求、贮期管理等内容。本标准适用于我国生产的各类苹果和鲜果的冷藏
	GB/T8559-2008	苹果冷藏技术	技术	2008/8/7	2008/12/1	本标准规定了各品种鲜食葡萄冷藏的采前要求、采收要求、质量要求、包装与运输要求、防腐保鲜剂处理、贮前准备、入库堆码和冷藏管理等内容。本标准适用于我国生产的各类鲜食葡萄果实的冷藏
	GB/T16862-2008	鲜食葡萄冷藏技术	技术	2008/8/7	2008/12/1	
	GB/T9829-2008	水果和蔬菜冷库中物理条件定义和测量	技术	2008/6/17	2008/10/1	标准规定为"冷藏品"在冷库条件下物理因素的定义和物理参数的有效测量方法。这些物理因素包括：温度、相对湿度、空气循环流率和换气量。本标准适用于水果和蔬菜中的有关物理因素在冷库贮藏中有关的解释
	LY/T1781-2008	甜樱桃贮藏保鲜技术规程	技术	2008/1/1	2008/12/1	本标准规定了甜樱桃的采收和质量要求、库房准备和预冷、码垛、贮藏保鲜技术、贮藏管理、出库、包装、运输及发货架期。本标准适用于甜樱桃贮藏、其他樱桃品种可参照执行
	SB/T10448-2007	热带水果和蔬菜包装与运输操作规程	作业	2007/12/28	2008/5/1	标准规定了热带新鲜水果和蔬菜的包装与运输操作方法。目的是使产品在运输和销售过程中能保持其质量
	SB/T10447-2007	水果蔬菜气调贮藏原则与技术	技术	2007/12/28	2008/5/1	本标准规定了水果和蔬菜的气调贮藏原则与技术。本标准适用于各种水果和蔬菜（尤其是苹果、梨和香蕉）。气调贮藏具体应用到每种产品时，除了保持最佳的温度和相对湿度，气调贮藏的21%（体积分数）的分压也会降低。气调贮藏时氧气的含量不能低于1.5%（体积分数），因为在缺氧状态下，水果和蔬菜会进行无氧呼吸，产生发酵作用。二氧化碳表面也会褐变。二氧化碳含量的增加会导致二氧化碳含量过高8%~10%（体积分数），引发各种生理病害（二氧化碳伤害），从而导致产品质量的下降和重量的减少

续表

分类	标准编号	标准名称	类别	发布日期	实施日期	规定范围
果蔬类	SB/T10449—2007	番茄冷藏和冷藏运输指南	技术	2007/12/28	2008/5/1	本标准规定了番茄冷藏和冷藏运输之前的操作以及冷藏运输过程中的技术条件。本标准不适用于加工用番茄
	NY/T1530—2007	龙眼、荔枝产后贮运保鲜技术规程	技术	2007/12/18	2008/3/1	本标准规定了龙眼和荔枝采实的采收、采后处理保鲜工艺条件、贮藏运输要求、贮藏期限等技术指标。本标准适用于储良、石硖、古山二号、东壁、乌龙岭等龙眼品种和妃子笑、黑叶、白腊、玉荷包、桂味、糯米糍、准枝等荔枝品种，其他品种可参照执行
	DB44/T547—2008	砂糖橘贮运保鲜技术规程	技术	2007/12/1	2008/10/1	
	DB44/T546—2008	姜贮运保鲜技术规程	技术	2007/12/1	2008/10/1	
	DB65/T2796—2007	鲜杏贮藏保鲜技术规程	技术	2007/9/25	2007/11/1	
	DB65/T2797—2007	石榴贮藏保鲜技术规程	技术	2007/9/25	2007/11/1	
	NY/T1401—2007	荔枝冰温贮藏	技术	2007/6/14	2007/9/1	本标准规定了荔枝采实的术语和定义、采收要求、采后处理、冰温贮藏要求、贮藏期限及出库指标。本标准适用于妃子笑、黑叶、白腊、黑叶等荔枝品种，其他品种可参照执行
	NY/T1394—2007	浆果贮运技术条件	技术	2007/6/14	2007/9/1	本标准规定了浆果贮运的术语和定义、贮运用果的要求、贮运技术条件、包装运输方式和运输条件。本标准适用于浆果的贮藏和运输
	NY/T1198—2006	梨贮运技术规范	技术	2006/12/6	2007/2/1	本标准规定了贮运梨对梨的质量要求、采收成熟度、采收要求、气调贮藏、库房管理、贮运注意事项及运输要求
	NY/T1202—2006	豆类蔬菜贮藏保鲜技术规程	技术	2006/12/6	2007/2/1	本标准规定了豆类蔬菜贮藏保鲜的采收和质量要求、贮藏前库房准备、预冷、入库、堆码、贮藏、运输及出库等技术要求。本标准适用于菜豆、豇豆、豌豆和毛豆新鲜豆类蔬菜的贮藏
	NY/T1203—2006	茄果类蔬菜贮藏保鲜技术规程	技术	2006/12/6	2007/2/1	本标准规定了茄果类蔬菜贮藏保鲜的采收与质量要求、贮藏前库房准备、预冷、入库、堆码、贮藏、运输及出库等技术要求。本标准适用于辣椒、甜椒、茄子、番茄和樱桃番茄新鲜茄果类蔬菜的非制冷贮藏和机械冷藏
	LY/T1674—2006	板栗贮藏保鲜技术规程	技术	2006/8/31	2006/12/1	本标准规定了贮藏板栗的采收与质量要求、贮藏前准备与采后处理、贮藏期限、贮藏管理、出库、包装与运输以及检验的板栗。本标准适用于壳斗科栗属植物的板栗

续表

分类	标准编号	标准名称	类别	发布日期	实施日期	规定范围
果蔬类	GB/T20372-2006	花椰菜冷藏和冷藏运输指南	技术	2006/6/30	2006/10/1	本标准规定了鲜销或加工用的不同种类花椰菜的冷藏和远距离冷藏运输的方法，本标准涉及的花椰菜属于芸薹菜甘蓝种以花球为产品的一个变种
	LY/T1651-2005	松口蘑采收及保鲜技术规程	技术	2005/5/16	2005/12/1	本标准规定了松口蘑〔Tricholomamatsutake (S. Ito et Imai) Sing〕的术语和定义、生境条件，采收和保鲜要求。本标准适用于松口蘑的采收和保鲜
	GB/T18518-2001	黄瓜贮藏和冷藏运输	技术	2001/11/12	2002/5/1	本标准规定了专供鲜销或加工用黄瓜（Cucumissativus.L）的贮藏及远距离两路运输的条件。本标准适用于黄瓜贮藏和冷藏运输
	GB/T8867-2001	蒜薹简易气调冷藏技术	技术	2001/7/20	2001/12/1	本标准规定了蒜薹简易气调冷藏所必须执行的技术条件和操作方法。本标准适用于蒜薹的贮藏的简易气调冷藏
	GB/T17479-1998	杏冷藏	技术	1998/8/28	1999/1/1	本标准规定了杏贮藏用果实的基本条件、采收方法、贮藏容器、预处理、冷藏技术、检验方法及果实出库质量。本标准适用于有贮藏价值的普通杏的栽培品种生长的供鲜食或加工用果实的冷藏。主要有以下品种：红玉杏、红榛杏、红金玉杏、白玉杏、华县大接杏、大偏头、兰州大接杏、玉自克、仰韶黄、沙金红、杨继、拳杏、荷苞杏
	GB/T17240-1998	辣根贮藏技术	技术	1998/3/2	1998/10/1	本标准规定了辣根贮藏的采收和质量要求、贮藏准备、入库与堆码、贮藏条件、贮期管理和贮藏期等技术要求。本标准适用于辣根的自然冷却冷藏及机械冷却贮藏
	SB/T10287-1997	叶用莴苣（生菜）预冷与冷藏运输技术规程	技术	1997/4/9	1997/12/1	本标准规定了叶用莴苣（生菜）预冷与冷藏运输的采收与质量、包装与运输、预冷方法、冷藏运输条件与管理的一般技术要求。本标准适用于我国直接消费的新鲜叶用莴苣（生菜）预冷与冷藏运输
	SB/T10286-1997	洋葱贮藏技术	技术	1997/4/9	1997/12/1	本标准规定了洋葱通风库和冷库贮藏的采收与质量、贮藏前准备、贮藏管理的一般技术要求。本标准适用于我国直接消费的新鲜洋葱的贮藏
	SB/T10091-1992	桃冷藏技术	技术	1992/12/30	1993/6/1	本标准规定了鲜桃冷藏的技术要求、检验方法、检验规则、包装和运输。本标准适用于晚熟桃中、晚熟品种的贮藏
	SB/T10060-1992	梨冷藏技术	技术	1992/8/14	1992/12/1	本标准规定了梨的冷藏技术要求、冷藏梨的检验规则和检验方法。本标准适用于鸭梨、茌梨的中、长期冷藏。其他如雪花梨、长把梨、香水梨、秋白梨、蜜梨库尔勒香梨也可参照使用
其他	DB51/T845-2008	桑蚕代杂交种冷藏技术规程	技术	2008/6/6	2008/9/1	本标准规定了四川省桑蚕一代杂交种的冷藏技术要求。本标准适用于四川省境内生产、使用的桑蚕一代杂交种的冷藏
	QB/T1968-1994	感光胶片的包装标志、贮存及运输规范	管理	1994/7/13	1995/3/1	本标准规定了感光胶片的包装标志、贮存及运输规范。本标准适用于未曝光或已曝光而未冲洗的感光胶片，也适用于相纸、干版等感光材料。本标准不适用于已冲洗加工后的感光胶片

附件3 合作项目清单及合作内容

进展	合作项目名称	企业/单位	合作内容
已完成	合资合营万翔冷链物流中心	陆方：厦门翔业集团有限公司 合方：台湾中华工程股份有限公司	双方以合资合营方式，共同投资建设，经营厦门万翔冷链物流中心
	万翔冷链物流中心货架设备采购合同	陆方：厦门万翔物流管理有限公司 合方：广运机械工程股份有限公司	合作打造自动化冷链物流中心。陆方负责物流中心设计建造，合方负责冷库自动化货架建置
	合办两岸冷链食品暨设备展	陆方：天津市中心渔港经济区管委会 合方：展昭国际企业股份有限公司 合方：两岸冷链物流技术与服务联盟（台商）	合作举办"2012年亚洲冷链物流高峰论坛暨冷链食品采购洽谈会"，以促进两岸冷链物流发展及交流合作
	设计符合环保、高效、节能的农贸物流基地与中央厨房运作环境	陆方：天津康农食品有限公司（台商） 合方：两岸冷链物流技术与服务联盟	合作规划农贸物流基地与中央厨房运作平台，包括高效节能之三温层先进冷库，设计生产、加工、储存、运输等区域，并规划效率化动线
	两岸农特产品代理行销与冷链通道试行运作	陆方：北方国际集团中粮天津粮油进出口公司 合方：信成股份有限公司	共同经营多元通路与丰富多样化消费产品，落实两岸商品顺畅流通
正在进行中	冷链车队管理与追踪云端服务	陆方：厦门源香物流园管理有限公司 合方：锐俤科技股份有限公司	合作布建与推广《冷链车队管理与追踪平台》，以云端整合管理模式，扩展货况管理、车辆管理、温度管理等服务机制，实现运输途程不断链为目标
	两岸冷链食品进出口物流园打造工程	陆方：中盛统一粮油工业（厦门）有限公司 合方：合鼎仓储设备工程股份有限公司	合作以低碳节能设施设备提升餐饮现代化与食品安全水平。陆方负责土地规划设计与引入节能高效之冷链设备

续表

进展	合作项目名称	企业/单位	合作内容
正在进行中	蓄冷式冷链物流储运配送系统建置示范计划	陆方：厦门正旸物流有限公司 台方：台湾冷链集成股份有限公司	以安全、环保、高效为要求，合作引入台湾保鲜技术，建置低碳节能之先进设施与设备，发展多温共保障厦门地区消费质量与食品配送安全
	合作设立合资企业、兴建优质仓库	陆方：厦门旺墩物流有限公司 台方：律侨国际股份有限公司	建立适合台两岸商品流通并延伸通路解决方案
	打造海峡两岸贸易公共平台	陆方：厦门市商务局 台方：两岸冷链物流技术与服务联盟	两岸协作争取优惠，促进台湾地区贸易商构建大陆地区营销通路，并朝着共同制定产业运作规范努力
	打造天津惠民便利生活圈	陆方：天津康农食品有限公司（台商） 台方：财团法人工业技术研究	引入工研院物流营运管理技术，合作打造天津惠民便利生活圈，建立最贴近民众生活之便捷消费与物流服务，小区农产品、生鲜农产品、小区餐饮等多元服务模式
	冷链物流信息化管理系统	陆方：北方国际集团天津物流中心 台方：台湾冷链集成股份有限公司	以建立北方国际之冷链物流管理基础为目标，改善冷链物流基地，提高效率、提升质量，借由物流观念、技术与设备上的提升，延伸农产冷链多贸合作机会
	借助RFID技术打造农产品低温物流体系（产、储）	陆方：北方国际集团旗绿城副产品集团公司 台方：台湾环球物控公司	引进国际先进的冷链物流控制技术，健全管理体制等多种国际领先技术，全面提升农产品冷链物流配送水平，保证农产品安全流通
	MIT商品物流整合布局计划（储、销）	陆方：天津纺织控股集团 陆方：天津荣德国际贸易有限公司 台方：两岸冷链物流技术与服务联盟 陆方：荣叶达股份有限公司	以天纺隆达厂房发展空港保税货栈，支持冷链空运品之境外仓储与清关；以荣德厂作为冷链海运货物的中转中心，建设中转发货仓库，并延伸发展海关保税仓及加工加值服务中心
	两岸农特产品代理行销与冷链通道试行运作	陆方：北方国际集团中粮天津粮油进出口公司 台方：信成股份有限公司	共同经营多元化通路之构杞及红枣等产品与丰富多样化消费产品，落实两岸商品顺畅流通
	将两岸作为为农产品、各地区特色食品输出、输入推广中心之推进方案	陆方：北方国际集团中粮天津粮油进出口公司 台方：荣叶达国际有限公司	台方代理陆方之构杞及红枣等产品，负责打通进台之境外；协助其在台湾市场之推广与营销；由陆方之加工食品，水果与米粮，负责打通台湾商品西进大陆之关卡建立销售管道

续表

进展	合作项目名称	企业/单位	合作内容
正在进行中	将天津作为北方酒品集散中心之推进方案	陆方：天津荣德国际贸易有限公司（台湾人成立之港商） 合方：租佰贸易有限公司	合作设计以台湾地区加值转口，天津集散转运之物流网络，改变出去必须由越南、澳门、香港转口的模式，同步创造台湾与天津两地服务商机与税收
	合作规划与成立"台湾食品流通中心"	陆方：天津滨海新区一洲鼎鲜冷链贸易有限公司 合方：两岸冷链物流技术与服务联盟	以建立台湾地区冷链食品流通与加工中心为目标，由陆方协助引进台湾冷链食品乙方之流通中心保管与加工、再出货至货主指定地点
	合作规划与成立"台湾商品进口保税交易市场"	陆方：天津东疆大洋冻品国际贸易市场有限公司 合方：两岸冷链物流技术与服务联盟	规划自台湾出口，经天津东疆港进口，在东疆大洋保税库完成报关检验疫手续，再出货至货主指定地点为止之流程
	打造高效、高质的进出口冷链物流服务与管理平台	陆方：天津滨海泰达物流集团股份有限公司 合方：两岸冷链物流技术与服务联盟	以优化物流各环节节点为基础，以整合与延伸物流服务为目的，合作规划智能化冷链运作业及效率化物流网络
	合作规划天津市中心渔港经济区成为冷链食品与水产品加工集散中心	陆方：天津市中心渔港港经济区管理委员会 合方：两岸冷链物流技术与服务联盟	合作规划天津市中心渔港经济区成为冷链食品与水产品加工集散中心，建成优质冷链物流基地
	东疆大洋冷链物流中心自动仓储设备采购	陆方：天津东疆大洋冻品国际贸易市场有限公司 合方：合朔重工股份有限公司	合作打造自动化冷链物流中心，建成优质冷链物流基地
	华北冷链市场共同运营战略协议	陆方：天津东疆大洋冻品国际贸易市场有限公司 合方：全日物流股份有限公司	整合天津港区优秀冷链物流资源，进行冷链加工基地的基础设施规划设计，冷链运营辅导；台湾冷链产品和客户市场开发；冷链全程城市配送管理以及冷链信息化系统开发辅导工作
	打造进出口冷链商品物流服务平台	陆方：天津滨海泰达物流集团股份有限公司 合方：律侨国际物流有限公司	以效率化两岸商品流通为目标，规划可能合作课题，包括大陆采购、台湾集货、天津暂储、天津报检运售活动
	高粱进出口贸易合作	陆方：北方国际集团中粮天津粮油进出口公司 合方：锦仑实业股份有限公司	以大陆高粱等商品出口到台湾为目标，合作规划金酒宽标事宜，并准备进出口相关手续及销售

续表

进展	合作项目名称	企业/单位	合作内容
正在进行中	以宁河县作为天津陆运集散基地之总体规划	陆方：天津宁河县政府 合方：两岸冷链物流技术与服务联盟	以宁河县为综合试点场域，双方合作建设冷链食品专业化物流园区，作为服务天津与辐射三北之陆运集散基地
	建立津台冷链物流绿色通道合作机制	陆方：天津东疆保税港区管理委员会经济发展局 合方：两岸冷链物流技术与服务联盟	合作成立"台湾食品进口冷链物流便利化推动小组"，共同制作"操作指南"，协调解决通检、通关等方面的问题
	天津市冷链食品物流产业发展规划	陆方：天津商业发展中心（代表市商务委） 合方：台湾冷链集成股份有限公司（代表工研院）	合作规划天津市冷链物流发展方向与实施方针，作为后续两岸冷链物流推动的指导方针，引导两岸企业扩大合作规模
因土地问题搁置	打造海峡食品物流产业园	陆方：厦门嵩海国际货运代理公司、中物联物流规划研究 合方：两岸冷链物流技术与服务联盟	合作规划以建设供应链一体化之物流园区，建立园区物流服务模式与整合管理机能，创造两岸业者加值服务空间
	西武餐饮食品及设备冷链物流园打造工程	陆方：厦门中马物流 合方：台鼎仓储设备工程股份有限公司 合方：两岸冷链物流技术与服务联盟	优化冷库设施与管理，建构物流信息化管理系统

附件4　冷链物流政策汇编

分类	发文单位	文件名称	发布日期
中央	国务院	国务院办公厅关于加强鲜活农产品流通体系建设的意见（国办发〔2011〕59号）	2011年12月13日
	国务院	国务院办公厅关于促进内贸流通健康发展的若干意见（国办发〔2014〕51号）	2014年10月24日
	国家发改委	农产品冷链物流发展规划（发改经贸〔2010〕1304号）	2010年6月18日
	商务部	商务部关于加强集散地农产品批发市场建设的通知（商建函〔2013〕191号）	2013年4月28日
	商务部	商务部关于加快推进鲜活农产品流通创新的指导意见	2012年12月17日
	商务部等13个部门	商务部等13个部门关于进一步加强农产品市场体系建设的指导意见	2014年2月27日
	商务部	商务部关于促进商贸物流发展的实施意见（商流通函〔2014〕790号）	2014年9月22日
地方	厦门市政府	厦门市人民政府办公厅关于推进两岸冷链物流产业合作试点工作的实施意见（厦府办〔2012〕146号）	2012年5月22日

附件5　两岸冷链物流产业合作工作组牵头单位简介

一、大陆牵头单位——北京中物联物流规划研究院

北京中物联物流规划研究院是国务院政府机构改革过程中由中国物流与采购联合会于 2002 年全资注册，为政府与企业提供专业化的物流咨询服务，总部设在北京。经过十多年的发展，完成项目数量超过 200 个，规划投资额超过千亿元，积累了成熟的项目经验，聚集了著名的经济学家、物流专家、海内外硕博士等研究人员 100 多人，项目覆盖国内绝大部分城市，并在非洲、美国、日本、韩国、泰国等国家和地区完成多个国际项目。

（一）业务范围

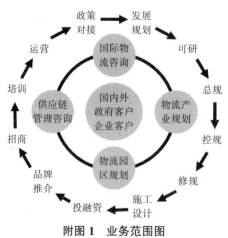

附图 1　业务范围图

（二）规划院优势

1. 物流行业优势

（1）物流行业权威。北京中物联物流规划研究院是中国物流与采购联合会的直属部门，拥有行业内顶级的专家，对物流行业具有敏锐的洞察力与判断力，为客户提供最先进的物流技术与经验。受国家有关部委委托，牵头和参与编制《国家商贸物流专项发展规划》、《国家应急物流专项发展规划》、《国家物流标准专项规划》、《国家物流园区专项规划》等众多专项规划。

（2）企业招商平台。中国物流与采购联合会作为国资委直属行业协会，本身拥有 9000 多家的会员单位，大部分是大中型国有企业以及具有相当实力和影响力的民营企业，具有丰富的企业资源和市场需求。规划院依托这些资源，为客户提供项目后期的企业招商平台，促进规划项目的落地。

（3）宣传推介平台。协助客户在联合会举办的"中国物流专家论坛"、"中国物流企业家年会"、"中国物流学术年会"、"中国企业采购国际论坛"、"海峡两岸暨香港澳门物流合作与发展大会"等在业内产生巨大影响的品牌会议上，为客户提供宣传推介服务。北京中物联物流规划研究院在《中国物流年鉴》、《中国物流发展报告》、《中国物流与采购》杂志、《现代物流报》、"东方物流"数字电视频道等媒体上，为客户提供宣传推介服务。

（4）学习培训平台。高等学校物流类专业教学指导委员会秘书处和中等职业教育物流专业教学指导委员会秘书处都设在中国物流与采购联合会。

（5）品牌提升平台。开展与国外、境外企业及有关组织间的交流与合作，组织培训、出国考察、A 级物流企业综合评估、中国物流示范基地评选、中国物流实验基地评选、中国物流与采购联合会科学技术奖申请、宝供物流奖申请等工作。

2. 研究力量优势

规划院有规划研究咨询的系统方法论；有先进、规范、成熟的项目管理经验；有国内外供应链人才专家库，具有整合行业内外优秀资源的整体优势。规划院研究团队有著名经济学家、物流专家学者、海外回国专业人才、专业博士、硕士等。

3. 项目经验优势

通过 200 多个物流项目咨询，规划院在国际物流咨询、物流产业规划、物流园区规划、供应链管理咨询等领域积累了丰富的规划咨询经验，形成了一致的技术参数，建立了物流规划资料库。在国内同行业享有较高的声誉和独一无二的行业及技术优势。

4. 客户服务平台优势

（1）促进交流合作。每年举办一次客户联谊会，提高客户品牌知名度，扩展人脉资源，提供相互交流平台，促进客户之间达成合作。

（2）解决落地问题。协助客户解决在后期项目落地过程中遇到的各种问题。

（3）共享资料库。将向长期合作客户共享规划院的资料库，在第一时间向客户提供先进的物流经验与技术。

二、台湾地区牵头单位——财团法人工业技术研究院

工业技术研究院成立于 1973 年，当时的经济主管部门负责人——部长孙运璇将分散在各处的联合工业研究所、联合矿业研究所与金属工业研究所合并，成立工业技术研究院，并赋予工业技术研究院以先进的工业技术推动台湾工业发展、引领经济起飞为目标。

工业技术研究院不但是台湾地区最大的产业技术研发机构，还是开创台湾地区半导体产业的先锋。工业技术研究院运用了研发环境的独特性以及产业网络关系，链接区域或产业之研发能量，积极协助产业发展与升级。30 多年来，工业技术研究院一直以"科技研发，带动产业发展，创造经济价值，增进社会福祉"为主要任务，从创新研发、人才培育、智权加值、衍生公司、育成企业、技术服务与技术移转等过程，对台湾地区产业发展产生了举足轻重的影响。

面对不断改变的世界，工业技术研究院除了持续深化在信息与通信、电子与光电、材料化工与纳米、生医与医材、机械与系统、绿能与环境等领域的研发能量，并强化在绿能、生医，以及系统、软件与服务等前瞻性与创新性的科技研发，不断自我期许成为"世界级的研发机构，产业界的开路先锋"，期望以创新梦想、勇于挑战的态度，与产业一同携手，共享创新、共享永续，为台湾地区开创新一波经济发展的优势与契机。